KB262448

스페인어

용인한국외대부고

조 경 호 편저

최신 스페인어 (개정판)

2판 2쇄 인쇄 2022년 2월 28일
2판 2쇄 발행 2023년 3월 10일

지은이 조경호
펴낸이 서덕일
펴낸곳 도서출판 문예림

출판등록 1962.7.12 (제406-1962-1호)
주소 경기도 파주시 회동길 366 3층 (10881)
전화 (02)499-1281~2 **팩스** (02)499-1283
대표전자우편 info@moonyelim.com **통합홈페이지** www.moonyelim.com
카카오톡 "도서출판 문예림" 검색 후 추가

디지털노마드의 시대, 문예림은 Remote work(원격근무)를 시행하고 있습니다.
우리는 세계 곳곳에 있는 집필진과 원하는 장소와 시간에 자유롭게 일합니다.
문의 사항은 카카오톡 또는 이메일로 말씀해주시면 답변드리겠습니다.

ISBN 978-89-7482-477-8 (13770)

2010년 11월 28일 멕시코의 과달라하라에서 실시되었던, 범 스페인어권 국가 한림원 장들의 회의에서 기존의 문법을 다시 살펴보며, 개정할 곳을 합의했습니다. 그 당시 변경된 철자법과 문법들을 이전 버전의 책에서는 적용하지 못한 채 수업시간을 통해서만 알려 줘야하는 어려움이 있었습니다. 그런데, 이번 기회에 신 문법에 맞춰 변경된 철자와 문법을 적용해 책을 다시 개정판으로 출판하게 되어 스페인어를 배우고, 가르치는 입장에서 묵혀두었던 숙제를 하는 기분이 강하게 들었습니다.

본 책은 이전 버전과 마찬가지로 대부분의 스페인어에 맞춰 영어 예문을 들어두었습니다. 이유는 영어를 공부했던 경험이 있는 학습자에게 비교를 하며 공부할 수 있는 기회를 부여하는 것과 아울러 스페인어 관련 대부분의 시험이 영어화자를 대상으로 시험출제 의도를 보이고 있기 때문에 그 차이를 통해 공부하는 것이 가장 좋을 공부법이라는 판단하고 있기 때문입니다.

항상 부지런히 정리하고, 살펴보아도 실수와 이상한 점이 발견됩니다. 시간이 갈수록 자신감이 붙기보다는 부족함을 느끼고 있기에 더욱 노력히고 배우는 자세로 학습자 여러분의 고건을 기다리고 있습니다. 학습자 여러분들의 생각과 의견이 이 책을 더욱 풍성히고 알차게 만들 수 있다고 믿으며, 항상 겸허히 받아드릴 준비를 하고 있겠습니다.

개정판인 본 책에 용인 한국외국어대학교부설고등학교 동아리 스페인어 명예회 (Spanish Honor Society) 회원인 8기 학생부장을 중심으로 9기, 10기의 모든 학생이 개정 작업에 함께 참여했습니다. 위 학생들의 노고에 고마움을 다시 한 번 전합니다.

항상 제 2외국어의 비좁고 힘든 출판시장에서도 끊임없는 애정을 가지고 작업을 지원해주시는 문예림 출판사 사장님 이하 직원 분들께도 고마움을 전합니다.

2014년 9월

조 경 호

Contenidos

Contenidos

Contenidos

스페인어 자모표(Abecedario español)

차례	활자체	명칭	활자체	명칭	활자체	명칭
1	A a	[a] 아	J j	[xóta] 호따	R r	[ére] 에레
2	B b	[be] 베	K k	[ka] 까	S s	[ése] 에세
3	C c	[ce] 쎄	L l	[éle] 엘레	T t	[te] 떼
4	**Ch ch	[tʃe] 체	**Ll ll	[éye] 에예	U u	[u] 우
5	D d	[de] 데	M m	[éme] 에메	V v	[úbe] 우베
6	E e	[e] 에	N n	[éne] 에네	W w	[úbe doble] 우베 도블레
7	F f	[éfe] 에페	Ñ ñ	[éɲe] 에녜		
8	G g	[xe] 헤	O o	[o] 오	X x	[ékis] 엑끼스
9	H h	[átʃe] 아체	P p	[pe] 뻬	Y y	[je] 예
10	I i	[i] 이	Q q	[ku] 꾸	Z z	[céxa] 쎄따

2010년 11월 28일 멕시코 과달라하라에서 개최된 스페인어권 학술 협회들의 총회에서 새로운 철자법이 개정되었음. **표시되어 있는 어휘는 알파벳 철자에서 제외되었고, 소리로만 남음. 이외에 철자발음 방법이 /y/의 경우에 완전히 바뀌었음. 스페인어의 자모는 총 27자임.

최신 스페인어

01 | 발음

1. 발음(Pronunciación)

영어에서는 어떤 단어를 발음하려면 반드시 발음기호를 알아야 하지만, 스페인어에서는 자모표 (Abecedario)에서 배운 대로 발음하면, 다른 변화를 하지 않는다.

¿D–ó–n–d–e	e–s–t–á	la	c–a–f–e–t–e–r–í–a?
ㄷ–ㅗ–ㄴ–ㄷ–ㅔ	ㅔ–ㅅ–ㄸ–ㅏ	ㄹ–ㅏ	ㄲ–ㅏ–ㅍ–ㅔ–ㄸ–ㅔ–ㄹ–ㅣ–ㅏ
돈데	에스따	라	까페떼리아
Where	is	the	cafeteria?

그러나 약간 영어와 차이가 나는 음들이 있다. 이 음들을 연습하고, 일반적인 음들을 연습하기로 한다.

1–1. 영어와 많이 다른 소리

【1】 H = 스페인어에서는 소리를 내지 않는다.

스페인어	발음	영어	한국어
Hospital	오스뻬딸	Hospital	병원
Hacha	아차	Ax	도끼
Habla	아블라	Speaks	(3인칭단수)말하다

【2】 J = [x] "ㅎ"발음을 가진다.

스페인어	발음	영어	한국어
Joven	호벤	Adolescent	젊은이
Joya	호야	Jewel	보석
Juego	후에고	Game	경기

【3】LL = [j] 뒤 따라 오는 음을 "이중모음화"시킨다.

스페인어	발음	영어	한국어
Llave	야베	Key	열쇠
Lluvia	유비아	Rain	비
Calle	까예	Street	길, 거리

▶ /ll/는 발음상 뒤의 모음을 이중모음화 시키는 지역도 있고, /l/발음을 연속해 두 번하는 지역도 있다. 그리고 'ㅈ'이나 'ㅅ'으로 발음하는 지역도 있다. 대다수 많은 지역에서 제일 앞쪽의 발음 "[까예]"를 사용한다.
　　예　Calle [까예] 또는 [깔례] [까제] [까쉐]

【4】Ñ = "N + 모음(이중 모음화)" 뒤따라오는 모음을 이중 모음화 시키는 것에 주의해야 한다.

스페인어	발음	영어	한국어
Niño	니뇨	Boy	소년
Mañana	마냐나	Tomorrow	내일
Otoño	오또뇨	Autumn	가을

【5】RR = 떨림 소리 "ㄹ∼ㄹ"를 낸다.

스페인어	발음	영어	한국어
Rata	ㄹ∼라따	Mouse	쥐
Corre	꼬ㄹ∼레	Runs	(3인칭단수)달리다
Perro	뻬ㄹ∼로	Dog	개

▶ ① 문장 맨 앞에서는 "R"이 하나만 올 때도 두개가 온 것처럼 읽는다.
　② "n, s, l" 자음들 뒤에 "r"이 오는 경우, 두 개가 온 것처럼 읽는다.
　③ "r" + "자음"이 오는 경우, 두 개가 온 것처럼 읽는다.

1-2. 철자 하나가 두개의 소리가 나는 경우

【1】C = 발음상 [ㅆ 또는 ㄲ]으로 발음된다. 모음 /a/ · /o/ · /u/ 앞에서는 [ㄲ]로 발음이 되며, /e/ · /i/ 앞에서는 [ㅆ]로 발음이 된다.

스페인어	발음	영어	한국어
Cambio	깜비오	Change	변화
Cebolla	쎄보야	Onion	양파

【2】 G = 발음상 [ㅎ 또는 ㄱ]으로 발음된다. 모음 /a/·/o/·/u/ 앞에서는 [ㄱ]로 발음이 되며, /e/·/i/ 앞에서는 [ㅎ]로 발음이 된다.

스페인어	발음	영어	한국어
Gota	고따	Drop	(액체)방울
Gigante	히간떼	Giant	거인

【3】 X = /c/ + /t/ 음가와 같은 발음인 [ㄱ + ㅆ]로 발음된다. 단, 국명과 지명에서는 [ㅎ]로 발음된다.

스페인어	발음	영어	한국어
Éxito	엑씨또	Success	성공
México	메히꼬	Mexico	멕시코

1-3. 일반적으로 영어와 비슷한 소리를 내는 발음.

【1】 A = 발음상 [ㅏ]로 발음한다.

스페인어	발음	영어	한국어
Padre	빠드레	Father	아버지
Árbol	아르볼	Tree	나무

【2】 B = 발음상 [ㅂ]로 발음된다.

스페인어	발음	영어	한국어
Batata	바따따	Potato	감자
Baño	바뇨	Bathroom	욕실

【3】 Ch = 발음상으로만 존재하는 철자로 [ㅊ]로 발음된다.

스페인어	발음	영어	한국어
Mucho	무초	Much / Many	많은
Chica	치까	Girl	소녀

**1992년 개정문법 이후, 철자 C로 편입되었음.

【4】 D = 발음상 [ㄷ]로 발음된다.

스페인어	발음	영어	한국어
Doctor	독또르	Doctor	의사(전문의)
Ciudad	씨우닫	City	도시

【5】 E = 발음상 [ㅔ]로 발음한다.

스페인어	발음	영어	한국어
Estudiante	에스뚜디안떼	Student	학생
Inteligente	인뗄리헨떼	Intelligent	지적인

【6】 F = 발음상 [ㅍ]로 발음된다.

스페인어	발음	영어	한국어
Foto	포또	Photo	사진
Forastero	포라스떼로	Stranger	낯선 사람

【7】 I = 발음상 [ㅣ]로 발음한다.

스페인어	발음	영어	한국어
Invierno	인비에르노	Winter	겨울
Literatura	리떼라뚜라	Literature	문학

【8】 K = 발음상 [ㄲ]로 발음된다.

스페인어	발음	영어	한국어
Kilo	낄로	Kilogram(meter)	킬로그램(미터)

**외국어 차용 철자로써 스페인어에서는 많이 사용되지 않고, 거의 외국어 차용에서만 사용됨.

【9】 L = 발음상 [ㄹ]로 발음된다.

스페인어	발음	영어	한국어
Labio	라비오	Lip	입술
Inglaterra	인글라떼라	England	영국

【10】 M = 발음상 [ㅁ]로 발음된다.

스페인어	발음	영어	한국어
Madre	마드레	Mother	어머니
Imposible	임뽀시블레	Impossible	불가능한

【11】 N = 발음 상 [ㄴ]으로 발음된다.

스페인어	발음	영어	한국어
Niña	니냐	Girl	소녀
Dónde	돈데	Where	어디

【12】 O = 발음 상 [ㅗ]로 발음된다.

스페인어	발음	영어	한국어
Otoño	오또뇨	Autumn	가을
Hora	오라	Hour	시간

【13】 P = 발음 상 [ㅃ]으로 발음된다.

스페인어	발음	영어	한국어
Pobre	뽀브레	Poor	불쌍한, 가난한
Patata	빠따따	Potato	감자

【14】 Q = 발음 상 [ㄲ]으로 발음된다.

스페인어	발음	영어	한국어
Qué	께	What	무엇
Aquí	아끼	Here	여기

**"Qu + 모음"의 형태에서 u는 발음을 절대 하지 않는다.

【15】 R = 발음 상 [ㄹ]로 발음된다.

스페인어	발음	영어	한국어
Pero	뻬로	But	그러나
Radio	ㄹ~라디오	Radio	라디오

【16】S = 발음 상 [ㅅ]으로 발음된다.

스페인어	발음	영어	한국어
Estudiante	에스뚜디안떼	Student	학생
Sol	솔	Sun	태양

【17】T = 발음 상 [ㄸ]으로 발음된다.

스페인어	발음	영어	한국어
Tres	뜨레스	Three	3(셋)
Todo	또도	All	모든

【18】U = 발음 상 [ㅜ]로 발음된다.

스페인어	발음	영어	한국어
Uva	우바	Grape	포도
Universidad	우니베르시닫	University	대학교

【19】V = 발음 상 [ㅂ]으로 발음된다.

스페인어	발음	영어	한국어
Veinte	베인떼	Twenty	20(스물)
Vista	비스따	Sight	시각, 시력

【20】W = 발음 상 [ㅟ]로 발음되지만, 독일식 어휘에서는 [ㅂ]로 발음된다.

스페인어	발음	영어	한국어
Sandwich	산드위츠	Sandwich	샌드위치
Windsurf	윈드수르프	Windsurfing	윈드서핑

**독일식 어휘: Wagner [바그네르] 바그너.

【21】Y = 발음 상 [ㅣ]로 발음된다.

스페인어	발음	영어	한국어
Yerno	예르노	Son-in-law	사위
Yoyo	요요	yo-yo	요요(장난감)

【22】Z = 발음 상 [ㅆ]으로 발음된다.

스페인어	발음	영어	한국어
Zapatos	싸빠또스	Shoes	신발(구두)
Zoo	쏘오	Zoo	동물원

2. 음절 분해(Análisis de la palabra Sílaba)

음절은 모음 단독으로 혹은 모음과 자음이 만나서 한번에 발음을 할 수 있는 소리의 마디를 의미한다. 음절은 모음을 중심으로 구성되며 자음만으로 음절을 구성할 수 없다.

2-1. 모음과 모음 사이에 하나의 자음이 있을 때, 그 자음은 뒤 음절에 붙는다.

> 예 sonata(영 sonata) : so – na – ta
> cabeza(영 head) : ca – be – za
> mesa(영 table) : me – sa

2-2. 모음과 모음 사이에 두 개의 자음이 있을 때, 두 개의 자음은 각각 앞뒤의 음절에 붙는다.
단, 「ch, ll, rr」은 분리하지 않는다.

> 예 palma(영 palm) : pal – ma
> excelente(영 excellent) : ex – ce – len – te
> avante(영 advance) : a – van – te

2-3. 「s」바로 뒤에 자음이 올 때, 자음 s는 앞의 음절에 붙는다.

> 예 obscuro(영 dark) : obs – cu – ro
> constante(영 constant) : cons – tan – te

2-4. 강모음이 연속으로 놓여질 때, 서로 다른 음절로 분리를 한다.

> 예 museo(영 museum) : mu – se – o
> paella(영 paella) : pa – e – lla
> poesía(영 poem) : po – e – sí – a

2-5. 강모음과 약모음이 연속 될 때는 한 개의 음절로 취급하며, 만약 약모음에 강세가 오면 강모음으로 취급해, 음절 분리를 한다.

예 bueno(영 good) : bue − no
aire(영 air) : ai − re
tío(영 uncle) : tí − o
florería(영 flower shop) : flo − re − rí − a

3. 강세(Acentuación)

스페인어에서 강세는 모음을 기준으로 나눈 음절을 가지고 구별하는데, 일반적으로 모음으로 끝나는 단어나 자음 /n/, /s/로 끝나는 단어는 뒤에서 두 번째 음절에 강세가 오며, /n/, /s/를 제외한 나머지 자음으로 끝이나는 어휘들은 맨 뒤 음절에 강세가 온다.

예 Sensato [sensáto · 센사또] (영 Sensible)
Universidad [unibersidád · 우니베르시닫] (영 University)

■ 참고 ; 모음은 강모음과 약모음으로 나뉘는데, 강모음은 '/a/, /e/, /o/' 이며, 약모음은 '/i/, /u/' 이다.

3-1. 강세 음절에 『강모음 + 약모음 (또는 약모음 + 강모음)』이 위치하는 경우. 반드시 강 모음에 강세가 온다.

예 Puede [puéde · 뿌에데] (영 Can)
Aire [áire · 아이레] (영 Air)

3-2. 강세 음절에 『강모음 + 강모음』이 위치하는 경우. 강 모음이 두 개가 있으면, 음절 분해로 인해 음절도 두 개가 된다.

예 Creable [kreáble · 끄레아블레] (영 Creative)

3-3. 강세 음절에 『약모음 + 약모음』이 위치하는 경우. 약 모음끼리 한 음절에 있을 때는 뒤에 있는 모음에 강세를 준다.

예 Viudo [biúdo · 비우도] (영 Widower)

3-4. 강세의 위치 표기

스페인어에서 강세의 위치는 앞서 '2-1, 2-2, 2-3' 에서 언급한 규칙에 따라 강세가 오는데, 이 규칙에 따르지 않을 경우는 강세부호를 찍어두어야 한다. 강세 표시도 글자의 일부분임으로 생략하면 안된다.

예 Conversación   (영 Conversation)   대화
Tiburón   (영 Shark)   상어

※ 단어가 합성이 될 때, 기존의 단어 의미를 확연하게 하기 위한 역할을 하도록 강세부호를 찍어두는 경우도 있고, 형태가 바뀌면서, 강세규칙에 알맞은 형태임으로 반대로 있던 부호를 떼어 내는 경우도 있다.

[예] Veintidós(← Veinte y dos)
　　 → Twenty-two　　　　22(스물 둘).

　　 Exámenes(← Examen의 복수형)
　　 → Exams　　　　　　 시험들.

　　 Estaciones(← Estación의 복수형)
　　 → Seasons　　　　　　 계절들.

　　 Voy a dárselo.
　　 → I'm going to give it to her.
　　　 나는 그것을 그녀에게 줄 것입니다.

　　 Estoy enseñándotelos.
　　 → I'm teaching those to you.
　　　 나는 그것들을 너에게 가르쳐주고 있다.

　　 Tráigamelo, por favor.
　　 → Bring that to me, please.
　　　 제게 그것을 가져다 주세요. 부탁입니다.

3-5. 강세 부호가 변형되는 경우

　스페인어에서 일반적인 어휘에서는 단수형태가 복수형태로 변하거나, '3-4' 예문처럼 동사형 뒤에 대명사가 붙을 때, 처음의 기존어휘 강세 자리를 똑같이 유지하기 위해, 강세부호를 찍던지, 빼줌으로써 그 위치를 고수하지만, 몇몇 단어에 있어서는 단수와 복수에서 강세 부호의 자리가 변하는 경우가 있다.

[예] carácter → caracteres　　　　(몡 character) 성질, 성격.
　　 espécimen → especímenes　 (몡 specimen) 견본, 샘플.
　　 ínterin → intérines　　　　　(몡 while) [~의] 사이[에](= en el ínterin).
　　 régimen → regímenes　　　　(몡 diet) 식이요법.

[1] 왼쪽의 밑줄 친 발음과 같이 발음되는 것을 고르시오.

1. <u>C</u>abeza   ① <u>c</u>ebolla   ② <u>c</u>ine   ③ <u>c</u>orona
2. Go<u>t</u>a   ① <u>g</u>eneral   ② <u>g</u>ato   ③ <u>g</u>igante
3. Mé<u>x</u>ico   ① jo<u>v</u>en   ② gobierno   ③ cielo
4. <u>P</u>erro   ① pero   ② ra<u>t</u>a   ③ negro
5. Hotel   ① Isabel   ② calle   ③ hospital

[2] 다음 중 불규칙 강세 어휘를 고르시오.

1. ① arbol   ② argentino   ③ amable   ④ agotado
2. ① bondad   ② frances   ③ lunes   ④ fiesta
3. ① veintidos   ② catorce   ③ ciudad   ④ guantes
4. ① miercoles   ② cerveza   ③ siempre   ④ ferrocarril
5. ① museo   ② pais   ③ ingeniero   ④ excelente

[3] 다음 어휘 중 강세표시를 잘못한 어휘를 고르시오.

1. ① invitación   ② jardín   ③ córazon   ④ periódico
2. ① héroe   ② sábado   ③ jovenés   ④ bambúes
3. ① huésped   ② carácter   ③ díficil   ④ lápiz
4. ① carácteres   ② fácil   ③ oído   ④ música
5. ① avión   ② súper   ③ alcóhol   ④ japonés

[4] 다음 음절 분해가 잘못된 어휘를 고르시오.

1. ① ex – ce – len – te   ② ma – dre   ③ si – em – pre
2. ① ob – scu – ro   ② hé – ro – e   ③ cer – ve – za
3. ① a – é – re – o   ② bu – e – no   ③ pa – na – de – rí – a
4. ① hab – lo   ② pro – fe – sor   ③ pa – ís
5. ① a – gra – da – ble   ② o – í – do   ③ mu – seo

정답 [1] 1 ③ 2 ② 3 ① 4 ② 5 ③
[2] 1 ① 2 ② 3 ① 4 ① 5 ②
[3] 1 ③ 2 ③ 3 ③ 4 ① 5 ③
[4] 1 ③ 2 ① 3 ② 4 ① 5 ③

• Hay árboles grandes al lado de la biblioteca.
• La casa está dentro de la zona de educación.
• Las flores están en el jardín.
• La gente mira las flores.
• El hospital está allí.
• Los jóvenes van vía el kiosco al colegio.
• La calle está limpia y ancha.
• El niño va al mercado para comprar el queso.
• La rata corre rápidamente.
• El estudiante estudia español en la universidad.
• El valle está en las montañas.
• 'El bocadillo' es el sandwich a la española.
• El examen ya se acabó.
• El zócalo está en el centro de la ciudad.

▶ 듣기 연습! 375 페이지로 이동!

단어

• grande 형(영 big) (덩치 또는 규모가) 큰
• queso 명남(영 cheese) 치즈
• lado 명남(영 side) 측면
• rata 명여(영 mouse) 쥐
　al lado de~(영 beside) ~의 옆에
• corre 동(영 run) 달리다[직설 · 3인칭 단수]
• dentro 부(영 inside) 안에
• rápidamente 부(영 rapidly) 빠르게
　dentro de~(영 in) ~안에서
• bocadillo 명남(영 sandwich) 샌드위치
• gente 명여(영 people) 사람들
• español 형(영 Spanish) 스페인의;
　명남(영 Spanish) 스페인 사람; 스페인어
• vía 전(영 via) ~를 경유하여
　a la española(영 in Spanish style) 스페인 식으로
• kiosco 명남(영 kiosk) 구멍가게

• ya 부(영 already, yet) 이미; 벌써
• colegio 명남(영 college) 학교, 단과대학
• acabó 동(영 finish) 끝내다; 끝나다[직설 · 부정과거 3인칭 단수]
• limpio 형(영 clean) 깨끗한
• zócalo 명남(영 plaza) 광장
• ancho 형(영 wide) 넓은

• There are big trees beside the library.
• The house is in the education zone.
• The flowers are in the garden.
• The people watch the flowers.
• The hospital is over there.
• The adolescents go through the kiosk to school.
• The street is clear and wide.
• The boy goes to the market to buy cheese.
• The rat runs fast.
• The student studies Spanish in the university.
• The valley is in the mountains.
• 'Bocadillo' is the sandwich in Spanish style.
• The exam has already finished.
• Zócalo[main square] is in downtown.

• 도서관 옆에 큰 나무들이 있다.
• 집은 교육 지역 안에 있다.
• 꽃들은 정원에 있다.
• 사람들은 꽃들을 본다.
• 병원은 저기에 있다.
• 젊은이들이 구멍가게를 지나 학교로 간다.
• 길은 깨끗하고 넓다.
• 어린아이(男)는 치즈를 사기 위해 시장으로 간다.
• 쥐는 빠르게 달린다.
• 학생은 대학에서 스페인어를 공부한다.
• 계곡은 산중에 있다.
• '보까디요'는 스페인식 샌드위치이다.
• 시험은 이미 끝났다.
• 광장은 도시의 가운데에 있다.

1. 명사의 성

스페인어의 모든 명사는 남성(masculino)과 여성(femenino)으로 구성되어 있는데 의미상으로 분화될 수 있는 성과 분화될 수 없는 성으로 구분된다.

    ◻ 일반적으로 '–o'로 끝나는 것은 남성이며, '–a'로 끝나는 것은 여성이다.

      예 libro 책(명 book), dinero 돈(명 money)
          casa 집(명 house), moneda 동전(명 coin)

    ◻ 명사의 어미가 「–a, –d, –z, –ie, –umbre, –ión」으로 끝나는 어휘는 여성일 경우가 많다.

      예 cama 침대(명 bed), ciudad 도시(명 city), nariz 코(명 nose), costumbre 습관(명 custom), televisión 텔레비전(명 television).

1-1. '–o'로 끝나는 남성명사의 여성형은 '–o'가 '–a'로 바뀐다.

남성	여성	
(el) niño (명 boy)	(la) niña (명 girl)	어린이
(el) perro (명 male dog)	(la) perra (명 female dog)	개
(el) gato (명 male cat)	(la) gata (명 female cat)	고양이

1-2. 자음으로 끝나는 남성명사의 여성형은 어미에 '–a'를 첨가한다.

남성	여성	
(el) doctor (명 male doctor)	(la) doctora (명 female doctor)	박사, 의사
(el) español (명 Spanish man)	(la) española (명 Spanish woman)	스페인 사람
(el) león (명 lion)	(la) leona (명 lioness)	사자

1-3. 남성, 여성형의 형태가 전혀 다른 명사들이 있다.

남성		여성	
(el) hombre (명 man)	남자	(la) mujer (명 woman)	여자

| (el) padre (영 father) | 아버지 | (la) madre (영 mother) | 어머니 |
| (el) macho (영 male) | 수컷(짐승의) | (la) hembra (영 female) | 암컷(짐승의) |

1-4. 남성, 여성형이 같은 명사들이 있다. 관사로 성을 구별한다.

남성	여성	
(el) periodista (영 pressman)	(la) periodista (영 presswoman)	기자
(el) dentista (영 dentist)	(la) dentista (영 dentist)	치과의사
(el) estudiante (영 student)	(la) estudiante (영 student)	학생
(el) joven (영 youth)	(la) joven (영 youth)	젊은이

2. 분화될 수 없는 성

2-1. '-o'로 끝나는 명사는 대부분 남성이다.

| (el) libro (영 book) | 책 | (el) carro (영 car) | 승용차 |
| (el) saco (영 coat) | 저고리 | (el) clavo (영 nail) | 못 |

＊예외 : '-o'로 끝나는 명사라도 여성인 것이 있다.

| (la) mano (영 hand) | 손 | (la) foto (영 photo) | 사진 |
| (la) moto (영 motorcycle) | 오토바이 | (la) radio (영 radio) | 라디오 |

2-2. 자음으로 끝나는 명사는 대부분 남성명사이다. 그러나 '-d, -l, -z'로 끝나는 명사는 예외적으로 여성이 많다.

| (el) mes (영 month) | 달 | (el) camión (영 truck) | 트럭 |
| (el) cristal (영 crystal) | 유리 | (el) lápiz (영 pencil) | 연필 |

＊예외 : (la) verdad 진실, (la) piel 가죽, (la) sal 소금

2-3. -a로 끝나는 명사는 대부분 여성이다.

| (la) casa (영 house) | 집 | (la) silla (영 chair) | 의자 |
| (la) mesa (영 table) | 탁자 | (la) pizarra (영 blackboard) | 칠판 |

＊예외 : '-a'로 끝나는 단어라도 남성인 것이 약간 있다.

(el) idioma (영 language) 언어　(el) mapa (영 map) 지도　(el) clima (영 climate) 기후

2-4. 「-ie, -umbre, -ción, -sión, -tión, -xión」 등으로 끝나는 명사의 대부분 여성이다.

(la) superficie (명 surface) 표면
(la) atención (명 attention) 주의, 집중
(la) cuestión (명 question) 문제

(la) costumbre (명 custom) 풍습
(la) comprensión(명 comprehension) 이해
(la) conexión (명 connection) 연결

2-5. -e로 끝나는 명사는 남성도 있고 여성도 있다.

(el) coche (명 car) 승용차
(el) café (명 coffee) 커피
(la) gripe (명 flu) 독감(감기)

(el) chiste (명 joke) 농담
(la) llave (명 key) 열쇠
(la) noche (명 night) 밤

2-6. 형태는 같으나 성(性)에 따라서 뜻이 서로 다른 명사들이 있다.

(el) cólera (명 cholera) 콜레라
(el) capital (명 capital) 자본
(el) orden (명 order) 질서
(el) guía (명 guide) 안내인
(el) policía (명 policeman) 경찰관

(la) cólera (명 anger) 분노
(la) capital (명 capital) 수도
(la) orden (명 order) 명령
(la) guía (명 guide) 안내서
(la) policía (명 police) 경찰

3. 정관사(Artículo determinado)

구 분	단수		복수	
	스페인어	영어	스페인어	영어
남	el	the	los	the
여	la	the	las	the

3-1. 정관사의 성·수 일치

정관사는 명사의 성·수에 일치해야 한다.
el libro (명 the book) [그] 책　　los libros (명 the books) [그] 책들
la casa (명 the house) [그] 집　　las casas (명 the houses) [그] 집들

잠깐! 바다·강·산 및 산맥의 고유명사는 여성어미에 상관없이 남성 정관사를 사용한다.
예 el Pacífico　　태평양
el Sena　　센느 강
el Amazonas　　아마존 강
el Himalaya　　히말라야 산

3-2. 'a' 나 'ha'로 시작되는 명사가 그 'a' 나 'ha'에 강세가 있을 경우는 여성 명사
일지라도 단수 때에 한해서만 'la' 대신 'el'을 쓴다. 그 이유는 발음상의 혼돈
을 피하려는 것뿐이니 단어 자체가 남성이 되는 것은 아니다.

el agua (명 the water)	물	las aguas (명 the waters)	홍수 / 바다
el arma (명 the weapon)	무기	las armas (명 the weapons)	무기들
el hacha (명 the ax)	도끼	las hachas (명 the axes)	도끼들
el hambre (명 the hunger)	배고픔	* las hambres (명 * the hungers)	배고픔

* 주의 : 첫음절 'a' 또는 'ha'에 강세가 없는 경우에는 '정관사 la'를 그대로 사용하다.

　　예 la ambulancia (명 the ambulance) 　　앰블런스
　　　　la ambigüedad (명 the ambiguity) 　　혼동

3-3. 축약

전치사 'a' 나 'de' 다음에 정관사 'el'이 오면 각각 'al', 'del'이 된다.

> a + el = al (명 to the)
> de+ el = del (명 of[또는 from] the)

Yo voy al teatro.

→ I go to the theater
　나는 극장에 간다.

La casa del estudiante David

→ The house of the student, David
　다비드 학생의 집

잠깐! 관사가 인용된 '제목'의 경우는 단축형을 사용하지 않는다.
　예 ¿Ha visto Ud. la extraordinaria de 'El Globo'?
　　당신은 '지구'(라는 잡지)의 특별판을 보았습니까?

4. 부정관사(Artículo indeterminado)

구 분	단수		복수	
	스페인어	영어	스페인어	영어
남	un	a(an)	unos	some
여	una	a(an)	unas	some

4-1. 부정관사의 성·수 일치

부정관사는 명사의 성·수에 일치한다. 부정 관사의 복수는 '약·어느'라는 뜻을 가진다.

un libro (영 a book)   한 권의 책, 어느 책
unos libros (영 some books)   몇 권의 책, 어떤 책들
una casa (영 a house)   한 채의 집, 어느 집
unas casas (영 some houses)   몇 채의 집, 어떤 집들

> **잠깐!** 「태양·월·계절·요일」 등에는 정관사를 붙이는 것이 원칙이지만, 다른 사람들은 모르나 자기는 알고 있는 '특별한 의미'를 나타낼 때는 부정관사를 쓴다.
>
> 예 un sol sin brillo   빛이 없는 태양
> un invierno triste   슬픈 겨울
> un domingo   어느 일요일
> una mañana   어느날 아침

4-2. 정관사와 마찬가지로 'a'나 'ha'로 시작된 명사가 그 'a'나 'ha'에 강세가 있을 경우는 여성 명사일지라도 단수일 때에 한해서 여성 부정관사 대신 남성 부정관사를 쓴다. 그러나 형용사는 여성형을 써야 한다. 따라서 형용사가 명사 앞에 올 경우는 부정관사도 기존 어휘의 성에 맞춰 여성형을 쓴다.

un arma (영 a weapon)   한 개의 무기
unas armas (영 some weapons)   약간의 무기
un águila (영 an eagle)   한 마리의 독수리
unas águilas (영 some eagles)   몇 마리의 독수리
un hacha (영 an ax)   한 자루의 도끼
unas hachas (영 some axes)   몇 자루의 도끼

> **잠깐!** 무관사의 국명에 관사를 붙이는 경우. 형용사나 형용사구가 국명을 수식할 때는 관사를 붙인다.
>
> 예 la España meridional   남부 스페인
> la Europa occidental   서유럽
> la India del siglo XX   20세기 인도

5. 명사의 수(Número de los sustantivos)

명사에는 단수형과 복수형이 있다.

5-1. 자음으로 끝나는 명사는 어미에 '-es'를, 모음으로 끝나는 명사는 어미에 '-s'를 붙여 복수형을 만든다.

단수		복수	
(el) papel (명 paper)	종이	(los) papeles (명 papers)	종이들
(la) ciudad (명 city)	도시	(las) ciudades (명 cities)	도시들
(el) diccionario (명 dictionary)	사전	(los) diccionarios (명 dictionaries)	사전들
(la) casa (명 house)	집	(las) casas (명 houses)	집들

5-2. 모음으로 끝나는 명사이더라도 그 모음 위에 강세 부호가 찍혀 있는 명사는 어미에 '-es'를 붙여 복수형을 만든다. 그러나 어미가 '-é'로 끝나는 명사는 어미에 '-s'만을 붙여 복수형을 만든다.

단수		복수	
(el) bambú (명 bamboo)	대나무	(los) bambúes (명 bamboos)	대나무들
(el) rubí (명 ruby)	루비	(los) rubíes (명 rubies)	루비들
(el) café (명 coffee)	커피	*(los) cafés (명 *coffees)	커피들

* 예외 : (el) papá (명 daddy)　　　　아빠
　　　　 (los) papás (명 daddies : parents)　아빠들
　　　　　　※스페인어에서는 부모님을 지칭할 수 있음.
　　　　 (la) mamá (명 mommy)　　　　엄마
　　　　 (las) mamás (명 mommies)　　엄마들

5-3. '-z'로 끝나는 명사는 '-z'를 '-c'로 바꾸고 '-es'를 붙이고, '-c'로 끝나는 명사는 '-c'를 '-qu'로 바꾸고 '-es'를 붙여 복수형을 만든다.

단수		복수	
(la) luz (명 light)	빛	(las) luces (명 lights)	각광
(el) frac (명 swallowtail coat)	연미복	(los) fraques (명 swallowtail coats)	연미복들

5-4. 단수, 복수의 형태가 동일한 명사들이 있다. 이 명사들은 관사로 단수, 복수형을 구분한다.

단수		복수	
(el) paraguas (명 umbrella)	우산	(los) paraguas (명 umbrellas)	우산들
(el) lunes (명 Monday)	월요일	(los) lunes (명 Mondays)	매 월요일
(el) cumpleaños (명 birthday)	생일	(los) cumpleaños (명 birthdays)	생일들

5-5. 한상 복수형만을 쓰는 명사들이 있다.

(las) gafas　　　　(명 glasses)　　안경

(las) vacaciones   (명 vacations)   휴가
(las) tijeras   (명 scissors)   가위
(los) guantes   (명 gloves)   장갑

5-6. 단수명사가 복수가 되면서 강세 부호를 삭제하는 단어가 있고 반대로 복수가 되면 본래의 강세 위치에 강세 부호를 찍어야 하는 단어가 있다.

(la) estación   (명 season; station)   계절, 역
(las) estaciones   (명 seasons; stations)   계절들, 역들

(la) atención   (명 attention)   주의
(las) atenciones   (명 attentions)   배려, 친절

(el) joven   (명 young person)   젊은이
(los) jóvenes   (명 young persons)   젊은이들

(el) examen   (명 exam)   시험
(los) exámenes   (명 exams)   시험들

(la) orden   (명 order)   명령, 주문
(las) órdenes   (명 orders)   명령들, 주문들

＊참고 : 같은 단어라 해도 강세 위치로 의미가 바뀔 수 있다.

la secretaría   (명 secretarydom)   비서직 · 사무국
la secretaria   (명 secretary)   비서

6. 인칭 대명사

6-1. 주격인칭 대명사(Pronombres personales nominativos)

	성	단 수		복 수	
		스페인어	영어	스페인어	영어
1	남성 여성	yo	I	nosotros nosotras	we
2	남성 여성	tú	you	vosotros vosotras	you

3	남성	él	he	ellos	they
	여성	ella	she	ellas	they
	중성	ello	it		
	남·여	usted	(you)	ustedes	(you)

【용법】

(1) 제 2인칭은 친밀한 사이의 상대를 가리키며, 보통의 상대(처음 만났거나, 존칭어를 사용해야 하는 상대)에게는 제 3인칭의 **'usted(=Ud.)'** 의 형을 쓴다. 이 **'Ud.'** 은 의미상으로는 2인 칭이지만 문법 상으로는 3인칭 취급한다는 것에 주의해야 한다. 영어에서는 **'you'** 를 통해 표현해야한다.

(2) 제 3인칭의 **'él, ella, ellos, ellas'** 의 내용은 「사람이나 물건」을 지칭할 수 있으며, 「의인 화」할 경우 사용할 수 있다.

(3) 모든 남성 복수형은 여성이 섞여있는 경우도 포함할 수 있다. 다시 말해, 혼성일 경우 반드시 남성복수로 표현해야만 한다.

(4) 중성형 **'ello'** 는 이미 말한 것을 묶어서 가리키며 「그 것, 그 일」을 의미한다.

6-2. 직접 목적 대명사(Caso acusativo)

위치 : 부정사(modo infinitivo), 현재분사 및 긍정명령형을 제외한 모든 변화형의 동사의 목적 대명사는 바로 그 앞에 놓인다.

	성	단 수		복 수	
		스페인어	영 어	스페인어	영 어
1	남·여	me	me	nos	us
2	남·여	te	you	os	you
3	남성	lo	him	los	them
	여성	la	her	las	them
	중성	lo	it	–	–
	*남성	le	him	les	them

El profesor Park **me** mira.

→ Professor Park looks at me.

　박 교수는 나를 바라본다.

【용법】

(1) 3인칭 단·복수의 경우 목적 대명사들의 뜻. 즉「당신, 그녀, 그 남자, 당신들, 그녀들, 그 남

자들」인지를 잘 식별치 못하게 될 경우는 중복형(a Ud., a él, a ella, a Vds, a ellas, a ellos)을 쓴다. 1인칭, 2인칭 단, 복수의 경우는 중복형(a mí, a ti, a nosotros, a vosotros)을 쓰지 않아도 뜻을 알기 때문에 그리 많이는 쓰지 않으나 말의 뜻을 강조 할 때는 쓰는 경우가 종종 있다.

Yo la miro *a Ud.*
→ I look at you.
　나는 당신을 바라본다.

Te quiero *a ti*.
→ I love you.
　나는 너를 사랑한다.

⑵ 사물이 동사의 목적어가 되는 경우는 아무 전치사도 오지 않으나 인칭 및 의인화한 동물이 목적어가 될 때는 대체적으로 '전치사 a'가 온다. 간혹 동사에 따라 'en 및 de'가 오는 경우가 있다.

Yo compro los libros.
→ I buy the books.
　나는 책들을 산다.

Él espera a María.
→ He waits for Maria.
　그는 마리아를 기다린다.

Me acuerdo de Ud.
→ I remember you.
　나는 당신을 기억하고 있다.

6-3. 간접 목적 대명사(Caso dativo)

위치 : 직접목적대명사와 동일하며 직접목적 대명사와 함께 올 때는 바로 그 앞에 위치한다.

	성	단 수		복 수	
		스페인어	영 어	스페인어	영 어
1	남 · 여	me	me	nos	us
2	남 · 여	te	you	os	you
3	남 · 여 · 중성	le(se)	him/her	les(se)	them

Ella *me* lo presta.

→ She lends it to me.

그녀는 나에게 그것을 빌려 준다.

Ella *me* lo presta a mí.

→ She lends it to me.

그녀는 나에게 그것을 빌려 준다(중복형).

(1) 간접 목적대명사와 직접 목적대명사가 함께 올 경우 그것들이 모두 3인칭이면 단, 복수나 남성, 여성을 막론하고 간접 목적대명사의 경우는 「le」의 변형 형태인 「se」를 사용한다.

El profesor enseña el español a los alumnos.

→ The professor teaches Spanish to the students.

(The professor teaches the students Spanish

교수는 학생들에게 스페인어를 가르친다.)

El profesor *se lo* enseña.

→ The professor teaches it to them.

교수는 그것을 그들에게 가르친다.

El profesor *se lo* enseña a los alumnos.

→ The professor teaches it to them.

교수는 그것을 그들에게 가르친다(중복형).

(2) 동사가 동사원형(infinitivo), 현재분사, 긍정 명령형인 경우의 목적 대명사들은 그 동사들의 어미에 붙여서 쓴다. 본래의 동사의 강세 위치가 바뀔 우려가 있을 경우는 본래 동사자체의 강세 위치에 강세 부호를 찍는다.

Ella quiere *dármelo*.

→ She likes to give it to me.

그녀는 그것을 나에게 주기를 원한다.

6-4. 전치격 인칭 대명사

	성	단 수		복 수	
		스페인어	영 어	스페인어	영 어
1	남성 여성	mí	me	nosotros nosotras	us
2	남성 여성	ti	you	vosotros vosotras	you
3	남성 여성 중성 남 · 여	él ella ello sí, usted	him her it itself, you	ellos ellas sí, ustedes	them

【용 법】

(1) 전치사 「para(…을 위하여), por(… 때문에), de(…의), con(…과 함께), en(…속에), a(…를, …에게)」 등의 전치사 다음에는 전치격 인칭 대명사들이 온다.

Es muy fácil para **mí**.
→ It is very easy for me.
　그것은 나에게는 대단히 쉽다.

(2) 전치격 'mí와 ti'가 전치사 'con'과 함께 올 때는 각각 'conmigo와 contigo'가 된다.

Ellos van a la escuela **conmigo**.
→ They go to school with me.
　그들은 나와 함께 학교에 간다.

(3) 전치격 인칭대명사 3인칭 단 · 복수가 'con'과 함께 「자신이 (손수)…을 가져가다, 가져오다」 등이 될 때는 'consigo'가 된다.

Mi papá lleva su maleta **consigo**.
→ My daddy takes his bag with him.
　나의 아버지는 자신이 자기의 가방을 가지고 간다.

(4) 전치격 인칭대명사 3인칭 단 · 복수가 'para'와 함께 올 경우, 「자신을 위해서」라는 의미를 가지게 될 때는 'para sí'가 된다. 또한 'con'을 제외한 타 전치사와 함께 올 때도 'sí'가 된다. 물론 3인칭 단 · 복수에 한해서 사용된다.

Ella ahorra dinero **para sí**.
→ She saves money for herself.
그녀는 자신을 위해서 돈을 저축한다.

Él piensa **en sí**.
→ He thinks about himself.
그는 자신을 생각한다.

7. Ser, Estar 동사

7-1. Ser/Estar (영 Be) 동사

7-1-1. Ser

- '불규칙 동사 ser' 직설법 현재 변화형

	스페인어	영어	스페인어	영어
	단 수		복 수	
1	soy	am	somos	are
2	eres	are	sois	are
3	es	is	son	are

【용 법】

'Ser 동사'는 그 자체가 일정한 뜻을 갖지는 못하고, 뒤에 나오는 명사(절) 보어 즉, 형용사 보어와 주어와의 관계를 통해 의미를 구별할 수 있다. 영어의 2형식 동사로써의 'be동사' 역할과 같다.

(1) 주어의 본질을 나타낸다.

¿Qué es eso?
→ What is it?
그것은 무엇입니까?

Es una camiseta.
→ It is a T-shirt.
티셔츠입니다.

¿Quién es él?
→ Who is he?
그는 누구지?

Él es un chico.
→ He is a boy.
그는 소년입니다.

¿Cómo es él?
→ How is he?
그는 어떻습니까?

Él es gordo.
→ He is fat.
그는 뚱뚱합니다.

Él es terco.
→ He is stubborn.
고집스런 성격입니다.

⑵ 주어의 출신, 소유, 원재료 등을 나타낸다.

① 출신
¿De dónde es ella?
→ Where is she from?
그녀는 어디 출신입니까?

Ella es de Busan.
→ She is from Busan.
그녀는 부산 출신입니다.

Ellos son coreanos(= Ellos son de Corea).
→ They are Koreans(= They are from Korea).
그들은 한국인입니다.

El café es de África.
→ The coffee is from Africa.
커피는 아프리카 산이다.

② 소유
El coche es de María.
→ The car belongs to María.
그 차(車)는 마리아의 것입니다.

③ 원재료
   La pulsera es de plata(= La pulsera es argentina).
   → The bracelet is made of silver.
      그 팔찌는 은입니다.

(3) 주어의 직업, 종교 등을 나타낸다.

① 직업
   ¿Qué es tu hermana?
   → What is your sister?
      너희 누이의 직업이 뭐야?

   Es enfermera.
   → She is a nurse.
      (그녀는) 간호사입니다.

② 종교
   ¿Cuál es tu religión?
   → Which is your religion?
      네 종교는 뭐니?

(4) 시간, 양, 가격 등을 나타낸다.

① 시간; 때
   ¿Qué hora es ahora?
   → What time is it now?
      몇 시입니까?

   Son las cuatro de la tarde.
   → It is four P.M.
      오후 4시입니다.

   Es muy temprano.
   → It's so early.
      매우 이르다.

   ¿Qué día es hoy?
   → What day is it today?
      오늘은 무슨 요일입니까?

Es viernes.
→ It is Friday.
　금요일입니다.

② 수(數); 양(量)
¿Cuántos son estos?
→ How many are these?
　이것들은 몇 개입니까?

Son tres.
→ These are three.
　세 개요.

③ 가격
¿Cuánto es?
→ How much is it?
　얼마입니까?

Es 10 euros.
→ It is 10 euros.
　10 유로입니다.

(5) 무 인칭 문장에서 사용된다. 여기서 주의해야할 것은 이 문장의 문법적 주어는 동사원형이라는 것이다. 영어에서는 '가주어 It'과 '진주어(to + 동사원형)' 문형으로 나타난다.

> 「es (ser 동사의 3인칭 동사형) + 형용사 + 동사원형」
> … 하는 것은 ~ 하다
> (영 It is + 형용사 + to + 동사원형)

Es necesario ir de compras.
→ It is necessary to go shopping.
　쇼핑하러 가는 것이 필요하다.
Es importante leer el periódico diario.
→ It is important to read the newspaper.
　신문을 읽는 것은 중요하다.

(6) 진리나 변하지 않는 사실을 표현할 때 사용된다.

La nieve es blanca.
→ Snow is white.
　눈은 희다.

El helado es frío.
→ The ice cream is cold.
　아이스크림은 차다.

La flor es bonita.
→ The flower is pretty.
　꽃은 예쁘다.

La Luna de Miel es dulce.
→ Honeymoon is sweet.
　신혼여행은 달콤하다.

7-1-2. Estar

- '불규칙 동사 estar' 직설법 현재 변화형

	스페인어	영어	스페이니	엉어
	단 수		복 수	
1	estoy	am	estamos	are
2	estás	are	estáis	are
3	está	is	están	are

【용 법】

'Estar 동사'는 전치사나 위치 부사를 동반해 그 위치를 언급할 수 있는 동사이다. 물론 형용사를 함께 써서 상태, 느낌을 표현할 수 있다. 위치를 언급할 때는 영어의 1형식 동사로써의 'be동사' 역할과 같으며, 상태, 느낌을 표현할 때는 영어의 2형식 'be동사' 역할과 같다.

(1) 사람이나 사물의 위치를 표현한다.

¿Dónde están ustedes?
→ Where are you?
　당신들은 어디에 있습니까?

Estamos en el cine.
→ We are in the movie theater.
우리들은 영화관에 있습니다.

Corea está en el nordeste de Asia.
→ Korea is in Northeast Asia.
한국은 동북아시아에 있습니다.

Ahora estamos en otoño.
→ Now it is autumn.
지금은 가을입니다.

Hoy estamos a 1° [primero] de octubre.
→ Today is the first of October.
오늘은 10월 1일 입니다.

(2) 형용사 혹은 과거분사와 함께 쓰여 주어의 개인적인 느낌과, 상태를 나타낸다.

El agua está fría.
→ The water is cold.
물이 차갑습니다.

Eva está delgada.
→ Eve seems to be thin.
에바(이브)는 마른 것 같다.

La habitación está limpia.
→ The room is clean.
방은 깨끗합니다.

El niño está enfermo.
→ The boy is ill.
그 어린 남자아이는 아픕니다.

La ventana está cerrada.
→ The window is shut.
그 창문은 닫혀 있습니다.

(3) 「estar de + 명사」의 형태로서 임시의 잠정적인 것을 표현한다.

Él está de paso en Madrid.
→ He stays for a while in Madrid.
그는 마드리드에서 잠시 지내고 있습니다.

Eso está de moda hoy en día.
→ It is in fashion nowadays.
그것이 요즘 유행입니다.

(4) 안부인사를 할 때 쓰인다.

¿Cómo está tu suegro?
→ How is your father-in-law?
네 장인께서는 어떠시니?

Está regular.
→ Nothing much(= So so).
그저 그러셔.

※ 어떤 형용사들은 'ser 동사'와 함께 쓰이느냐 혹은 'estar 동사'와 함께 쓰이느냐에 따라 그
뜻이 달라진다.

Ser	Estar
Carlos es frío. → Carlos is cold-hearted. 까를로스는 성격이 찬 사람이다(성격).	Carlos está frío. → Carlos seems to be cold-hearted. 까를로스가 냉담한 것 같다(개인의 느낌).
Las peras coreanas son caras. → The Korean pears are expensive. 한국 배는 비싸요(일반적 특성).	Las peras coreanas están caras. → The Korean pears seem to be expensive. 배가 비싼 것 같다(개인의 느낌).
Carmen es pesada. → Carmen is a difficult woman. 까르멘은 힘든 사람이다(특성).	Carmen está pesada. → Carmen is heavy. 까르멘은 몸무게가 많이 나간다(육체의 상태).
Él es vivo. → He is smart. 그는 똑똑하다.	El hombre herido está vivo. → The wounded person is alive. 그 다친 사람은 살아 있다.
Él es bueno. → He is a good man. 그는 좋은 사람이다.	Él está bueno(bien) ahora. → He is well now. 그는 지금 병이 나았다.

Ellas son listas.	Ellas están listas.
→ They are clever.	→ They are ready.
그녀들은 약은 사람들이다.	그녀들은 준비가 되어있다.

8. Lo 용법

이 관사 또는 대명사는 단수 형태로 다음에서 사용된다.

(1) Lo + 형용사(남성 · 단수) : 추상 명사

lo importante
→ the important thing
　중요한 것

lo mejor
→ the best thing
　최고로 좋은 것

(2) Lo + 형용사/부사 + que : 감탄사(부사) [영 how]

Tú no sabes lo importante que es.
→ You don't know how important it is.
　넌 그것이 얼마나 중요한지 알지 못한다.

Él no entiende lo despacio que va.
→ He doesn't know how slowly it goes.
　그는 얼마나 천천히 가는지 알지 못한다.

(3) Lo de : 모든것 [영 everything that]

Vamos a cubrir lo de ayer.
→ We'll cover everything we did yesterday.
　우리는 우리가 어제 했던 모든 것을 복습할 것이다.

(4) Lo ～ todo : 모든 것 [영 everything]

※ 'Lo' 는 'todo' 를 의미한다.

Lo entiendo todo.

→ I understand everything.

난 모든 것을 이해한다.

(5) Todo lo que : (~의) 모든 것 [영 All that]

Todo lo que oí no es verdad.

→ All that I heard isn't true.

내가 들었던 모든 것은 진실이 아니다.

(6) Lo : (그러한) 것

※ 동사 「ser, estar 그리고 parecer」와 함께 나타나는 '형용사, 대명사 또는 명사' 를 대체하여, 수식하는 말로 'lo' 를 사용한다.

Pareces enojada. – Quizás lo parezca, pero no lo estoy.

→ You seem angry. – Perhaps I seem so, but I'm not.

너는 화난 것 같다. – 아마도 내가 그렇게 보이겠지만, 난 그렇지 않다.

¿Estas llaves son tuyas? – No, no lo son.

→ Are these keys yours? – No, they're not.

이 열쇠들이 네 것이니? – 아니요, 그것들은 제것이 아닙니다.

■ 연습문제

1. _________ arma de fuego es peligrosa.

① El   ② Los

③ La   ④ Las

2. _________ las tres cuando el tren partió.

① Eran   ② Fue

③ Era   ④ Fueron

3. La boda _________ en la iglesia.

① estuvo   ② fue

③ fueron   ④ estando

4. Yo _________ dos noches en la selva.
① esté   ② estuve
③ era   ④ fui

5. El padre de Alicia _________ médico.
① está   ② estaba
③ es   ④ estará

6. Tú _________ equivocado cuando dijiste que yo no iría a la fiesta.
① eres   ② eras
③ estás   ④ estabas

7. Chávez y Catalina son _________ inteligentes de la clase.
① las más   ② más
③ los más   ④ menos

8. Tú no sabes _________ importante _________ son las tareas.
① los ... que   ② lo ... que
③ las ... que   ④ lo ... de

9. Juan y María son chicos _________.
① Alemanas   ② alemanes
③ de alemanes   ④ alemanos

10. _________ posible hacer la tarea.
① Serán   ② Está
③ Ha sido   ④ Estaría

정답 1 ①　2 ①　3 ②　4 ②　5 ③　6 ④　7 ③　8 ②　9 ②　10 ③

■ 독해(Lectura) Ⅱ

A LEÓN WERTH

Pido perdón a los niños por haber dedicado este libro a una persona mayor. Tengo una seria excusa: esta persona mayor es el mejor amigo que tengo en el mundo. Pero tengo otra excusa: esta persona mayor es capaz de comprenderlo todo, incluso los libros para niños.

Tengo una tercera excusa todavía esta persona mayor vive en Francia, donde pasa hambre y frío. Tiene, por consiguiente, una gran necesidad de ser consolada. Si no fueran suficientes todas esas razones, quizás entonces dedicar este libro al niño que fue hace tiempo esta persona mayor. Todas las personas mayores antes han sido niños. (Pero pocas de ellas lo recuerdan).

Corrijo, por consiguiente, mi dedicatoria:

A LEÓN WERTH
cuando era niño

▶ 듣기 연습! 375 페이지로 이동!

단어

- pido 통(영 beg) 부탁하다[직설 · 현재 1인칭 단수]
- perdón 명남(영 pardon) 용서, 사면
- dedicado 형(영 dedicated) 헌신적인
- mayor 형(영 adult) 연장의, 성년이 된
- serio(a) 형(영 serious) 심각한
- excusa 명(영 excuse) 변명, 핑계
- mejor 형(영 better) 더 좋은
- mundo 명남(영 world) 세계
- capaz 형(영 able) ~할 수 있는
- comprender 통(영 understand) 이해하다
- incluso 전(영 including) ~을 포함하는
- tercero(a) 형(영 third) 세 번째의
- todavía 부(영 still) 아직까지; 그때까지
- hambre 명여(영 hunger) 배고픔

- frío 명남(영 cold) 추위
- consiguiente 명남(영 consequence) 결과, 결말, 귀결
  por consiguiente (영 as a consequence) ~의 결과로서
- necesidad 명여(영 necessity) 필요(성)
- consolado 형(영 consoled) 위로받는, 위문받는
- suficiente 형(영 sufficient) 충분한
- razón 명여(영 reason) 이유
- antes 부(영 before) ~전에
- recuerdan 동(영 remember) 기억하다[직설 · 현재 3인칭 복수]
- corrijo 동(영 corrected) 수정했다[직설 · 부정과거 3인칭 단수]
- dedicatoria 명여(영 dedication) 헌신, 봉납, 봉헌
- cuando 부(영 when) ~때
- era 동(영 was) ~이다[직설 · 불완료과거 1/3인칭 단수]

TO LEON WERTH

I ask the indulgence of the children who may read this book for dedicating it to a grown-up. I have a serious reason: he is the best friend I have in the world. I have another reason: this grown-up understands everything, even books about children. I have a third reason: he lives in France where he is hungry and cold. He needs cheering up. If all these reasons are not enough, I will dedicate the book to the child from whom this grown-up grew. All grown-ups were once children— although few of them remember it. And so I corrected my dedication:

TO LEON WERTH
when he was a little boy

바치는 글

먼저 이 책을 어른에게 바친 데 대해 어린이들에게 용서를 빈다. 나에게는 그럴 만한 사정이 있다. 무엇보다 먼저 내가 이 세상에서 사귄 가장 훌륭한 친구는 어른이다. 또 다른 사정이 있다. 이 어른은 모든 것, 어린이를 위해 쓴 책까지 이해한다.
　세 번째 사정이 있다. 지금 프랑스에 있는 이 어른은 굶주리며 추위에 떨고 있다. 이 어

른을 위로해 주어야 한다. 그러나 그럼에도 불구하고, 이런 이유만으로 부족하다면, 지금 이 어른의 어린 시절 그 어린아이에게 이 책을 바치고 싶다. 어른들도 처음엔 다 어린이 였다(그러나 그걸 기억하는 어른은 별로 없다).
그래서 나는 헌사를 이렇게 고쳤다.

어린 시절의 레옹 베르뜨에게

03 | 규칙 동사의 변화

1. 동사의 원형

부정사. 동사원형 형태. 형태는 어미가 '-ar/ -er/ -ir'로 3가지만이 존재함. 그 형태의 비중은 '-ar' 형태가 가장 많으며, '-ir' 형태가 가장 적음. 법으로서의 의의는 희박하고 동사의 명사형에 지나지 않음.

1-1. 명사적 용법

1-1-1. 명사 역할을 함.

> 예 Ver es creer.
> → Seeing is believing.
> 보는 것은 믿는 것이다.

1-1-2. 주어, 목적어, 명사 보어의 문장 성분이 됨.

(1) 주어로 사용되는 경우.
> 예 Estudiar español es muy interesante(= Es muy interesante estudiar español).
> → Studying Spanish is very interesting.
> 스페인어를 공부한다는 것은 매우 재미있다.

(2) 목적어로 사용되는 경우.
> 예 Le mandé callar.
> → I ordered him to keep quiet.
> 난 그에게 조용히 할 것을 명했다.

(3) 명사보어로 사용되는 경우.
> 예 El amor es entender.
> → Love is to understand.
> 사랑은 이해하는 것이다.

1-1-3.『남성 단수 관사 + 부정사 형』이 경우는 일반적으로 원형을 써도 되는 것인데, 명사임을 나타내기 위한 수단으로 활용될 뿐임.

[예] Me gustan el comer y el dormir(= Me gusta comer y dormir).
　　→ I like to eat and sleep.
　　　난 먹고 자는 것을 좋아한다.

※ 주의! 관사가 있을 때와 없을 때, 동사의 형태가 틀림. 관사가 있을 때는 셀 수 있는 명사로 취급함) 난 먹고, 자는 것을 좋아한다.

1-2. 형용사적 용법

1-2-1.『의문사 + 부정사 형』
[예] No sé cómo hacer.
　　→ I don't know how to do.
　　　난 어떻게 해야할 지 모르겠다.

1-2-2.『명사 + (전치사 +) que + 부정사 형』
[예] No tiene casa en que vivir.
　　→ He doesn't have the house to live in.
　　　그에게는 살집이 없다.

Tengo algo que contarte.
　　→ I have something to say to you.
　　　네게 말할 것이 있다.

1-3. 부사적 용법 :『전치사 + 부정사 형』= 부사구 형성

[예] Yo estudiaba mucho para entrar en la universidad nacional.
　　→ I studied hard to enter the national university.
　　　난 국립대에 들어가기 위해 열심히 공부했었다.

1-4. 영어에서는 「전치사 + 동사원형」인 동사구

스페인어에서는 동사 뒤에 바로 '동사원형'을 붙여 사용하지만, 영어에서는 전치사로 연결하는 혼동될 수 있는 어휘를 살펴본다.
- aconsejar　　충고하다 (영 advise to)
- deber　　～해야한다 (영 ought to)
- dejar　　～하게 허락하다 (영 allow to)
- desear　　열망하다 (영 desire to)
- esperar　　희망하다 (영 hope to)

• impedir　　방해하다 (열 prevent from)
• lograr　　　성취하다 (열 succeed in)
• necesitar　필요하다 (열 need to)
• pedir　　　요구하다 (열 ask to)
• poder　　　할 수 있다 (열 be able to)
• querer　　　원하다 (열 wish to)
• recordar　기억하다 (열 remember to)
• rehusar　　거부하다 (열 refuse to)
• temer　　　두려워하다 (열 be afraid to)

2. 동사 어간의 변화

2-1.「직설법 현재」동사의 어간 변화

2-1-1. 어간 E → IE 유형

• pensar (생각하다)

구 분	단수		복수	
	스페인어	영 어	스페인어	영 어
1인칭	pienso	think	pensamos	think
2인칭	piensas	think	pensáis	think
3인칭	piensa	thinks	piensan	think

※ 1·2인칭 복수의 경우 어간이 변화하지 않고, 원형형태를 유지함에 유의한다.

예 [어미 ~ar]

　　sentar　　　(열 seat) 앉히다
　　comenzar　(열 start) 시작하다
　　calentar　　(열 heat) 뜨겁게 하다
　　despertar　(열 wake) 잠을 깨우다
　　confesar　　(열 confess) 고백하다
　　cerrar　　　(열 close) 닫다
　　empezar　　(열 start) 시작하다
　　negar　　　(열 negate) 부정하다

[어미 ~er]

　　querer　　　(열 love, like) 좋아하다
　　perder　　　(열 lose) 잃다
　　encender　　(열 turn on) 불을 켜다

atender	(영 attend) 시중들다
entender	(영 understand) 이해하다
defender	(영 defend) 방어하다

[어미 ~ir]

mentir	(영 tell a lie) 거짓말하다
consentir	(영 consent) 동의하다
herir	(영 wound) 부상을 입히다
preferir	(영 prefer) 더 좋아하다

2-1-2. 어간 O → UE 유형

• contar (숫자를 세다 / 이야기하다)

구 분	단수		복수	
	스페인어	영 어	스페인어	영 어
1인칭	cuento	count	contamos	count
2인칭	cuentas	count	contáis	count
3인칭	cuenta	counts	cuentan	count

※ 1·2인칭 복수의 경우 어간이 변화하지 않고, 원형형태를 유지함에 유의한다.

예 [어미 ~ar]

rogar	(영 want) 원하다
acordar	(영 agree; remember) 동의하다; 기억하다
mostrar	(영 show) 보여주다
costar	(영 cost) 비용이 들다
recordar	(영 remember; remind) 기억하다; 상기시키다
almorzar	(영 have lunch) 점심을 먹다
sonar	(영 sound) 소리가 나다
encontrar	(영 encounter; meet) 발견하다

잠깐! 문장 속에서 'encontrarse' 의 동사가 나타나면 'estar' 로 생각하고 해석하면 문맥의 흐름이 끊이지 않는다. ■

[어미 ~er]

poder	(영 can) 할 수 있다
volver	(영 return) 돌아오다, 돌리다
soler	(영 * used to) 언제나 …을 하다
llover	(영 rain) 비가 오다

[어미 ~ir]

morir   (동 die) 죽다
dormir   (동 sleep) 자다
adormir   (동 fall asleep; feel drowsy) 잠들다; 졸다

2-1-3. 어간 E → I 유형

• pedir (요구하다)

구 분	단수		복수	
	스페인어	영 어	스페인어	영 어
1인칭	pido	ask	pedimos	ask
2인칭	pides	ask	pedís	ask
3인칭	pide	asks	piden	ask

※ 1·2인칭 복수의 경우 어간이 변화하지 않고, 원형형태를 유지함에 유의한다.

예 [어미 ~ir]

servir   (동 serve) 봉사하다
reír   (동 laugh) 웃다

잠깐!   reír 동사의 변화에서 "í(강세)"철자에 꼭!! 주의한다. ■

despedir   (동 bid farewell) 작별하다
impedir   (동 interfere) 방해하다
competir   (동 compete) 경쟁하다
repetir   (동 repeat) 반복하다
vestir   (동 dress) 옷을 입히다
medir   (동 measure) [키 등을] 재다
seguir   (동 follow; continue) 쫓아가다; 계속하다)
gemir   (동 groan) 신음하다

2-1-4. 어간 U → UE 유형

• jugar (놀다)

구 분	단수		복수	
	스페인어	영 어	스페인어	영 어
1인칭	juego	play	jugamos	play
2인칭	juegas	play	jugáis	play
3인칭	juega	plays	juegan	play

※ 1·2인칭 복수의 경우 어간이 변화하지 않고, 원형형태를 유지함에 유의한다.

2-1-5. 어간 I → IE 유형

• adquirir (획득하다)

구 분	단수		복수	
	스페인어	영 어	스페인어	영 어
1인칭	adquiero	acquire	adquirimos	acquire
2인칭	adquieres	acquire	adquirís	acquire
3인칭	adquiere	acquires	adquieren	acquire

※ 1·2인칭 복수의 경우 어간이 변화하지 않고, 원형형태를 유지함에 유의한다.

[예] [어미 ~ir]

inquirir　　　　　(영 inquire) 조사하다 / 규명하다

2-1-6. 직설법 1인칭 단수가 '~go'형을 띄는 동사 유형

• tener (가지다)

구 분	단수		복수	
	스페인어	영 어	스페인어	영 어
1인칭	tengo	have	tenemos	have
2인칭	tienes	have	tenéis	have
3인칭	tiene	has	tienen	have

※ 1·2인칭 복수의 경우 어간이 변화하지 않고, 원형형태를 유지함에 유의한다.

[예] venir　(영 come) 오다　　　　poner　(영 put) 놓다
valer　(영 value) 값이 나가다　salir　(영 go out) 나가다
hacer　(영 make; do) 만들다; 하다　decir　(영 say) 말하다
asir　(영 hold) 쥐다　　　　traer　(영 bring) 가지고 오다
caer　(영 fall) 떨어지다　　　oír　(영 hear) 듣다

2-1-7. 기타 불규칙 동사 유형

• ser (~이다)

구 분	단수		복수	
	스페인어	영 어	스페인어	영 어
1인칭	soy	am	somos	are
2인칭	eres	are	sois	are
3인칭	es	is	son	are

• estar (~이다; 있다)

구 분	단수		복수	
	스페인어	영 어	스페인어	영 어
1인칭	estoy	am	estamos	are
2인칭	estás	are	estáis	are
3인칭	está	is	están	are

• saber (~을 알다)

구 분	단수		복수	
	스페인어	영 어	스페인어	영 어
1인칭	sé	know	sabemos	know
2인칭	sabes	know	sabéis	know
3인칭	sabe	knows	saben	know

• haber (완료형 조동사)

구 분	단수		복수	
	스페인어	영 어	스페인어	영 어
1인칭	he	have	hemos	have
2인칭	has	have	habéis	have
3인칭	ha	has	han	have

• conocer (~을 알다[만나거나 방문해 보고 아는 것])

구 분	단수		복수	
	스페인어	영 어	스페인어	영 어
1인칭	conozco	see	conocemos	see
2인칭	conoces	see	conocéis	see
3인칭	conoce	sees	conocen	see

• producir(~을 생산하다)

구 분	단수		복수	
	스페인어	영 어	스페인어	영 어
1인칭	produzco	produce	producimos	produce
2인칭	produces	produce	producís	produce
3인칭	produce	produces	producen	produce

2-2. 「직설법 부정 · 불완료 과거」동사의 어간 변화

2-2-1. 부정과거 규칙동사

2-2-1-1. 어미 ~ar의 경우

구 분	-ar 어미	
	단수	복수
1인칭	– é	– amos
2인칭	– aste	– asteis
3인칭	– ó	– aron

예 hablar (말하다)

구 분	단수		복수	
	스페인어	영 어	스페인어	영 어
1인칭	hablé	spoke	hablamos	spoke
2인칭	hablaste	spoke	hablasteis	spoke
3인칭	habló	spoke	hablaron	spoke

2-2-1-2. 어미 ~er의 경우

구 분	-er 어미	
	단수	복수
1인칭	– í	– imos
2인칭	– iste	– isteis
3인칭	– ió	– ieron

예 comer(먹다)

구 분	단수		복수	
	스페인어	영 어	스페인어	영 어
1인칭	comí	ate	comimos	ate
2인칭	comiste	ate	comisteis	ate
3인칭	comió	ate	comieron	ate

2-2-1-3. 어미 ~ir의 경우

구 분	-ir 어미	
	단수	복수
1인칭	− í	− imos
2인칭	− iste	− isteis
3인칭	− ió	− ieron

예 vivir(살다)

구 분	단수		복수	
	스페인어	영 어	스페인어	영 어
1인칭	viví	lived	vivimos	lived
2인칭	viviste	lived	vivisteis	lived
3인칭	vivió	lived	vivieron	lived

2-2-2. 부정과거 불규칙동사

• haber (조동사 / 있다)

구 분	단수		복수	
	스페인어	영 어	스페인어	영 어
1인칭	hube	had	hubimos	had
2인칭	hubiste	had	hubisteis	had
3인칭	hubo	had	hubieron	had

• tener (가지다)

구 분	단수		복수	
	스페인어	영 어	스페인어	영 어
1인칭	tuve	had	tuvimos	had
2인칭	tuviste	had	tuvisteis	had
3인칭	tuvo	had	tuvieron	had

• estar (이다)

구 분	단수		복수	
	스페인어	영 어	스페인어	영 어
1인칭	estuve	was	estuvimos	were
2인칭	estuviste	were	estuvisteis	were
3인칭	estuvo	was	estuvieron	were

• andar (걷다)

구 분	단수		복수	
	스페인어	영 어	스페인어	영 어
1인칭	anduve	walked	anduvimos	walked
2인칭	anduviste	walked	anduvisteis	walked
3인칭	anduvo	walked	anduvieron	walked

• poner (놓다)

구 분	단수		복수	
	스페인어	영 어	스페인어	영 어
1인칭	puse	put	pusimos	put
2인칭	pusiste	put	pusisteis	put
3인칭	puso	put	pusieron	put

• poder (~할 수 있다)

구 분	단수		복수	
	스페인어	영 어	스페인어	영 어
1인칭	pude	could	pudimos	could
2인칭	pudiste	could	pudisteis	could
3인칭	pudo	could	pudieron	could

• saber (알다; 맛이 나다)

구 분	단수		복수	
	스페인어	영 어	스페인어	영 어
1인칭	supe	knew	supimos	knew
2인칭	supiste	knew	supisteis	knew
3인칭	supo	knew	supieron	knew

• caber (들어차다)

구 분	단수		복수	
	스페인어	영 어	스페인어	영 어
1인칭	cupe	fit	cupimos	fit
2인칭	cupiste	fit	cupisteis	fit
3인칭	cupo	fit	cupieron	fit

• conducir (인도하다/ 운전하다)

구 분	단수		복수	
	스페인어	영 어	스페인어	영 어
1인칭	conduje	drove	condujimos	drove
2인칭	condujiste	drove	condujisteis	drove
3인칭	condujo	drove	condujeron	drove

• querer (좋아하다/ 사랑하다)

구 분	단수		복수	
	스페인어	영 어	스페인어	영 어
1인칭	quise	loved	quisimos	loved
2인칭	quisiste	loved	quisisteis	loved
3인칭	quiso	loved	quisieron	loved

• venir (오다)

구 분	단수		복수	
	스페인어	영 어	스페인어	영 어
1인칭	vine	came	vinimos	came
2인칭	viniste	came	vinisteis	came
3인칭	vino	came	vinieron	came

• decir (말하다)

구 분	단수		복수	
	스페인어	영 어	스페인어	영 어
1인칭	dije	said	dijimos	said
2인칭	dijiste	said	dijisteis	said
3인칭	dijo	said	dijeron	said

• hacer (하다/ 만들다)

구 분	단수		복수	
	스페인어	영 어	스페인어	영 어
1인칭	hice	made	hicimos	made
2인칭	hiciste	made	hicisteis	made
3인칭	hizo	made	hicieron	made

• traer (가져오다)

구 분	단수		복수	
	스페인어	영 어	스페인어	영 어
1인칭	traje	brought	trajimos	brought
2인칭	trajiste	brought	trajisteis	brought
3인칭	trajo	brought	trajeron	brought

• dar (주다)

구 분	단수		복수	
	스페인어	영 어	스페인어	영 어
1인칭	di	gave	dimos	gave
2인칭	diste	gave	disteis	gave
3인칭	dio	gave	dieron	gave

• ver (보다)

구 분	단수		복수	
	스페인어	영 어	스페인어	영 어
1인칭	vi	saw	vimos	saw
2인칭	viste	saw	visteis	saw
3인칭	vio	saw	vieron	saw

• ser (이다; 발생하다)

구 분	단수		복수	
	스페인어	영 어	스페인어	영 어
1인칭	fui	was	fuimos	were
2인칭	fuiste	were	fuisteis	were
3인칭	fue	was	fueron	were

• ir (가다)

구 분	단수		복수	
	스페인어	영 어	스페인어	영 어
1인칭	fui	went	fuimos	went
2인칭	fuiste	went	fuisteis	went
3인칭	fue	went	fueron	went

• sentir (느끼다)

구 분	단수		복수	
	스페인어	영 어	스페인어	영 어
1인칭	sentí	felt	sentimos	felt
2인칭	sentiste	felt	sentisteis	felt
3인칭	sintió	felt	sintieron	felt

• pedir (요구하다/ 청구하다)

구 분	단수		복수	
	스페인어	영 어	스페인어	영 어
1인칭	pedí	asked	pedimos	asked
2인칭	pediste	asked	pedisteis	asked
3인칭	pidió	asked	pidieron	asked

• dormir (자다/ 재우다)

구 분	단수		복수	
	스페인어	영 어	스페인어	영 어
1인칭	dormí	slept	dormimos	slept
2인칭	dormiste	slept	dormisteis	slept
3인칭	durmió	slept	durmieron	slept

• caer (넘어지다)

구 분	단수		복수	
	스페인어	영 어	스페인어	영 어
1인칭	caí	fell	caímos	fell
2인칭	caíste	fell	caísteis	fell
3인칭	cayó	fell	cayeron	fell

• leer (읽다)

구 분	단수		복수	
	스페인어	영 어	스페인어	영 어
1인칭	leí	read	leímos	read
2인칭	leíste	read	leísteis	read
3인칭	leyó	read	leyeron	read

• oír (듣다)

구 분	단수		복수	
	스페인어	영 어	스페인어	영 어
1인칭	oí	heard	oímos	heard
2인칭	oíste	heard	oísteis	heard
3인칭	oyó	heard	oyeron	heard

• huir (도망가다)

구 분	단수		복수	
	스페인어	영 어	스페인어	영 어
1인칭	huí, hui	fled	huimos	fled
2인칭	huiste	fled	huisteis	fled
3인칭	huyó	fled	huyeron	fled

2-2-3. 불완료 과거 불규칙동사

※ 불완료의 불규칙어휘는 아래의 3개가 전부라고 할 수 있다. 이외에는 규칙 변화를 적용하면
  된다.

• ser (이다)

구 분	단수		복수	
	스페인어	영 어	스페인어	영 어
1인칭	era	was	éramos	were
2인칭	eras	were	erais	were
3인칭	era	was	eran	were

• ver (보다)

구 분	단수		복수	
	스페인어	영 어	스페인어	영 어
1인칭	veía	saw	veíamos	saw
2인칭	veías	saw	veíais	saw
3인칭	veía	saw	veían	saw

• ir (가다)

구 분	단수		복수	
	스페인어	영 어	스페인어	영 어
1인칭	iba	went	íbamos	went
2인칭	ibas	went	ibais	went
3인칭	iba	went	iban	went

2-3. 「직설법 미래 · 가능법」동사의 어간 변화

2-3-1. 미래 · 가능형 동사의 규칙 동사 변화

2-3-1-1. 어미 ~ar의 경우

	미래 -ar 어미				가능 -ar 어미	
	단수	복수			단수	복수
1인칭	– aré	– aremos		1인칭	– aría	– aríamos
2인칭	– arás	– aréis		2인칭	– arías	– aríais
3인칭	– ará	– arán		3인칭	– aría	– arían

예 hablar(말하다)

미래	단수		복수	
	스페인어	영 어	스페인어	영 어
1인칭	hablaré	will speak	hablaremos	will speak
2인칭	hablarás	will speak	hablaréis	will speak
3인칭	hablará	will speak	hablarán	will speak

가능	단수		복수	
	스페인어	영 어	스페인어	영 어
1인칭	hablaría	would speak	hablaríamos	would speak
2인칭	hablarías	would speak	hablaríais	would speak
3인칭	hablaría	would speak	hablarían	would speak

2-3-1-2. 어미 ~er의 경우

미래	-er 어미	
	단수	복수
1인칭	– eré	– eremos
2인칭	– erás	– eréis
3인칭	– erá	– erán

가능	-er 어미	
	단수	복수
1인칭	– ería	– eríamos
2인칭	– erías	– eríais
3인칭	– ería	– erían

예 comer(먹다)

미래	단수		복수	
	스페인어	영 어	스페인어	영 어
1인칭	comeré	will eat	comeremos	will eat
2인칭	comerás	will eat	comeréis	will eat
3인칭	comerá	will eat	comerán	will eat

가능	단수		복수	
	스페인어	영 어	스페인어	영 어
1인칭	comería	would eat	comeríamos	would eat
2인칭	comerías	would eat	comeríais	would eat
3인칭	comería	would eat	comerían	would eat

2-3-1-3. 어미 ~ir의 경우

미래	-ir 어미	
	단수	복수
1인칭	– iré	– iremos
2인칭	– irás	– iréis
3인칭	– irá	– irán

가능	-ir 어미	
	단수	복수
1인칭	– iría	– iríamos
2인칭	– irías	– iríais
3인칭	– iría	– irían

예 vivir(살다)

미래	단수		복수	
	스페인어	영 어	스페인어	영 어
1인칭	viviré	will live	viviremos	will live
2인칭	vivirás	will live	viviréis	will live
3인칭	vivirá	will live	vivirán	will live

가능	단수		복수	
	스페인어	영 어	스페인어	영 어
1인칭	viviría	would live	viviríamos	would live
2인칭	vivirías	would live	viviríais	would live
3인칭	viviría	would live	vivirían	would live

2-3-2. 미래 · 가능형 동사의 불규칙 동사 변화

2-3-2-1. 어간음 생략형

• caber (들어차다)

미래	단수		복수	
	스페인어	영 어	스페인어	영 어
1인칭	cabré	will fit	cabremos	will fit
2인칭	cabrás	will fit	cabréis	will fit
3인칭	cabrá	will fit	cabrán	will fit

가능	단수		복수	
	스페인어	영 어	스페인어	영 어
1인칭	cabría	would fit	cabríamos	would fit
2인칭	cabrías	would fit	cabríais	would fit
3인칭	cabría	would fit	cabrían	would fit

[예] haber (영 will have / would have) 조동사/ 있다
　　poder (영 will be able to / would be able to) ~할 수 있다
　　querer (영 will love / would love) ~를 좋아하다)
　　saber (영 will know / would know) 알다

2-3-2-2. 어간음 첨가형

• poner (놓다)

미래	단수		복수	
	스페인어	영 어	스페인어	영 어
1인칭	pondré	will put	pondremos	will put
2인칭	pondrás	will put	pondréis	will put
3인칭	pondrá	will put	pondrán	will put

가능	단수		복수	
	스페인어	영 어	스페인어	영 어
1인칭	pondría	would put	pondríamos	would put
2인칭	pondrías	would put	pondríais	would put
3인칭	pondría	would put	pondrían	would put

[예] tener (영 will have / would have) 가지다
　　venir (영 will come / would come) 오다
　　valer (영 will cost / would cost) 값이 나가다
　　salir   (영 will go out / would go out) 나가다

2-3-2-3. 불규칙형

※ 미래형과 가능형 동사의 형태가 완전히 바뀌는 기본 형태의 경우는 아래의 'hacer' 와
　'decir' 의 경우가 전부이다. 이외에는 첨가와 생략을 통해 발음을 잘할 수 있도록 하는 역할
　이 전부인 것에 주의를 해야 한다.

• decir (말하다)

미래	단수		복수	
	스페인어	영 어	스페인어	영 어
1인칭	diré	will say	diremos	will say
2인칭	dirás	will say	diréis	will say
3인칭	dirá	will say	dirán	will say

가능	단수		복수	
	스페인어	영 어	스페인어	영 어
1인칭	diría	would say	diríamos	would say
2인칭	dirías	would say	diríais	would say
3인칭	diría	would say	dirían	would say

• hacer (하다/ 만들다)

미래	단수		복수	
	스페인어	영 어	스페인어	영 어
1인칭	haré	will make	haremos	will make
2인칭	harás	will make	haréis	will make
3인칭	hará	will make	harán	will make

가능	단수		복수	
	스페인어	영 어	스페인어	영 어
1인칭	haría	would make	haríamos	would make
2인칭	harías	would make	haríais	would make
3인칭	haría	would make	harían	would make

2-4. 「접속법 현재」동사의 어간 변화

2-4-1. 접속법 현재 동사의 규칙 동사 변화

2-4-1-1. 어미 ~ar의 경우

	접속법 -ar 어미	
	단수	복수
1인칭	−e	−emos
2인칭	−es	−éis
3인칭	−e	−en

예 hablar(말하다)

	단수		복수	
	스페인어	영 어	스페인어	영 어
1인칭	hable	may speak	hablemos	may speak
2인칭	hables	may speak	habléis	may speak
3인칭	hable	may speak	hablen	may speak

2-4-1-2. 어미 ~er의 경우

	-er 어미	
	단수	복수
1인칭	−a	−amos
2인칭	−as	−áis
3인칭	−a	−an

예 comer(먹다)

	단수		복수	
	스페인어	영 어	스페인어	영 어
1인칭	coma	may eat	comamos	may eat
2인칭	comas	may eat	comáis	may eat
3인칭	coma	may eat	coman	may eat

2-4-1-3. 어미 ~ir의 경우

	-ir 어미	
	단수	복수
1인칭	- a	- amos
2인칭	- as	- áis
3인칭	- a	- an

예 vivir(살다)

	단수		복수	
	스페인어	영 어	스페인어	영 어
1인칭	viva	may live	vivamos	may live
2인칭	vivas	may live	viváis	may live
3인칭	viva	may live	vivan	may live

2-4-2. 접속법 현재 동사의 제1불규칙 동사 변화

모든 인칭에서 특이한 형태가 동일하게 변하는 경우.

• saber (알다)

	단수		복수	
	스페인어	영 어	스페인어	영 어
1인칭	sepa	may know	sepamos	may know
2인칭	sepas	may know	sepáis	may know
3인칭	sepa	may know	sepan	may know

• haber (조동사/ 있다)

	단수		복수	
	스페인어	영 어	스페인어	영 어
1인칭	haya	may have	hayamos	may have
2인칭	hayas	may have	hayáis	may have
3인칭	haya	may have	hayan	may have

• estar (이다)

	단수		복수	
	스페인어	영 어	스페인어	영 어
1인칭	esté	may be	estemos	may be
2인칭	estés	may be	estéis	may be
3인칭	esté	may be	estén	may be

• dar (주다)

	단수		복수	
	스페인어	영 어	스페인어	영 어
1인칭	dé	may give	demos	may give
2인칭	des	may give	deis	may give
3인칭	dé	may give	den	may give

• ir (가다)

	단수		복수	
	스페인어	영 어	스페인어	영 어
1인칭	vaya	may go	vayamos	may go
2인칭	vayas	may go	vayáis	may go
3인칭	vaya	may go	vayan	may go

2-4-3. 접속법 현재 동사의 제2불규칙 동사 변화
1·2인칭 복수형 인칭에서는 변하지 않는 경우.
• pensar (생각하다)

	단수		복수	
	스페인어	영 어	스페인어	영 어
1인칭	piense	may think	pensemos	may think
2인칭	pienses	may think	penséis	may think
3인칭	piense	may think	piensen	may think

• perder (잃다)

	단수		복수	
	스페인어	영 어	스페인어	영 어
1인칭	pierda	may lose	perdamos	may lose
2인칭	pierdas	may lose	perdáis	may lose
3인칭	pierda	may lose	pierdan	may lose

• contar (말하다/ 계산하다)

	단수		복수	
	스페인어	영 어	스페인어	영 어
1인칭	cuente	may count	contemos	may count
2인칭	cuentes	may count	contéis	may count
3인칭	cuente	may count	cuenten	may count

• poder (~할 수 있다)

	단수		복수	
	스페인어	영 어	스페인어	영 이
1인칭	pueda	may be able to	podamos	may be able to
2인칭	puedas	may be able to	podáis	may be able to
3인칭	pueda	may be able to	puedan	may be able to

• jugar (놀다)

	단수		복수	
	스페인어	영 어	스페인어	영 어
1인칭	juegue	may play	juguemos	may play
2인칭	juegues	may play	juguéis	may play
3인칭	juegue	may play	jueguen	may play

• sentir (느끼다)

	단수		복수	
	스페인어	영 어	스페인어	영 어
1인칭	sienta	may feel	sintamos	may feel
2인칭	sientas	may feel	sintáis	may feel
3인칭	sienta	may feel	sientan	may feel

• dormir (자다/ 재우다)

	단수		복수	
	스페인어	영 어	스페인어	영 어
1인칭	duerma	may sleep	durmamos	may sleep
2인칭	duermas	may sleep	durmáis	may sleep
3인칭	duerma	may sleep	duerman	may sleep

• morir (죽다)

	단수		복수	
	스페인어	영 어	스페인어	영 어
1인칭	muera	may die	muramos	may die
2인칭	mueras	may die	muráis	may die
3인칭	muera	may die	mueran	may die

• adquirir (획득하다)

	단수		복수	
	스페인어	영 어	스페인어	영 어
1인칭	adquiera	may acquire	adquiramos	may acquire
2인칭	adquieras	may acquire	adquiráis	may acquire
3인칭	adquiera	may acquire	adquieran	may acquire

1. Lavé la ropa después de _______.
① cenar   ② comida
③ comiendo   ④ había almorzado

2. Al ______ idioma, está en desventaja.
① no saben   ② no saber
③ no sabiendo   ④ no sabido

3. Orlando oyó ______ a la puerta.
① tocó   ② tocando
③ tocar   ④ tocándola

4. _________ es bueno para la salud.
① Corriendo   ② Correr
③ Corrido   ④ Fumar

5. El policía vio _________ al ladrón del banco.
① salida   ② saliendo
③ salir   ④ salió

6. Al _________, le dije adiós.
① salir   ② salí
③ saliendo   ④ salido

7. A Juan no le importaba _________.
① los coches   ② estudiando
③ ir al cine   ④ a trabajar

8. El respirar no es _________.
① vivir   ② la vida
③ viviendo   ④ vive

9. Este alumno no _________ estudiar bien.
① conoce   ② sabe de

③ sabe a   ④ sabe

10. No me encanta _________ mucho tiempo en la cárcel.
① gastar   ② pasar
③ gastando   ④ pasando

■ 독해(Lectura) Ⅲ

Cuando yo tenía seis años vi en un libro sobre la selva virgen que se titulaba "Historias vividas", una magnífica lámina. Representaba una serpiente boa que se tragaba a una fiera. Esta es la copia del dibujo.

En el libro decía: "Las serpientes boas se tragan sus presas enteras, sin masticarlas. Luego no pueden moverse y duermen durante los seis meses que dura su digestión".

Reflexioné mucho en ese momento sobre las aventuras de la jungla y a mi vez logré trazar con un lápiz de colores mi primer dibujo.

–Capítulo 01, Parte 01–

▶ 듣기 연습! 376 페이지로 이동!

단어

- tenía 통(영 had) 가지고 있었다[직설 · 불완료과거 1/3인칭 단수]
- vi 통(영 saw) 봤다[직설 · 부정과거 1인칭 단수]
- sobre 전(영 on) ~위에
- selva 명여(영 forest) 숲
- virgen 형(영 virgin) 깨끗한, 더렵혀지지 않은
- titulaba 통(영 titled) 이름을 붙였다, 칭호를 주었다[직설 · 불완료과거 1/3인칭 단수]

- vividas 형(영 living) 생생한, 살아있는
- magnífica 형(영 magnificent) 훌륭한, 웅대한
- lámina 명여(영 picture) 삽화, 그림판
- representaba 통(영 represented) 표현했다, 나타냈다[직설 · 불완료과거 1/3인칭 단수]
- serpiente 명여(영 snake) 뱀
- tragaba 통(영 swallowed) 삼켰다[직설 · 불완료과거 1/3인칭 단수]
- fiera 형(영 fierce) 사나운, 맹렬한
- dibujo 명남(영 picture) 그림
- decía 통(영 said) 말했다[직설 · 불완료과거 1/3인칭 단수]
- presa 명여(영 prey) 먹이
- entera 형(영 whole) 전체의, 완전히
- sin 전(영 without) ~없이
- masticar 통(영 chew) 씹다
- mover 통(영 move) 움직이다
- duermen 통(영 slept) 잠잤다[직설 · 현재 3인칭 복수]
- durante 전(영 during) ~동안
- dura 형(영 solid) 딱딱한, 경직된
- digestión 명여(영 digestion) 소화
- reflexioné 통(영 pondered) 숙고하다[직설 · 부정과거 1인칭 단수]
- aventura 명여(영 adventure) 모험
- jungla 명여(영 jungle) 정글
- vez 명여(영 time) 횟수
- logré 통(영 obtained) 얻었다, 취득했다[직설 · 부정과거 1인칭 단수]
- trazar 통(영 draw up) 줄을 긋다, 그림을 그리다
- lápiz 명남(영 pencil) 연필

When I was six years old I saw a magnificent picture in a book, called True Stories from Nature, about the primeval forest. It was a picture of a boa constrictor in the act of swallowing an animal. Here is a copy of the drawing.

In the book it said: "Boa constrictors swallow their prey whole, without chewing it. After that they are not able to move, and they sleep through the six months that they need for digestion."

I pondered deeply, then, over the adventures of the jungle. And after some work with a colored pencil I succeeded in making my first drawing.

　내가 여섯 살 때에 〈체험담〉이라는 제목의, 원시림에 관한 책에서 멋있는 그림을 보았다. 보아 뱀이 맹수를 삼키는 그림이었다.
　그걸 옮겨 놓은 그림이 위에 있다.
　그 책에는 이런 설명이 있었다. '보아 뱀은 먹이를 씹지 않고 통째로 삼킨다. 그러고 나면 몸을 움직일 수 없어 소화가 다 될 때까지 여섯 달 동안 잠을 잔다.'
　나는 그 그림을 보고 나서 밀림에서 일어나는 갖가지 모험들을 곰곰이 생각해 보았다. 그리고 드디어 나도 색연필을 들고 나의 첫 그림을 그려냈다.

04 | 명사의 종류

1. 명사

명칭, 이름, 명사. ① 집합이나 영역(領域)의 개체를 지적하는 단어나 숫자. ② 명제(命題) 안에서 명사로서 역할을 할 수 있는 단어 혹은 단어의 무리. ③ 명제는 명사로 구성되는데, 이 명사는 개체를 지시하는 이름과 이름이 지시하는 개체에 대해 어떤 정보를 주기 위해 그 이름과 결합되어 사용되는 술어(predicado)로 나눌 수 있음. ④ 단어를 소리와 의미의 양면성을 지닌 것으로 볼 때, 의미에 연결된 소리의 측면.

1-1. 모호한 성의 명사(Nombre ambiguo)

사물 이름 중에서 적지 않은 수의 성(género)에 있어서의 모호한 경우가 나오는 것을 일컬음.

예   el mar inmenso   (영 the boundless sea) 끝없는 바다
      la mar salada   (영 the salty sea) 염분이 많은 바다
      un buen dote   (영 much dowry) 많은 지참금
      una buena dote   (영 much dowry) 많은 지참금

잠깐!   단수일 때와 복수일 때 성(género)의 쓰임이 다른 명사도 있다.
    예 el arte bello → las artes bellas   예술
※ 이 경우는 2단원(관사)의 '3. 정관사' 편에 나오는 모음 회피 현상과는 다르다.

1-2. 유정명사(Nombre animado)

성(Género)을 가지고 있는 명사를 일컬으며, 생명력을 가지고 있음을 나타낸다.

예   León   (영 lion) 수 사자
      Leona   (영 lioness) 암 사자
      Alumno   (영 male student) 남학생
      Alumna   (영 female student) 여학생

1-3. 총칭명사(Nombre apelativo)

여러 종류의 이름들을 대표해서 말하는 명사, 즉 총체적인 것을 나타내는 명사를 지칭한다.

예	la persona	(영 person) 사람
	el árbol	(영 tree) 나무
	el dinero	(영 money) 돈

1-4. 집합명사(Nombre colectivo)

사람 또는 사물의 집합체를 나타내는 것으로 셀 수 있는 명사이다.

예	el robledo	(영 oak grove) 떡갈나무 숲
	el enjambre	(영 swarm of bees) 벌떼
	el clero	(영 clergy) 사제단
	la gente	(영 people) 사람들

집합체를 불가분의 하나로 볼 때는 단수, 구성분자를 개별적으로 볼 때는 복수로 취급.

예 Entró en la plaza el motín, pero a la primera descarga de la tropa, huyeron despavoridos.

폭도들은 광장으로 들어갔지만, 군대의 처음 사격에 놀라 도망 갔다.

1-5. 보통 명사(Nombre común)

사람이나, 동물, 사물 등을 공통으로 부를 수 있는 명칭을 지칭한다.

예	Mesa	(영 table) 탁자
	Ciudadano	(영 urbanite) 도시인
	Caballo	(영 horse) 말

「parte, mayoría, mitad, resto, tercio」는 복수동사가 사용된다.

예 Más de la mitad de la población son indios.

인구의 절반 이상이 원주민들이다.

1-6. 개체 명사(Nombre individual)

같은 류의 한 개체를 지칭하는 것을 지칭한다.

예	roble	(영 oak) 떡갈나무
	abeja	(영 bee) 벌
	sacerdote	(영 priest) 사제

1-7. 물질 명사(Nombre material)

어떤 한정된 물체를 말하는 것이 아니고, 그 이름이 갖는 모든 자질을 소유하는 본질의 형태와 크기가 없는 한정되지 않는 집단을 지칭한다.

| 예 | vino | (영 wine) 포도주 |
| | agua | (영 water) 물 |

arroz   (영 rice) 쌀
azúcar   (영 sugar) 설탕

1-8. 고유 명사(Nombre propio)

소속된 물체의 집단 속에서 어떤 한정된 개체를 지칭한다.

'isla(섬)' 라는 보통명사 속에 'Mallorca(마요르카 섬)' 라는 구체적인 명칭이 된다. 어떤 고유명사는 경우에 따라 그가 속해 있는 집단 전체를 뜻하는 경우도 있는데, 즉 'Juan' 이라는 사람은 너무도 많지만, 고유명사가 아닌 것이라 말할 수 없다.

> 예 María   (영 Mary) 마리아(이름)
>   Corea del Sur   (영 South Korea) 대한민국
>   Seúl   (영 Seoul) 서울

1-9. 동사의 무(無)인칭 형태(Nombre verbal)

동사 원형, 현재분사, 과거분사 형태를 지칭한다.

(1) 동사원형의 명사 용법

① 그대로 명사 역할을 한다.

> 예 Ver es creer.
>   → To see is to believe.
>   보는 것이 믿는 것이다.

② 주어, 목적어, 주격보어 역할을 한다.

> 예 Es mejor no hacer nada.[주어]
>   → Not to do anything is better.
>   어떤 것도 하지 않는 것이 더 좋다.

>   Lo mejor es no hacer nada.[주격보어]
>   → The better thing is not to do anything.
>   더 좋은 것은 어떤 것도 하지 않는다는 것이다.

>   Me prometiste no hacer nada.[목적어]
>   → You promised me not to do anything.
>   넌 내게 어떤 것도 하지 못하도록 약속했다.

(2) 현재분사의 명사 용법

스페인어의 현재분사형(–ando / –iendo)으로는 명사의 형태를 만들 수 없다. 명사를 만들려고 한다면, 어미를 '–ante, –iente' 의 형태를 만들어 명사가 되는 경우가 전부이다.

> 예 estudiante   (영 student) 학생

corriente   (몡 brook) 개울
Presidente   (몡 President) 대통령
※ 영어의 '동명사'에 해당하는 것은 스페인어에는 존재하지 않는다.

(3) 과거분사의 명사 용법

① 관사 + –ado / –ido[과거분사 형태의 성수변화]

　형용사처럼 과거 분사에 관사를 붙이면 명사화된다. 이것은 처음부터 명사가 아니고, '관사 + 명사 + 과거분사형'의 형태에서 '명사'가 생략하면서 형용사형태인 과거분사형이 명사화가 된 것을 지칭한다.

[예] las mujeres casadas
　　→ las casadas   (몡 the married women) 결혼한 여자들
　　lo dicho   (몡 something said) 말한 것
　　lo hecho   (몡 something done) 한 것

② 이미 명사가 되어 버린 분사형
[예] comida   (몡 food) 음식
　　bebida   (몡 beverage) 마실 것, 음료
　　entrada   (몡 entrance) 입구
　　salida   (몡 exit) 출구
　　vestido   (몡 clothes) 옷
　　calzado   (몡 shoe) 신발

1-10. 추상명사

　사람이나 사물의 성질·동작·상태 등의 추상적인 개념을 나타내는 것으로 셀 수 없는 명사이다. 추상 명사의 대부분은 동사·형용사에서 만들어진 것이 많다.

[예] vida   (몡 the life) 인생
　　bondad   (몡 kindness) 친절
　　hermosura   (몡 beauty) 아름다움
　　esperanza   (몡 hope) 희망

※ 형용사의 추상명사화 「lo + 형용사(남성단수형)」

[예] Lo hermoso no es siempre lo mejor.
　　→ The beauty isn't always better.
　　　아름다움이 항상 더 좋은 것은 아니다.

2. 대명사

2-1. 주격 대명사

주격 대명사는 동사를 통해 알 수 있기 때문에 일반적으로 생략하는 것이 일반적이다. 특히 1, 2인칭의 경우 생략한다[p.30 참조].

> 예 No hace falta que vengas pronto.
> → You don't have to come early.
>   너는 빨리 올 필요가 없다.
>
> Volveré tarde.
> → I will return late.
>   난 늦게 돌아갈 것이다.

2-2. 목적격 대명사

목적격 대명사는 항상 동사의 앞에 위치한다[p.31 참조].
직접목적 대명사와 간접목적 대명사 두 개가 함께 올 때는 「간·목 + 직·목 + 동사」의 순서가 됨을 유의한다[p.33 참조].

> 예 Ella lee la novela.   (영 She reads the novel)
>   그녀는 소설을 읽는다.
> → Ella la lee.   (영 She reads it)
>   그녀는 그것(소설)을 읽는다.
>
> No doy el libro a Sancho.   (영 I don't give Sancho the book)
>   난 산초에게 그 책을 주지 않는다.
> → No se lo doy.   (영 I don't give it to him)
>   난 그에게 그것을 주지 않는다.

☞ 부연 설명 : 위 문장의 'se lo' 에서 'se' 는 원래 'a Sancho(산초에게)' 라는 간접목적어임으로 'le' 를 써야하지만, 동사 앞에 간접목적어와 직접목적어가 모두 오는 경우에 3인칭 간접목적어인 'le' 와 'les' 는 직접목적어 'lo, los, la, las' 앞에서는 무조건 'se' 로 바뀌는 규칙을 가지고 있다.

인칭목적어가 일반 명사로 사용될 때, 인칭목적어가 축약형이 아니라 일반 명사 또는 대명사로 사용될 때는 반드시 앞에 'a' 를 넣어야 한다.

> 예 Yo doy un libro a él.
> → I give him a book.
>   난 책 한권을 그에게 준다.

그러나, 인칭목적어 앞에 'a'를 생략하는 경우가 있다.
① tener 동사 뒤에 올 때.
　예 Tengo dos hermanos.
　　　난 형제가 2명이다.

② 직접목적어로 부정확한 사람 그리고 수사가 형용사로 있을 때.
　예 Vi tres hombres en el bosque.
　　　난 숲에서 3명의 남자를 보았다.

　　　Oí un ladrón dentro del banco.
　　　난 은행 안에서 도둑의 소리를 들었다.

③ 직접, 간접목적어가 모두 인칭일 때.
'직접목적어'에 해당하는 인칭에서 'a'를 생략한다.
　예 Presenté mi esposo a mis amigas.
　　　난 내 남편을 내 친구들에게 소개했다.

2-3. 동사 어미에 붙이는 대명사.

(1) 긍정 명령의 목적어
　예 ¡Tráemelo!　→　Bring it to me!
　나에게 그것을 가지고 와라!

　¡Siéntate!　→　Sit down!　앉아!

(2) 부정사의 목적어
　예 Tengo que decirlo
　[=Lo tengo que decir].
　→ I must say it.
　　　난 그것을 말해야 한다.

　Ella puede comerlo
　[= Ella lo puede comer].
　→ She can eat it.
　　　그녀는 그것을 먹을 수 있다.

(3) 현재분사의 목적어
　예 Ellos están leyéndolas
　[= Ellos las están leyendo].
　→ They are reading those.
　　　그들은 그것들을 읽고 있다.

Ella está lavándoselas

[= Ella se las está lavando].

→ She is washing his ones.

그녀는 그의 그것들을 닦고 있다.

※ 배어법-정치법과 도치법

문장을 만들 때, 단어를 어떤 순서로 배열하느냐를 배어법이라 한다. 우선 여기서는 주어와 동사의 위치에 대해서만 알아본다.

① 정치법

주어 뒤에 동사가 놓일 때를 정치법이라고 한다.

공 식	주어 + 동사 + ……

예 Ella es estudiante.

→ She is a student.

그녀는 학생이다.

② 도치법

주어와 동사가 거꾸로 놓일 때를 도치법이라고 한다.

스페인어에서는 의문문이 될 때, 도치법이 된다.

공 식	동사 + 주어 + ……

예 ¿Es Ud. abogado?

→ Are you a lawyer?

당신이 변호사입니까?

Comes tú este pan?

→ Do you eat this bread?

네가 이 빵을 먹니?

※ 사전을 찾는 방법 – 명사편

학생들이 가지고 있는 사전에서 일반적으로 남성과 여성이 어미만을 가지고 변화를 하는 명사의 경우. 남성 단수 어휘로 단어를 찾아야 한다.

모든 어휘를 찾으면, 남성과 여성으로 나누어 찾을 수 있는데, 아래의 약자를 통해 확인할 수 있다.

성	원어	약자
남성	masculino	m.
여성	femenino	f.

예 base *f.*　　　(영 base) 기초, 기반, 토대(土臺)
deleite *m.*　　(영 delight) 즐거움, 기쁨, 흐뭇함

어휘 중에서 단수, 복수 동형이거나 복수로만 사용되는 어휘를 볼 수 있는데, 이러한 어휘는 아래의 약자를 통해서 확인할 수 있다.

수	원어	약자
단수	singular	sing.
복수	plural	pl.

예 lunes *m.sing.pl.*　(영 Monday) 월요일
bártulos *m.pl.*　　(영 tool) (여러 잡다한) 용구, 도구

■ 연습문제

1. ¿Estas llaves son tuyas? -No, no _______ son.
　① las　　　　　　　　　② ellas
　③ lo　　　　　　　　　　④ X

2. _______ que no puedo entender es por qué se fue sin decir adiós.
　① Lo　　　　　　　　　② El
　③ Ello　　　　　　　　④ Esto

3. Juan y María hablan de ganar el premio gordo y esperan tener _______.
　① lugar　　　　　　　② hambre
　③ el tiempo　　　　　④ éxito

4. Miguel _______ trajo café de Colombia.
　① ti　　　　　　　　　② mí

③ nos ④ ella

5. ______ a él, no a ella.
① Le parecen ② Se negaron
③ Se lo enseñaron ④ Los vieron

6. Ayer compré unas sillas nuevas, son muy elegantes y juegan bien con los otros muebles. Son nuevecitas y no quiero que la gente se siente en ______.
① las ② les
③ ellas ④ ella

7. Nuestros enemigos están trabajando ______.
① con nos ② contra nosotros
③ contra nos ④ con nosotros

8. Me pidieron que ______ entregara el informe directamente al jefe.
① lo ② se
③ le ④ la

9. El fugitivo ha regresado, yo mismo ______ vi.
① lo ② lcs
③ te ④ se

10. Él ______ dio un beso al despedirse.
① lo ② le
③ la ④ se

정답 1 ③　2 ①　3 ④　4 ③　5 ③　6 ③　7 ②　8 ③　9 ①　10 ②

Mi dibujo número 1. Era así:

Enseñé mi obra de arte a las personas mayores y les pregunté si mi dibujo les asustaba.

–¿Por qué habría de asustar un sombrero? – me respondieron.

Mi dibujo no representaba un sombrero. Representaba una serpiente boa que digería un elefante. Dibujé entonces el interior de la serpiente boa a fin de que las personas grandes pudieran comprender. Siempre necesitan explicaciones.

– Capítulo 01, Parte 02 –

▶ 듣기 연습! 376 페이지로 이동!

단어

- número 몡남(옝 number) 숫자
- así 묀(옝 thus) 그래서
- enseñé 동(옝 taught) 가르쳤다[직설 · 부정과거 1인칭 단수]
- pregunté 동(옝 asked) 질문했다[직설 · 부정과거 1인칭 단수]
- asustaba 동(옝 scared) 겁나게하다, 놀라게 하다[직설 · 불완료과거 1/3인칭 단수]
- habría de 동(옝 had to) ~해야만 했다[직설 · 불완료과거 1/3인칭 단수]
- sombrero 몡남(옝 hat) 모자
- respondieron 동(옝 responded) 응답했다, 대답했다
- digería 동(옝 digested) 소화시켰다[직설 · 불완료과거 1/3인칭 단수]
- elefante 몡남(옝 elephant) 코끼리
- dibujé 동(옝 draw) 그림을 그렸다[직설 · 부정과거 1인칭 단수]
- pudieran 동(옝 could) ~할 수 있다.
- comprender 동(옝 understand) 이해하다
- siempre 묀(옝 always) 항상
- explicación 몡여(옝 explanation) 설명

영어

My Drawing Number One. It looked like this:

I showed my masterpiece to the grown–ups, and asked them whether the drawing frightened them.

But they answered: "Frighten? Why should any one be frightened by a hat?"

My drawing was not a picture of a hat. It was a picture of a boa constrictor digesting an elephant. But since the grown–ups were not able to understand it, I made another drawing; I drew the inside of the boa constrictor, so that the grown–ups could see it clearly. They always need to have things explained.

나의 작품 1호, 그건 다음과 같았다.

나는 내 걸작을 어른들에게 보여주며 내 그림이 무섭지 않으냐고 물어 보았다.

어른들은 대답했다. "아니, 모자가 왜 무섭지?"

내 그림은 모자가 아닌, 코끼리를 소화시키고 있는 보아 뱀을 그린 것이었다. 그래서 나는 어른들이 알아볼 수 있도록 보아 뱀의 속까지 그렸다. 어른들에겐 항상 설명을 해 주어야 한다.

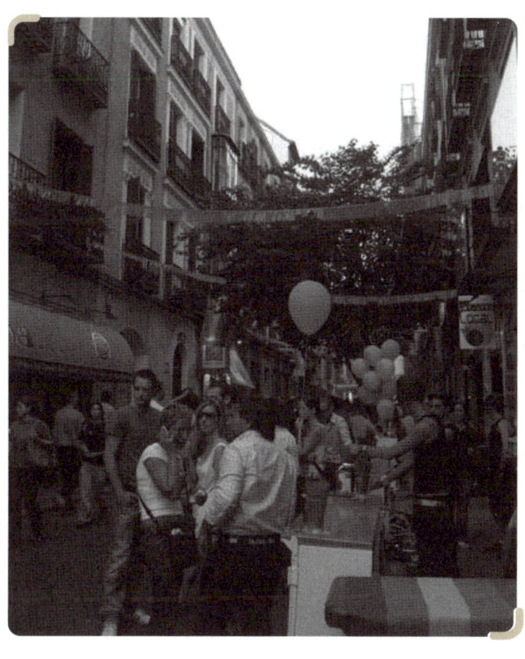

1. 기본 전치사

① a

- ~(장소)를 향해서
  - [예] Yo voy a la ciudad.
    - → I go to the city.

      나는 도시로 간다.

    Ella llega a la oficina.
    - → She arrives at the office.

      그녀는 사무실에 도착한다.

- 인칭 목적어 앞에는 무조건 붙인다.
  - [예] Ella quiere ver a Sancho.
    - → She wants to see Sancho.

      그녀는 산초를 보길 원한다.

    Ellos ayudan a los niños.
    - → They help the children.

      그들이 아이들을 돕는다.

- 동사원형을 연결할 때 사용.
  - [예] Nosotros salimos a comer.
    - → We go out to eat.

      우리는 식사하러 나간다.

    Ellos vienen a vernos.
    - → They come to see us.

      그들은 우리를 보러 온다.

- 비율 또는 가격을 표시할 때 사용.
  - [예] ¿A cuánto está el dólar hoy?

→ What's the exchange rate of dollar today?
오늘 달러 환율은 어떻게 되나요?

A ciento veinte kilómetros por hora.
→ At one hundred twenty kilometers an hour.
시속 120 킬로미터로.

Dos veces al día.
→ Twice a day.
하루에 두 번.

• 좁은 장소를 나타낼 때 사용.
  예 Ella está sitting a la mesa.
  → She is seated at the table.
  그녀는 책상(주위)에 앉아 있다.

  Él toca a la puerta.
  → He knocks at the door.
  그는 문을 노크한다.

  A la izquierda / a la derecha.
  → on the left / on the right.
  왼쪽에 / 오른쪽에.

  A la vuelta de la esquina.
  → around the corner.
  모퉁이 주위에.

  Mi casa está a dos kilómetros de aquí.
  → My house is two kilometers from here.
  나의 집은 여기에서 2킬로미터 지점이다.

• 시간을 나타낼 때 사용.
  예 Al mediodía / a medianoche.
  → at noon / midnight.
  정오에 / 자정에.

  a las dos de la tarde.
  → at two in the afternoon.
  오후 2시에.

• 관용적 표현
  예 a pie   (영 on foot) 걸어서

a caballo	(영 on horseback) 말을 타고
andar a gatas	(영 crawl on all fours) 네발로 기어서
a regañadientes	(영 reluctantly) 마지못해서
a doble espacio	(영 double-spaced) 둘 간격으로
excribir a lápiz	(영 write in pencil) 연필로 쓰다
hecho a mano	(영 made by hand) 손으로 만든
a la china	(영 Chinese-style) 중국 스타일로
a la española	(영 Spanish-style) 스페인 스타일로
estar a dieta	(영 be on a diet) 식이요법 중이다
paso a paso	(영 step by step) 단계적으로
uno a uno	(영 one by one) 하나씩
a veces	(영 sometimes) 때때로
a escondidas	(영 stealthily) 몰래, 은밀히
a espaldas de uno	(영 behind someone's back) 누구의 등위에서
a mi juicio	(영 in my opinion) 내 의견으로는
a mi parecer	(영 in my opinion) 내 의견으로는
uno a otro	(영 each other) 서로서로

「서로서로」라는 표현

일반적으로 'uno a otro'가 '서로서로'로 흔하게 사용되는데, 그 대상을 명확히 하기 위해 관사를 붙여 사용하는 경우도 있다. 물론 관사를 없애고 성·수를 변화하기도 한다.

[예] Se escriben <u>uno a otro</u>.
　　→ They write to each other.
　　　그들은 서로서로에게 편지를 쓴다.
　　= el uno al otro
　　= la una a la otra
　　= los unos a los otros
　　= las unas a las otras

※ 「서로서로」의 표현은 전치사가 동사에 따라 바뀌기도 한다.

[예] Se casan <u>uno con otro</u>.
　　→ They get married to each other.
　　　그들은 서로 결혼한다.

　　Se burlan <u>uno de otro</u>.
　　→ They make fun of each other.
　　　그들은 서로 놀린다.

② de

- ~ (장소)로부터

  예 El avión llega de España.
  - → The plane is arriving from Spain.
    비행기는 스페인으로부터 도착하고 있다.

  Yo salgo de casa a las ocho en punto.
  - → I leave home at eight o'clock.
    난 8시 정각에 집에서 나간다.

- 출신이나 소유의 의미

  예 Son de México.
  - → They are from Mexico.
    그들은 멕시코 출신이다.

  La maleta de María.
  - → María's bag.
    마리아의 가방.

- ~관하여, ~대하여

  예 hablar de filosofía.
  - → talk about philosophy.
    철학에 대해 말하다.

  saber poco de aquella familia.
  - → know little about that family.
    저 가족에 대해 아는 것이 거의 없다.

- 재료 또는 원료의 의미

  예 Una casa de ladrillos.
  - → a brick house.
    벽돌 집.

  Un reloj de oro.
  - → a gold watch.
    금시계.

  Un vaso de agua.
  - → a glass of water.
    물 힌잔.

lleno de agua.
→ filled with water.
　물로 가득 찬.

cubierto de nieve.
→ covered with snow.
　눈으로 뒤덮인.

vestido de negro.
→ dressed in black.
　검은색 옷을 입은.

Pintado de azul.
→ painted in blue.
　파란색으로 칠을 한.

• 명사와 명사를 연결할 때 사용한다.
　[예] Una lección de música.
　　→ A music lesson.
　　　음악 수업.

　Una exposición de arte.
　→ An art exhibition.
　　예술 전시회.

　La facultad de medicina.
　→ The medical school.
　　의학 대학.

　El cuarto de baño.
　→ The bathroom.
　　화장실.

• 성격을 나타낼 때 사용
　[예] Una persona de dinero.
　　→ A wealthy person.
　　　부유한 사람.

　La mujer del sombrero rojo.
　→ The woman with the red hat.
　　빨간 모자를 쓴 여인.

Un chico de talento.
→ A talented boy.
재능이 있는 소년.

• 제한적 성향을 표시할 때 사용
(예) Yo trabajo de programador.
→ I work as a programmer.
난 프로그래머로써 일을 한다.

Ciego del ojo izquierdo.
→ Blind in one's left eye.
왼쪽 눈이 안 보이는 (사람).

Un metro de largo, de ancho, de alto.
→ A meter long, wide, high.
1미터의 길이, 폭, 높이.

• 관용적 표현
(예) Ella trabaja de día, y estudia de noche.
→ She works during the day, and studies at night.
그녀는 낮에 일하고, 밤에 공부한다.

Es de día, de noche.
→ It's daytime, nighttime.
낮 시간, 밤 시간.

Muy de mañana.
→ Very early in the morning.
매우 이른 아침에.

Yo estoy de pie.
→ I stand up.
난 일어서 있다.

Yo me pongo de rodillas.
→ I'm sitting on my knees.
난 무릎 꿇고 있다.

servir de intérprete.
→ serve as an interpreter.
통역사로 봉사하다.

• 유머스럽거나 조롱하는 듯한 표현에서 사용

  예 el loco de Juan.
      → crazy Juan.
        미친 후안.

      la muy tonta de María.
      → silly María.
        멍청한 마리아.

      el pobre de mi cuñado.
      → my poor brother-in-law.
        나의 가엾은 매부

• 원인 또는 이유를 나타낼 때 사용

  예 saltar de alegría.
      → jump for joy.
        즐거워 뛰다.

      gritar de dolor.
      → scream in pain.
        고통으로 소리지르다.

      morir de hambre.
      → starve to death
        배고파 죽다.

      no poder moverse de miedo.
      → be paralyzed with fear.
        두려워 움직이지 못하다.

③ en

• ～에(장소)

  예 en el comedor   →   in the dining room   식당에서
      en la mesa   →   on the table   테이블 위에
      en el aeropuerto   →   in the airport   공항에서

• 시간의 범위에 사용

  예 Yo vuelvo en unos minutos.
      → I'll be back in few minutes.
        난 몇 분내로 돌아갈 것이다.

Roma no se construyó en un día.

→ Rome wasn't built in a day.

로마가 하루(아침)에 만들어진 것이 아니다.

• 교통수단에 사용

[예] ir en avión, en barco, en tren, en autobús, en coche

→ go by plane, by boat, by train, by bus, by car.

비행기로, 배로, 기차로, 버스로, 차로 가다.

• 가격을 나타낼 때 사용

[예] Te lo doy en diez euros.

→ I'll give it to you for ten euros.

난 네게 그것을 10유로에 줄 것이다.

• (차이가 나는 단위를 사용한) 치수를 이야기 할 때 사용

[예] Ella es más alta que yo en una cabeza.

→ She is a head taller than I.

그녀는 나보다 머리하나 더 크다.

Los precios han aumentado en unos 20 por ciento.

→ Prices have increased by 20%.

물가는 20%나 올라갔다.

• 관용석 표현

[예] en serio	→	seriously 심각하게
en broma	→	as a joke 농담으로
estar en contra	→	be against something (무엇에 대해) 반대하다.
en general	→	generally 일반적으로

④ con

• 동반, '~와 함께'의 뜻을 가짐

[예] Ella sale con los amigos.

→ She goes out with friends.

그녀는 친구들과 함께 나간다.

Café con leché; Té con limón

→ Milk coffe; tea with lemon.

밀크커피 ; 레몬차

• 태도에 대힌 표현에 시용

[예] Él es muy amable conmigo.

→ He is very nicc to mc.

그는 내게 아주 잘 대해준다.

Ella es generosa con la gente.
→ She is generous to people.
　그녀는 사람들에게 관대하다.

• 수단을 나타내는 표현
　(예) abrir la puerta con una llave.
　→ open the door with a key.
　　열쇠로 문을 열다.

　atar el paquete con cuerda.
　→ tie the gift with a string.
　　끈으로 선물을 묶다.

　Con pulsar esta tecla, se guarda el archivo.
　→ By pushing this key, the file is saved.
　　이 키를 누름으로 파일이 저장된다.

• '~에도 불구하고' 라는 뜻으로 사용
　(예) Con todos sus problemas, se hizo abogado.
　→ In spite of all his problems, he became a lawyer.
　　모든 그의 어려움에도 불구하고 그는 변호사가 되었다.

　Con tener tanto dinero de su tío, acabó sin un centavo.
　→ Though he recieved all the money from his uncle, he wound up penniless.
　　그는 그의 삼촌으로부터 모든 돈을 다 받았음에도 불구하고, 그는 땡전 한 푼 없었다.

• 관용적 표현
　(예) Nos recibió con una sonrisa.
　→ He received us with a smile.
　　그는 웃으며 우리를 반겼다.

　Lo hice con mucho esfuerzo.
　→ I did it with a great deal of effort.
　　난 엄청난 노력으로 그것을 했다.

잠깐!

「con[↔ sin] + 명사 = 부사구」
• con cuidado　　조심스럽게 (영 carefully)
• sin cuidado　　부주의하게 (영 carelessly)
• con rápidez　　빠르게 (영 rapidly)

2. 혼동 전치사

① para

- 목적지, 예정 시간, 상징적 목표를 나타내기 위한 표현
  - [예] Ellos tomaron el tren para Seúl.
    - → They took the train for Seoul.
      그들은 서울행 기차를 탔다.

    Los chicos salieron para la escuela.
    - → The kids left for school.
      아이들은 학교를 향해 출발했다.

    Yo terminaré para el martes.
    - → I'll finish by Tuesday.
      난 화요일까지 끝낼 것이다.

    Este regalo es para ti.
    - → This gift is for you.
      이 선물은 너를 위한 것이다.

    Ella estudia para médica.
    - → She studies to be a doctor.
      그녀는 의사가 되기 위해 공부한다.

- 비교의 기준으로 사용된다.
  - [예] Para profesor, él tiene poca paciencia.
    - → For a teacher, he doesn't have much patience.
      선생님으로써 그는 많은 인내력을 가지고 있지 않다.

    Para médico, él sabe poco.
    - → For a doctor, he knows very little.
      의사로써 그는 아는 것이 거의 없다.

- 개인의 의견을 언급할 때 사용
  - [예] Para mí, la obra fue excelente.
    - → In my opinion, the work was excellent.
      내 의견으로는, 그 작품은 뛰어났다.

    Para él, el precio es razonable.
    - → In his opinion, the price is reasonable.
      그의 의견으로는 가격이 합당하다.

- 관용적 표현.

예	para entonces	→	by that time	그때까지
	para otra vez	→	for another occasion	또 다른 기회를 위해
	para siempre	→	forever	영원히
	para variar	→	just for a change	변화를 위해

② por

- '~(장소)를 통하여'; '~ 주위에' 의미로 사용

  예 Salga (Ud.) por esa puerta.

  → Go out through that door.
  그 문을 통해서 나가세요.

  Hay varios restaurantes por este barrio.
  → There are several restaurants in this area.
  이 지역에는 여러 식당들이 있다.

  Por todas partes, la madre buscó a su hija.
  → In all directions, the mother looked for her daughter.
  사방팔방으로 어머니는 그녀의 딸을 찾았다.

- 정확하지 않은 시간을 기간이나 뭉뚱그려서 표현할 때 사용

  예 Ella trabajó por muchos años.
  → She worked for many years.
  그녀는 많은 세월동안 일을 했다.

  Yo tuve que hacer cola por tres horas.
  → I had to stand in line for three hours.
  난 3시간동안 줄을 서 있어야 했다.

  Nos veremos por Navidad.
  → We'll see each other around Christmas.
  우리 크리스마스 즈음에 봅시다.

- 이유와 원인을 표현할 때 사용

  예 Ellos se ofenden por cualquier cosa.
  → They get insulted over any little thing.
  그들은 어떤 작은 것에 대해서도 욕을 먹는다.

  Yo te felicito por tus buenas notas.
  → I congratulate you on your good grades.
  나는 네 좋은 성적에 대해 네게 칭찬한다.

• 수단을 표현할 때 사용

[예] Envíeme un mensaje por correo electrónico.
　　→ Send me a message by e-mail.
　　　내게 이메일로 메시지를 보내세요.

• 동기, 권유를 표현할 때 사용

[예] Ellos brindaron por el equipo vencedor.
　　→ They toasted for the winning team.
　　　그들은 승리한 팀을 위해 건배했다.

　　Todo lo hice por mi familia.
　　→ Everything I did was for my family.
　　　내가 한 모든 것은 나의 가족을 위한 것이었다.

　　Me callé por ti.
　　→ I kept quiet for you.
　　　너를 위해 내가 조용히 있었다.

• 교체와 대체를 표현할 때 사용

[예] Pagamos mucho dinero por el coche.
　　→ We paid a lot of money for the car.
　　　우리는 차 때문에 많은 돈을 지불했다.

　　Enseñé el español por el profesor.
　　→ I taught Spanish for the teacher.
　　　난 선생님을 대신해서 스페인어를 가르쳤다.

• 장소 전치사에 동적인 요소를 첨부할 때 사용

[예] por encima de　　　(몡 over) ~위에
　　El caballo saltó por encima de la valla.
　　→ The horse jumped over the hurdle.
　　　말은 허들 위를 점프했다.

　　por detrás de　　　　　(몡 behind) ~뒤에
　　El mozo pasó por detrás de las sillas.
　　→ The waiter passed behind the chairs.
　　　웨이터는 의자들 뒤를 지나갔다.

　　por debajo de　　　　　(몡 under) ~아래
　　El perro corrió por debajo de la mesa.
　　→ The dog ran under the table.
　　　개가 테이블 아래로 달렸다

• 관용적 표현

예 por acá; por allá → around here; around there 이쪽에; 저쪽에
por ahora → for now 지금 당장은, 당분간은
por añadidura → in addition 덧붙여서
por aquel entonces → at that time 그 때에
por casualidad → by chance 우연히
por cierto → certainly 분명히
por completo → completely 완전하게
por lo común → usually 일반적으로
por consecuencia → consequently 결과적으로
por consiguiente → consequently 결과적으로
por culpa de → the fault of ~의 잘못으로
por lo demás → furthermore 더욱이, 게다가
por lo mismo → for that very reason 매우 같은 이유로
por lo pronto → for the time being 당분간, 한동안
por lo que a mí me toca → as far as I'm concerned 내가 관여하는 한
por lo tanto → therefore 그러므로
por lo visto → apparently 분명히
por mi parte → as far as I'm concerned 내가 관여하는 한
por dentro y por fuera → inside and outside 안쪽과 바깥쪽
por desgracia → unfortunately 불행하게도
por ejemplo → for example 예를 들어
por esa época → around that time 그 시기쯤에
por escrito → in writing 서면으로; (글로) 써서
por eso → therefore 그러므로
por excelencia → excellently 우수한, 탁월한
Por favor → please 제발; 부탁으로
por fin → finally 마침내
por lo general → generally 일반적으로
por lo menos → at least 적어도
por primera vez → for the first time 최초로
por poco → almost 거의; 하마터면
por si acaso → just in case ~한 경우에 한해서
por su cuenta → on one's own 스스로; 혼자서
por su parte → as far as one is concerned 누가 관여하는 한
por supuesto → of course 물론
por último → finally 마침내
por un lado, por otro → on the one hand, on the other 한편으로는… 다른 한편으로는

③ para와 por의 차이

Por esa época
→ around that time
그 시기 즈음에

Para esa época
→ by that time
그 때까지

Por algo lo hizo.
→ He did it for some reason.
그는 어떤 이유 때문에 그것을 했다.

Para algo lo hizo.
→ He did it for some purpose.
그는 어떤 목적을 위해 그것을 했다.

¿Para quién trabaja Ud.?
→ For whom do you work?
누구 때문에 당신은 일을 하십니까?

¿Por quién trabaja Ud.?
→ For whom do you work?
누구를 위해 당신은 일을 하십니까?

3. 단일 형태 전치사

① desde
* '~로부터' 의 의미

  [예] Lo vi desde la ventana.
  → I saw him from the window.
  난 창문으로부터 그를 봤다.

  Desde aquel día hemos sido buenos amigos.
  → From that day on we have been good friends.
  그때부터 계속 우리는 좋은 친구였다.

② durante
* '~는 동안' 의 의미

（예） Él gobernó el país durante casi dos décadas.
　　　 → He governed the country for almost two decades
　　　　 그는 거의 20년 동안 그 나라를 지배했다.

③ entre

- '～ 사이에'의 의미

（예） Lo decidieron entre ellos dos.
　　　 → They decided it between the two of them
　　　　 그들은 그들 둘 사이에서 그것을 결정했다.

④ excepto

- '～ 제외하고'의 의미

（예） Todos excepto yo se fueron.
　　　 → Everyone but me went away.
　　　　 나를 제외하고 모두가 가버렸다.

⑤ hacia

- '～를 향해'의 의미

（예） Ella siente mucho cariño hacia sus sobrinos.
　　　 → She feels deep affection for her nieces and nephews.
　　　　 그녀는 조카들을 향해 깊은 애정을 느낀다.

Hacia atrás	→	backward 뒤를 향해
Hacia adelante	→	forward 앞쪽을 향해
Hacia arriba	→	upward 위쪽을 향해
Hacia abajo	→	downward 아래쪽을 향해

⑥ hasta

- '～까지'; '～조차도'의 의미

（예） Hasta mis padres vinieron a la fiesta.
　　　 → Even my parents came to the party.
　　　　 나의 부모님까지도 파티에 오셨다.

⑦ menos

- '～ 제외하고'의 의미

（예） Todos menos Sancho tomaron el autobús.
　　　 → Everyone except Sancho took the bus.
　　　　 산초를 제외하고 모두가 버스에 탔다.

⑧ salvo

- '∼ 제외하고'의 의미

  [예] Todos estaban presentes salvo el secretario.
  - → Everyone was there except the secretary.
    비서를 제외하고 모두가 참석했었다.

⑨ según

- '∼따라서'의 의미

  [예] Según fuentes autorizadas.
  - → According to official data.
    공인된 자료에 따라.

⑩ sin

- '∼없이'의 의미

  [예] Ella habla sin parar.
  - → She talks without pause.
    그녀는 쉼없이 말을 한다.

⑪ sobre

- '∼위에'; '∼관해서'; '약∼(시간)'의 의미

  [예] Hay una manzana sobre el plato.
  - → There is an apple on the plate.
    접시 위에 사과 하나가 있다.

  un artículo sobre la industria mexicana.
  - → an article about Mexican industry.
    멕시코 산업에 관한 기사.

  Vamos a comer sobre las siete.
  - → Let's eat at about seven o'clock.
    약 7시쯤에 식사하러 가자.

4. 유사 복합 형태 전치사

① ante; antes de; delante de

- 「ante」비유 · 상징적인 표현에서 '∼의 앞에' 의미

예) aparecer ante el juez
→ appear before the judge.
판사 앞에 나타나다.

ante todo
→ first of all
무엇보다도

No sé qué hacer ante tantas posibilidades.
→ I don't know what to do among so many possibilities.
난 그렇게 많은 가능성 앞에서 무엇을 해야하는 지 알 수가 없다.

• 「antes de」시간 표현에서 '～의 앞에' 의미
예) antes de su llegada
→ before his arrival
그의 도착 전에

Antes de las ocho, ella se levantó.
→ Before eight o'clock, she got up.
8시 전에 그녀는 일어났다.

• 「delante de」장소 표현에서 '～의 앞에' 의미
예) Hay un árbol delante de la casa.
→ There is a tree in front of the house.
집 앞에 한 그루의 나무가 있다.

② bajo; debajo de
• 「bajo」비유 · 상징적인 표현에서 '～의 아래에' 의미
예) bajo la administración de Juan Carlos.
→ under the Juan Carlos government.
후안 까를로스 내각[정부] 하에

diez grados bajo cero.
→ ten degrees below zero.
영하 10도

bajo juramento
→ under oath
맹세코; 맹세 하에

- 「debajo de」장소적으로 '~의 아래에'를 의미

  예 debajo del puente
  → under the bridge
  교각[다리] 아래에

③ contra; en contra de

- 「contra」일반적으로 '~에 반대하는'의 의미

  예 apoyarse contra el árbol.
  → lean against the tree.
  나무에 기대고 있다.

  pastillas contra la gripe
  → pills for the flu
  독감 (감기)약

  luchar contra el enemigo.
  → fight against the enemy.
  적과 대항해 싸우다.

- 「en contra de」'(다른 사람의 생각, 정책, 또는 정치적 관점 등에) 반대하는' 의미

  예 escribir un artículo en contra de la guerra.
  ‣ write an article against (opposing) the war.
  전쟁에 반대하는 기사를 쓴다.

  hablar en contra del proyecto.
  → speak against the project.
  계획에 반대하는 발언을 하다.

④ frente a; enfrente de; delante de

- 「frente a」와 「enfrente de」는 유사어로 사용되며 '~의 앞에'의 의미

  예 Hay una parada de autobuses enfrente de[= frente a] mi casa.
  → There is a bus stop in front of my house.
  우리 집 앞에 버스정류장이 있다.

⑤ tras; detrás de; después de

- 「tras」시간·공간적 의미에서 모두 '~의 뒤에'로 사용

  예 año tras año
  → year after year(= every year)
  매년

un artículo tras otro

→ one article after another

   한 기사 이후에 또 다른 기사

5. 복합 형태 전치사

① a causa de	(영 because of) ~ 때문에
② acerca de	(영 about) ~에 관해
③ al lado de	(영 next to) ~의 옆에
④ a lo largo de	(영 along) ~를 따라서
⑤ a pesar de[= pese a]	(영 in spite of) ~ 불구하고
⑥ a través de	(영 through) ~ 관통해서
⑦ cerca de	(영 near; about) ~의 가까이에; 거의(가까이에)
⑧ dentro de	(영 inside of) ~의 안에
⑨ encima de	(영 on, on top of) ~의 위에, 꼭대기에
⑩ (a)fuera de	(영 outside of) ~의 밖에
⑪ junto a	(영 close to, right next to) 바로 옆에
⑫ lejos de	(영 far from) ~로부터 멀리
⑬ por medio de	(영 by means of) ~를 통해
⑭ respecto a	(영 about) ~관하여

■ 연습문제 

1. Pablo lo hizo _______ ayer.
   ① para primera vez　　　　② por primera vez
   ② por primer vez　　　　　④ por la primera vez

2. ¿Cuánto tiempo _______ que andas sin coche?
   ① hacía　　　　　② hizo
   ③ haces　　　　　④ hace

3. _______ dos años que terminó la guerra.

① Hizo
② Hace
③ Hacía
④ Hacen

4. ¿Cuánto tiempo _______ que hablabas cuando entraron?

① hacía
② hacían
③ hizo
④ había sido

5. Sin _______, no puedo recomendar la película.

① ver
② verla
③ veo
④ verlo

6. Antes de _______ del autobús, Juan pagó el pasaje.

① bajando
② bajar
③ el bajar
④ baje

7. Esta taza es _______ el café. ¡Démela, por favor!

① por
② en
③ para
④ con

8. La semana pasada me quedé en casa _______ cinco días.

① por
② en
③ para
④ de

9. ¿Cuánto dinero me dará Ud. _______ mi trabajo?

① por
② de
③ en
④ para

10. _______ el viernes tenemos esa lección.

① En
② Para
③ Por
④ De

11. La silla estaba _______ la mesa.

① antes de
② en cuanto a
③ detrás de
④ después de

12. Este político sabe mucho _______ la poca educación que tiene.
① a causa de
② por
③ para
④ porque

독해(Lectura) Ⅴ 

Mi dibujo número 2 era así:

Las personas grandes me aconsejaron que dejara a un lado los dibujos de serpientes boas abiertas o cerradas, y que me interesara un poco más en la geografía, la historia, el cálculo y la gramática. Así fue cómo, a la edad de seis años abandoné una magnífica carrera de pintor. Había quedado desilusionado por el fracaso de mis dibujos número 1 y número 2.

Las personas grandes nunca comprenden nada por sí solas y es muy aburrido para los niños tener que darles una y otra vez explicaciones.

–Capítulo 01, Parte 03–

▶ 듣기 연습! 377 페이지로 이동!

단어

- dejara 동(영 left) 남겨두었다[접속 · 과거 1/3인칭 단수]
- abiertas 형(영 opened) 열린, 열려있는
- cerradas 형(영 closed) 닫힌, 닫혀있는
- interesara 동(영 had interest) 관심을 가지고 있었다[접속 · 과거 1/3인칭 단수]
- geografía 여명(영 geography) 지리(학)
- historia 명여(영 history) 역사
- cálculo 명남(영 calculation) 계산
- gramática 명여(영 grammar) 문법
- edad 명여(영 age) 나이

a la edad de (영 at the age of) ~의 나이에
- abandone 통(영 abandoned) 포기했다[직설 · 부정과거 1인칭 단수]
- carrera 명여(영 race, career) 경주; 경력
- quedado 형(영 been) ~상태인
- desilusionado 형(영 disheartened) 기력이 빼앗긴, 낙심시킨
- fracaso 명남(영 failure) 실패
- nada 대(영 nothing) 무(無)
- sí 부(영 yes; oneself) 예(긍정); ~자신의(강조)
  por sí solas (영 by oneself) 자기 스스로[3인칭형]
- aburrido 형(영 bored) 지루한, 지겨운
- vez 명여(영 time) 횟수
  una y otra vez (영 always and forever) 계속해서, 영원히

My Drawing Number Two looked like this:
The grown-ups' response, this time, was to advise me to lay aside my drawings of boa constrictors, whether from the inside or the outside, and devote myself instead to geography, history, arithmetic and grammar. That is why, at the age of six, I gave up what might have been a magnificent career as a painter. I had been disheartened by the failure of my Drawing Number One and my Drawing Number Two. Grown-ups never understand anything by themselves, and it is tiresome for children to be always and forever explaining things to them.

내 그림 제 2 호는 아래와 같았다.
어른들은 나에게 속이 잘 보이지도 않는 보아 뱀 그림 따위는 집어치우고, 지리나 역사, 산수, 문법 등에 재미를 붙여 보라고 충고했다. 이렇게 해서 나는 여섯 살에 화가라는 멋있는 직업을 포기했다. 나는 그림 1호와 2호의 실패로 그만 실망하고 말았던 것이다. 어른들 혼자서는 아무 것도 이해하지 못하고, 그렇다고 일일이 설명을 해 준다는 것은 어린 나에겐 너무 힘든 일이었다.

1. 주격인칭 대명사(Pronombre personal)

	단수		복수	
	스페인어	영 어	스페인어	영 어
1	Yo	I	Nosotros(–as)	We
2	Tú	You	Vosotros(–as)	You
3	Él Ella Usted(=Ud.)	He She (*You)	Ellos Ellas Ustedes(=Uds.)	They They (*You)

※ 사실상 'Usted 과 Ustedes'는 의미상으로는 2인칭에 속해야 하나 그에 해당하는 동사 변화형이 3인칭과 같기 때문에 편의상 문법으로 접근할 때는 3인칭으로 여기는 것이다.

Ud. puede usar esta máquina hoy.
→ You can use this machine today.
　당신은 오늘 이 기계를 사용할 수 있습니다.

※ 복수형에서 여성형은 100% 여성일 경우에만 사용하고, 남성만 있는 경우 또는 혼성이 되는 경우는 반드시 남성 복수형을 사용해야 한다.

Nosotras debemos superar el prejuicio de la sociedad.
→ We(women) must overcome the prejudice of the society.
　우리(여성들)는 사회의 편견을 극복해야 한다.

잠깐! ser 동사 뒤에 주어 사용!
일반적으로 'ser+주어'를 평서문에 사용하는 것은 주어를 강조하기 위한 것이다.
　예 soy yo.
　　→ It is I(=It's me).
　　　바로 저예요.

Fue ella quien me envió el regalo.

→ It was she who sent me the present.

나에게 선물을 보내준 사람은 바로 그녀였다.

2. 목적격인칭 대명사

2-1. 동사 뒤에 위치하는 경우[직 · 간접목적어 모두 해당]

	단수		복수	
	스페인어	영 어	스페인어	영 어
1	a mí	me	a nosotros(–as)	us
2	a ti	you	a vosotros(–as)	you
3	a él a ella a usted	him her (*you)	a ellos a ellas a ustedes	them them (*you)

Ella ama a ti.

→ She loves you.

그녀는 너를 사랑한다.

Él ama a ella.

→ He loves her.

그는 그녀를 사랑한다.

Ellos aman a vosotros.

→ They love you.

그들은 너희들을 사랑한다.

스페인어에서 동사 뒤에 인칭 목적어를 사용할 수 있는 문법적 틀은 가지고 있으나, 실질적으로 사용할 때, 동사 앞으로 가는 축약형의 대명사형 인칭목적어를 사용하는 경우가 대부분임을 기억해 둔다. 그래서 위의 문장은 아래와 같이 더욱 많이 사용된다.

① Ella te ama.

② Él la ama.

③ Ellos os aman.

2-2. 동사 앞에 위치하는 경우[직접목적어 해당]

	단수		복수	
	스페인어	영 어	스페인어	영 어
1	me	me	nos	us
2	te	you	os	you
3	lo(= le) la lo / la	him her (*you)	los(= les) las los / las	them them (*you)

Ella te ama.

→ She loves you.

　그녀는 너를 사랑한다.

Él la ama.

→ He loves her.

　그는 그녀를 사랑한다.

Ellos os aman.

→ They love you.

　그들은 너를 사랑한다.

스페인어에서 '남성 · 사람'일 경우는 'lo · los' 대신 'le · les'를 써도 됨으로 꼭 알아두자!
그러나 간접목적어 3인칭 'le · les'와는 차이가 나므로 꼭 확인한다.

2-3. 동사 앞에 위치하는 경우[간접목적어 해당]

	단수		복수	
	스페인어	영 어	스페인어	영 어
1	me	me	nos	us
2	te	you	os	you
3	le le le	him her (*you)	les les les	them them (*you)

Ella me da la flor.

(= Ella me la da.)

→ She gives me the flower.

　그녀는 나에게 꽃을 준다.

Él te da el dinero.

(= Él te lo da.)

→ He gives you the money.
   그는 너에게 돈을 준다.

Nosotros damos a ella la corona.

(= Nosotros se la damos.)

→ We give her the crown.
   우리는 그녀에게 왕관을 준다.

 스페인어의 간접목적어 3인칭은 'le · les'를 사용한다. 그러나 동사 맨 앞에서 사용될 때, 'se'로 형태가 바뀌는 것에 유의한다.
「le 또는 les + lo · los · la · las(직접목적어)」 → 「se + lo · los · la · las」
※ p.115, '4-6 목적어 2개' 참조

Yo doy a vosotros el premio.

(= Yo os lo doy.)

→ I give you the prize.
   난 너희들에게 상을 준다.

Tú no das a mí mucho dinero.

(= Tú no me lo das.)

→ You don't give me much money.
   넌 내게 많은 돈을 주지 않는다.

3. 재귀격 인칭 대명사(Reflexivo)

	단수		복수	
	스페인어	영 어	스페인어	영 어
1	me	myself	nos	ourselves
2	te	yourself	os	yourselves
3	se se se	himself herself (*yourself)	se se se	themselves themselves (*yourselves)

Me llamo Sancho.

→ I call myself Sancho.
   난 나 자신을 산초라고 부른다.

Él se sienta en el sofá.
→ He is seated on the sofa.
  (= He seats himself on the sofa)
  그는 소파에 앉는다.

4. SE 용법

4-1. 재귀형 및 자동사형

Ella se levanta muy temprano.
→ She gets up very early.
  그녀는 매우 일찍 일어난다.

Él se baña en casa.
→ He bathes himself in the house.
  그는 집에서 목욕을 한다.

4-2. 수동태형

El piano se toca sin pianista.
→ The piano is played without a pianist.
  피아노가 피아니스트 없이 연주된다.

El restaurante se abre a las 9 de la mañana.
→ The restaurant is opened at 9 AM.
  식당은 오전 9시에 연다.

4-3. 불특정 다수

Se dice que ella es muy bonita.
→ They say that she is very pretty.
  사람들을 그녀가 매우 예쁘다고 말한다.

Se habla español en México.
→ People speak Spanish in Mexico.
  멕시코에서는 사람들이 스페인어를 사용한다.

4-4. 상호작용

Ellos se aman uno a otro.

→ They love each other.
   그들은 서로 사랑한다.

Ellos se luchan mutuamente por una mujer.
→ They fight each other over a woman.
   그들은 한 여인 때문에 서로 싸운다.

4-5. 무의식 작용

Se me hace agua en la boca.
→ [Some smell] makes one's mouth water.
   [어떤 냄새로] 군침이 돌다.

Se me dejó el billetero.
→ I lost the wallet.
   난 지갑을 잃어버렸다.

4-6. 목적어 2개(간접목적대명사의 형태 변화)

Se lo doy [= Yo doy un regalo a ella].
→ I give a gift to her.
   난 그녀에게 선물을 준다.

Se las compré [= Yo compré las flores a mis hijas].
→ I bought the flowers to my daughters.
   난 내 딸들에게 꽃들을 사주었다.

 동사 앞에 써준 '인칭대명사'를 강조하거나, 인칭대명사를 구체적으로 밝혀 주기 위해 동사 뒤에 '목적어'를 한번 더 써줄 수 있다.
예 Se lo doy a ella.
   Te quiero a ti.
   Se la da a sancho.

■ 연습문제

1. Los vampiros no ______ en el espejo.
   ① lo ven   ② le ven
   ③ se ven   ④ les ven

2. ________ olvidó lavar la ropa por la mañana.

① Me   ② Se me

③ Se   ④ Me lo

3. El sacerdote ________ la pareja.

① se casó   ② casó a

③ se casó a   ④ casó con

4. ________ que va a mejorar la economía.

① Se dicen   ② Se dice

③ Es dicho   ④ Está dicho

5. ¿Los traidores? ________ matará mañana.

① Se les   ② Se

③ Se las   ④ Los

6. Aquí ________ español e inglés.

① es hablado   ② son hablados

③ se habla   ④ se hablan

7. Tengo ________ padre en el hospital.

① mi   ② a mi

③ a mí   ④ el

8. Ella siempre ________ esconde su dinero a mi madre y a mí.

① nos   ② les

③ le   ④ los

9. No puedo ver a mis amigas: tengo que ________.

① buscarle   ② buscarlas

③ las buscar   ④ las busco

10. Fue horrible: prefiero no pensar en ________.

① lo   ② ella

③ él   ④ ello

11. Antes de salir, mi madre me dijo 《¡ ________ el abrigo, hijo!》

① póngase   ② pónete

③ póngate　　　　　　　　　　　④ ponte

12. Hijos, no ＿＿＿＿ mientras estoy hablando.
① os reís　　　　　　　　　　② os reíais
③ os riáis　　　　　　　　　　④ reíos

정답 1 ③　2 ②　3 ②　4 ②　5 ①　6 ③　7 ②　8 ①　9 ②　10 ④　11 ④　12 ③

■ 독해(Lectura) Ⅵ

Tuve, pues, que elegir otro oficio y aprendí a pilotear aviones. He volado un poco por todo el mundo y la geografía, en efecto, me ha servido de mucho; al primer vistazo podía distinguir perfectamente la China de Arizona. Esto es muy útil, sobre todo si se pierde uno durante la noche.

A lo largo de mi vida he tenido multitud de contactos con multitud de gente seria. Viví mucho con personas grandes. Las he conocido muy de cerca; pero esto no ha mejorado demasiado mi opinión sobre ellas.

–Capítulo 01, Parte 04–
▶ 듣기 연습! 377 페이지로 이동!

단어

- tuve 동(영 had) 가졌다, 가지고 있었다[직설 · 부정과거 1인칭 단수]
- elegir 동(영 select) 선택하다
- oficio 명남(영 profession) 직업; 임무, 역할
- aprendí 동(영 learned) 배웠다[직설 · 부정과거 1인칭 단수]
- pilotear 동(영 pilot) 비행기를 조종하다
- volado 형(영 flown) 나는, 날아가는
- efecto 명남(영 effect) 결과, 효과
  en efecto (영 indeed) 실로, 참으로
- servido 형(영 served) 시중드는; 봉사하는; 근무하는

servirse de 통(영 use as; work as) (~로써) 사용하는; 일을 하는
- vistazo 명남(영 look) 시선
- distinguir 통(영 distinguish) ~를 구별하다
- largo 형(영 large) 긴
  a lo largo de (영 along) ~따라서
- multitud 여명(영 multitude) 다수, 많은; 군중
- contacto 명남(영 contact) 접촉
- cerca 부(영 close) 가까이에
  muy de cerca (영 very close) 매우 가까이
- demasiado 형(영 too much) 굉장히, 아주
- opinión 명여(영 opinion) 의견

So then I chose another profession, and learned to pilot airplanes. I have flown a little over all parts of the world; and it is true that geography has been very useful to me. At a glance I can distinguish China from Arizona. If one gets lost in the night, such knowledge is valuable.

In the course of this life I have had a great many encounters with a great many people who have been concerned with matters of consequence. I have lived a great deal among grown-ups. I have seen them intimately, close at hand. And that hasn't much improved my opinion of them.

그래서, 나는 다른 직업을 골라야 했고, 비행기 조종을 배웠다. 나는 세계의 여기저기를 제법 많이 날아다녔다. 확실한 것은, 지리 공부가 내게 많은 도움을 주었다는 점이다. 나는 한번 쓱 살펴보아도 중국과 아리조나를 구별할 수 있었다. 캄캄한 밤에 길을 잃었을 때 지리는 매우 편리하다.

나는 이렇게 살아오면서 수많은 진지한 사람들을 만나봤다. 나는 오랫동안 어른들과 함께 살며 그들을 아주 가까이서 지켜 보아왔다. 그러나 그들에 대한 내 의견이 크게 달라지지는 않았다.

07 | 직설법 규칙 동사의 변화

1. 직설법(Indicativo)

1-1. 직설법 현재(Presente de indicativo)

원래 현재라는 시제는 존재하지 않는다. 계속 다가오는 미래와 과거가 되는 지나간 시간이 있기 때문이다. 하지만 일컬어지는 것은 화자가 순간적으로 겪는 생각이나 행위, 상태를 사실적으로 나타낸 것이다. 그리고 이러한 계속 다가오는 미래 때문에 가까운 미래를 현재로 대용할 수 있다는 것도 명심하자.

※ 기본 규칙 동사 변화.

-ar형	hablar(영 speak)			
	단 수		복 수	
	스페인어	영 어	스페인어	영 어
1	hablo	speak	hablamos	speak
2	hablas	speak	habláis	speak
3	habla	speaks	hablan	speak

-er형	comer(영 eat)			
	단 수		복 수	
	스페인어	영 어	스페인어	영 어
1	como	eat	comemos	eat
2	comes	eat	coméis	eat
3	come	eats	comen	eat

−ir형	vivir(동 live)			
	단 수		복 수	
	스페인어	영 어	스페인어	영 어
1	vivo	live	vivimos	live
2	vives	live	vivís	live
3	vive	lives	viven	live

【용 법】

(1) 현재 상태

Ernesto *toca* la guitarra en la sala seminaria.

→ Ernest plays the guitar in the seminar room.
에르네스토는 세미나실에서 기타를 친다.

(2) 습관적 행위

Llegamos a tiempo a la clase entre la semana.

→ We arrive at the classroom on time on weekdays.
우리는 주중에는 수업에 정시에 도착한다.

(3) 불변의 진리

El sol *sale* por el este.

→ The sun rises in the east.
태양은 동쪽에서 뜬다.

'salir(to go out)' 동사는 불규칙 동사변화 어휘임. 1인칭단수만 특이형임.
salgo, sales, sale, salimos, salís, salen

(4) 역사에 대한 느낌의 현재화

La Olimpíada de Barcelona se *celebra* en 1992.

→ The Barcelona Olympics took place in 1992.
바르셀로나 올림픽은 1992년에 개최되었다.

(5) 가까운 미래

Mañana *partimos* para la Universidad Hankuk de Estudios Extranjeros.

→ Tomorrow we leave for Hankuk University of Foreign Studies.
우리는 내일 한국 외국어대학교를 향해 떠난다.

(6) 강제성 없는 명령과 강제성을 갖는 명령

Sales a la calle. Y me compras el periódico diario. (강제성 없음)

→ Go out to the street. And buy me the daily newspaper.

　자네 거리에 나가서 일간신문을 사 가지고 와 주겠나.

Cómelo pronto. Y descansa más. (강제성 있음)

→ Eat it fast. And take more rest.

　그것을 빨리 먹고, 더 쉬어라.

2. 직설법 부정과거와 불완료과거

2-1. 직설법 부정과거(Pretérito indefinido de indicativo)

　직설법 부정과거는 과거에 이루어진 주어의 동작 및 상태를 나타낸다. 일명, 점의 과거라고 일컫는 이유는 행위를 하는 시점에만 점처럼 짧게 느껴지며, 그 발생한 일의 시작과 끝이 명확하게 구분되기 때문이다.

	hablar (영 speak)			
	단 수		복 수	
	스페인어	영 어	스페인어	영 어
1	hablé	spoke	hablamos	spoke
2	hablaste	spoke	hablasteis	spoke
3	habló	spoke	hablaron	spokc

	comer (영 eat)			
	단 수		복 수	
	스페인어	영 어	스페인어	영 어
1	comí	ate	comimos	ate
2	comiste	ate	comisteis	ate
3	comió	ate	comieron	ate

	vivir (영 live)			
	단 수		복 수	
	스페인어	영 어	스페인어	영 어
1	viví	lived	vivimos	lived
2	viviste	lived	vivisteis	lived
3	vivió	lived	vivieron	lived

 Estuve una semana en Seúl.
→ I stayed in Seoul for a week.
나는 서울에 일주일 있었다.

'estuve'는 'estar 동사'의 부정과거 1인칭 단수형인데 이 형태는 불규칙 변화형이다.

	단 수	복 수
1	estuve	estuvimos
2	estuviste	estuvisteis
3	estuvo	estuvieron

España *prosperó* mucho en el siglo de Oro.
→ Spain prospered so much in the Golden Century
스페인은 황금세기에 대단히 번영했다.

2-2.직설법 불완료 과거(Pretérito imperfecto de indicativo)

불완료 과거동사는 과거에 있어서의 주어의 동작·상태가 계속되고 있었던 것을 표현하는 것이다. 선의 과거라고 일컫는 이유는 행위를 하는 시점을 중심으로 동작이 선 처럼 길게 일어나기 때문이다.

	hablar (영 speak)			
	단 수		복 수	
	스페인어	영 어	스페인어	영 어
1	hablaba	spoke (=was speaking)	hablábamos	spoke (=were speaking)
2	hablabas	spoke (=were speaking)	hablabais	spoke (=were speaking)
3	hablaba	spoke (=was speaking)	hablaban	spoke (=were speaking)

	comer (영 eat)			
	단 수		복 수	
	스페인어	영 어	스페인어	영 어
1	comía	ate (=was eating)	comíamos	ate (=were eating)
2	comías	ate (=were eating)	comíais	ate (=were eating)
3	comía	ate (=was eating)	comían	ate (=were eating)

vivir (圈 live)				
	단 수		복 수	
	스페인어	영 어	스페인어	영 어
1	vivía	lived (=was living)	vivíamos	lived (=were living)
2	vivías	lived (=were living)	vivíais	lived (=were living)
3	vivía	lived (=was living)	vivían	lived (=were living)

(1) 기본적으로는 「누가 …을 하고 있었다.」라는 표현.

예　Todo ayer, yo *estudiaba* la lección 20.

　　→ All day yesterday, I studied the 20th lesson.

　　　나는 어제 하루종일 제 20과를 공부하고 있었다.

(2) 동시에 발생한 과거의 지속된 동작의 표현

예　Mi familia *vivía* en Seúl cuando yo era pequeño.

　　→ My family lived in Seoul when I was young.

　　　내가 어렸을 때 나의 가족은 서울에 살았었다.

'era' 는 'ser 동사' 의 불완료 과거 1·3인칭 단수형인데 이 형태는 불규칙 변화형이다.

	단 수	복 수
1	era	éramos
2	eras	erais
3	era	eran

(3) 「누가 …을 하였을 때 누가 …을 하고 있었다.」를 표시할 때의 부사인 'cuando' 다음에 불완료 과거형을 취한다. 단, 상대적 길이(시간상)를 고려해 cuando를 사용하지 않는 문장에서는 부정과거형을 사용한다. (동시에 과거)

예　*Le saludé* cuando *iba* a la escuela.

　　→ I said hello to him when I was going to school.

　　　나는 학교에 갈 때 그에게 인사했다.

'iba' 는 'ir 동사' 의 불완료 과거 1·3인칭 단수형인데 이 형태는 불규칙 변화형이다.

	단 수	복 수
1	iba	íbamos
2	ibas	ibais
3	iba	iban

Cuando *entré* en el cuarto, mi mamá tomaba el almuerzo.

→ When I entered the room, my mom was eating lunch.

내가 방에 들어갔을 때 나의 어머니는 점심 식사 중이셨다.

(4) 과거의 행동이 습관화되어 지속적 표현을 나타냄

예 Todos los domingos *nos reuníamos* en la iglesia.

→ Every Sunday, we got(=gathered, came) together in the church.

우리는 교회에서 매주 일요일에 모이곤 했었다.

(5) 과거의 상황 및 환경의 표현

예 Él tenía 30 años cuando *se casó*.

→ He was 30 years old when he got married.

그는 결혼했을 때 30세였다.

부정과거와 불완료과거의 비교
- 부정과거는 과거의 한 시점에서 완료된 행위
예 La semana pasada visité a mis padres.
지난주에 난 부모님을 방문했다.
- 불완료 과거는 과거의 지속적 진행 행위 또는 반복적으로 일어난 행위
예 Siempre él llegaba tarde.
항상 그는 늦게 도착했었다.

3. 직설법 미래와 가능법

3-1. 직설법 미래(Futuro imperfecto de indicativo)

제 1변화, 제 2변화, 제 3변화 동사의 변화형이 동일하다.

hablar(영 speak)			
단 수		복 수	
스페인어	영 어	스페인어	영 어
1	hablaré	will speak	hablaremos	will speak
2	hablarás	will speak	hablaréis	will speak
3	hablará	will speak	hablarán	will speak

comer(영 eat)				
	단 수		복 수	
	스페인어	영 어	스페인어	영 어
1	comeré	will eat	comeremos	will eat
2	comerás	will eat	comeréis	will eat
3	comerá	will eat	comerán	will eat

vivir(영 live)				
	단 수		복 수	
	스페인어	영 어	스페인어	영 어
1	viviré	will live	viviremos	will live
2	vivirás	will live	viviréis	will live
3	vivirá	will live	vivirán	will live

(1) 미래

예 Iré allá mañana.

→ I will go there tomorrow.
나는 내일 그쪽에 가겠다.

(2) 현재의 상상, 추측, 가능성을 나타낸다.

예 Serán las doce.

→ It may be twelve.
12시경일 것이다.

¿Lloverá mucho?

→ Will it rain much?
비가 많이 올까?

(3) 명령이나 금지

예 ¡*Dirá* usted!

→ Say!
말해 보세요.

No *correrás.*

→ Don't run.
뛰면 안 돼.

잠깐! 'Dirá' 는 'decir(to say)' 동사의 미래 불규칙 동사 3인칭 단수 변화형임.
Diré, Dirás, Dirá, Diremos, Diréis, Dirán

(4) 계약, 규약, 주문 등의 관용적 표현

예 La suma abonada no *se devolverá* en ningún caso.

→ We don't return money due in any way.

여하한 경우에도 불입금을 반환치 않는다.

3-2. 가능법 불완료형(Imperfecto del potencial)

	hablar(영 speak)			
	단 수		복 수	
	스페인어	영 어	스페인어	영 어
1	hablaría	would speak	hablaríamos	would speak
2	hablarías	would speak	hablaríais	would speak
3	hablaría	would speak	hablarían	would speak

	comer(영 eat)			
	단 수		복 수	
	스페인어	영 어	스페인어	영 어
1	comería	would eat	comeríamos	would eat
2	comerías	would eat	comeríais	would eat
3	comería	would eat	comerían	would eat

	vivir(영 live)			
	단 수		복 수	
	스페인어	영 어	스페인어	영 어
1	viviría	would live	viviríamos	would live
2	vivirías	would live	viviríais	would live
3	viviría	would live	vivirían	would live

(1) 과거에서 본 미래

예 Él me dijo que <u>se iría</u> al día siguiente.

→ He told me that he would go on the next day.

그는 다음날 가겠다고 나에게 말했다.

'dijo' 는 'decir 동사' 의 직설법부정과거 3인칭 단수인데, 이 형태는 불규칙 변화형이다.

	단 수	복 수
1	dije	dijimos
2	dijiste	dijisteis
3	dijo	dijeron

(2) 과거의 상상을 표현

예 <u>Tendría</u> él entonces unos cincuenta años.

→ He may have been about fifty years old then.

그때 그는 약 50세 가량 되었을 것이다.

(3) 미래, 현재의 가정의 결과

예 Si ella tuviera trabajo, <u>trabajaría</u> bien.

→ If she had the work, she would work well.

그녀는 일이 있으면 일을 잘할 텐데.

'tuviera' 는 'tener 동사' 접속법 과거 1 · 3인칭 단수 형태이다.

	단 수	복 수
1	tuviera	tuviéramos
2	tuvieras	tuvierais
3	tuviera	tuvieran

(4) 과거, 현재, 미래 어느 때든지 사실의 가능성을 표현

예 Yo <u>desearía</u> hacer lo que yo deseaba.

→ I would like to do what I wanted to do.

나는 내가 원했던 것을 하고 싶은 데. (현재의 표현)

<u>Serían</u> las cinco de la tarde.

→ It may have been five o'clock PM.

오후 다섯 시 경이었을 것입니다. (과거의 표현)

4. 직설법 동사의 진행형(현재 · 과거 · 미래)

4-1. 직설법 현재 진행(Gerundio de presente)

『동사 estar 직설법 현재 + 현재분사』로 구성되며 진행 중인 동작을 나타낸다. 스페인어에 있어서는 직설법 현재가 현재 진행중의 동작을 나타내기도 하고, 진행형으로 더 세

밀한 진행중의 동작을 나타내는 것이다.

수 인칭	단 수		복 수	
	스페인어	영 어	스페인어	영 어
1	estoy hablando	I am speaking	estamos hablando	We are speaking
2	estás comiendo	You are eating	estáis comiendo	You are eating
3	está viviendo	He is living	están viviendo	They are living

예 El profesor *está explicando* la causa del problema.
　　→ The professor is explaining the cause of the problem.
　　　교수님은 그 문제의 원인을 설명하고 계신다.

※ 'estar' 대신 「seguir, continuar, ir, venir」를 사용할 수 있다.
　(앞의 동사에 대한 설명은 조동사 단원에서 자세한 설명)

4-2. 직설법 과거진행(Gerundio de pretérito)

『동사 estar의 불완료 과거 + 현재분사』로 구성되며 과거의 진행중인 동작을 나타낸다.
'estar동사' 중 부정과거를 사용하지 않는 이유는 '지속성' 의미를 나타내기 때문이다.

수 인칭	단 수		복 수	
	스페인어	영 어	스페인어	영 어
1	estaba hablando	I was speaking	estábamos hablando	We were speaking
2	estabas comiendo	You were eating	estabais comiendo	You were eating
3	estaba viviendo	He was living	estaban viviendo	They were living

예 El profesor *estaba expresando* su ira.
　　→ The professor was expressing his anger
　　　교수님은 그의 노여움을 표현하고 계셨다.

4-3. 직설법 미래 진행(Gerundio de futuro)

수 인칭	단 수		복 수	
	스페인어	영 어	스페인어	영 어
1	estaré hablando	will be speaking	estaremos hablando	will be speaking
2	estarás comiendo	will be eating	estaréis eating	will be eating
3	estará viviendo	will be living	estarán viviendo	will be living

『동사 estar의 직설법미래 + 현재분사』로 구성되며 미래의 어느 시간동안 진행중인 동작을 나타낸다. 미래 진행시제는 가상 미래의 시점을 기준으로 사용할 수 있다.

예 Mañana por la tarde, el profesor Kim *estará enseñando* el español a los estudiantes.
→ Tomorrow afternoon, professor Kim will be teaching Spanish to the students.
내일 오후에 김 교수님은 학생들에게 스페인어를 가르치고 있을 것이다.

5. 직설법 동사의 완료형(현재 · 과거 · 미래 · 가능법)

5-1. 직설법 현재 완료(Pretérito perfecto de indicativo)

직설법 현재완료는『동사 haber의 직설법 현재형 + 과거분사』로 만든다. 단 과거분사가 형용사적 용법으로 사용될 때는 명사의 성 · 수에 일치 하지만 완료형으로 쓰일 때는 성 · 수의 변화가 절대 없다.

수 인칭	단 수		복 수	
	스페인어	영 어	스페인어	영 어
1	he hablado	I have spoken	hemos hablado	We have spoken
2	has comido	You have eaten	habéis comido	You have eaten
3	ha vivido	He has lived	han vivido	They have lived

현재완료와 부정과거의 비교
• 현재완료는 과거에 일어난 일이라고 해서 과거로 취급을 할 수 있으나, 아직 끝나지 않은 시간 부사 (hoy; esta semana; este mes; este año...)와 함께 쓰이며, 현재완료 시제를 사용한다.
예 Este año he conocido a muchos amigos.
올해 난 많은 친구들을 알게 되었다.
• 과거를 나타내는 시간 부사가 함께 쓰이면 부정과거 시제를 사용한다.
예 La semana pasada tuve mucho trabajo.
지난 주에 난 일이 많았다.

(1) 경험을 나타낸다(…을 한 적이 있다).
예 Yo *he estado* en España.
→ I have been to Spain.
나는 스페인에 갔다 왔다.

(2) 결과를 나타낸다(…을 한 후이다. …을 하고 있다).
예 El autobús *ha partido*.
→ The bus has left.
버스는 떠났다(떠난 후이다).

(3) 현재까지 계속성을 나타낸다(…을 계속 해왔다).

　[예] *He estado* de pie desde hace tres horas.

　　　→ I have stood still for 3 hours.

　　　　나는 이 세시간을 (꼬박)서 있었다.

(4) 완료를 나타낸다(…을 완료했다).

　[예] *He comido.*

　　　→ I have eaten.

　　　　밥을 먹었습니다.

　　　　(뉘앙스가 '먹어서 현재까지 배부르다' 또는 '먹은 느낌을 가지고 있다'는 뜻)

(5) 최근의 과거를 나타낸다.

　[예] En este otoño *ha llovido* mucho.

　　　→ It has rained a lot this autumn.

　　　　이번 가을에는 비가 많이 왔었다.

영어를 생각할 때 혼동될 수 있는 경우
① Yo **he comprado** 2 maletas.
② Yo **tengo compradas** 2 maletas.
①번의 경우는 현재 완료형으로 「haber + 남성·단수·과거분사형(불변화)」임으로 목적어에 상관없이 형태는 고정이다. 하지만, ②번의 경우는 현재 완료형으로 착각을 일으킬 수 있는 형태인데, 「tener + 목적어의 성·수를 맞춘 과거분사형 + 목적어」임으로 반드시 목적어에 일치되는 과거분사형에 유의한다.

5-2. 직설법 과거완료(Pretérito pluscuam perfecto de indicativo)

『동사 haber의 직설법 불완료 과거(선 과거) + 과거분사』로 구성되며 과거 완료형은 두 개의 과거의 전·후 관계를 확실히 하는 표현과 과거의 어떤 때를 기준해서 그 당시 있었던 경험, 완료, 그 때까지의 계속됐던 동작들을 표현하는데 사용한다.

＊주의 : 'haber 동사'의 부정(점)과거를 사용하지 않는 이유를 완료용법의 계속적 의미를 가지고 있기 때문이다.

수　＼ 인칭	단　수		복　수	
	스페인어	영 어	스페인어	영 어
1	había hablado	I had spoken	habíamos hablado	We had spoken
2	habías comido	You had eaten	habíais comido	You had eaten
3	había vivido	He had lived	habían vivido	They had lived

　[예] Cuando llegué a la estación del metro, ya *había salido* el metro.

→ When I got to the subway station, the metro had already left.
내가 지하철역에 도착했을 때, 지하철은 이미 떠났다.

Él me dijo que *había escrito* una postal en español.
→ He told me that he had written a postcard in Spanish.
그는 엽서 한 장을 스페인어로 썼다고 나에게 말했다.

 과거분사 형태는 '–ado; –ido'의 규칙 형태가 대부분이지만, 'escrito'는 'escribir 동사'의 특이형태 과거분사이다. ※ p. 308「과거분사」참조

5-3. 직설법 미래완료(Futuro perfecto de indicativo)

『동사 haber의 직설법 미래형 + 과거분사』로 구성된다. 미래완료는 미래의 어느 시점을 정해 놓아야만 사용할 수 있다. 그리고 미래의 그 시점까지의 완료 의미를 표현한다.

수 인칭	단 수		복 수	
	스페인어	영 어	스페인어	영 어
1	habré hablado	I will have spoken	habrémos hablado	We will have spoken
2	habrás comido	You will have eaten	habréis comido	You will have eaten
3	habrá vivido	He will have lived	habrán vivido	They will have lived

(1) 미래의 동작이 완료되었을 것이라는 표현
[예] De hoy en ocho días *habré leído* esa novela.
→ I will have read that novel in a week.
오늘부터 일주일 내에 나는 그 소설을 다 읽을 것이다.

 「De hoy en 8 días」을 직역하면 「오늘부터 8일째」라는 뜻인데, 오늘부터 숫자를 세면 8일째는 정확히 말하고자 하는 그날[= 오늘]과 일주일 후의 '같은 요일'을 의미하는 것이다.

(2) 해당문장의 의미상 시제와 상관없이 말하는 시점에서 그 의미상 완료를 상상한 표현
[예] Mañana él *habrá llegado* a la ciudad.
→ Tomorrow, he will have arrived at the city.
내일이면 그는 그 도시에 도착할 것이다.

(3) 경험에 대한 상상
[예] Espero que *ella no habrá ido* a ese barrio.
→ I hope that she will not have gone to the village.
그런 동네에 그녀가 갈 일이 없을 것이라고 나는 생각하고 싶다.

5-4. 가능법 완료형(Perfecto de potencial)

『동사 haber의 가능법 불완료형 + 과거분사』로 구성된다.

수 / 인칭	단 수		복 수	
	스페인어	영 어	스페인어	영 어
1	habría hablado	I would have spoken	habríamos hablado	We would have spoken
2	habrías comido	You would have eaten	habríais comido	You would have eaten
3	habría vivido	He would have lived	habrían vivido	They would have lived

(1) 완료의 의미를 표현하는 경우

> 예   Ya *habría gastado* mil pesos.
> → I would have already spent one thousand pesos.
> 벌써 천 뻬소는 썼을 것이다.

(2) 과거로부터 본 미래 완료의 표현

> 예   Él me dijo que María *habría partido* al día siguiente.
> → He told me that María would have left by the next day.
> 그는 마리아가 그 다음날이면 떠났을 것이라고 나에게 말했다.

가능법과 가능법 완료형의 차이

가능법은 '과거에서 본 미래(형 would)'를 의미하는 경우가 기본적 의미이며, 가능법 완료형은 '과거에서 본 확정된 미래(형 would have + p.p)'에 해당한다. 확정된 미래의 시간 부사(구)가 있는지를 확인해야 함을 명심하자.

■ 연습문제

1. Ninguna de las ventanas está sucia porque la criada las _______ ayer.
   ① limpio   ② limpió
   ③ limpiaba   ④ limpian

2. Durante mi niñez siempre _______ a la casa de mis tíos.
   ① iría   ② fui

③ iba   ④ iré

3. Cuando tropezaron conmigo, _______ de salir del cine.
① acabaron   ② acabé
③ acababa   ④ acaban

4. Hace dos semanas que no he visto a Elena. ¿ _______ enferma?
① Estará   ② Va a estar
③ Esté   ④ Estás

5. Hacía dos horas que ellos _______ cuando sonó el teléfono.
① charlaron   ② habían charlado
③ charlan   ④ estaban charlando

6. Después de dos horas el orador siguió _______.
① hablar   ② habla
③ hablaba   ④ hablando

7. Los trabajadores han _______ su labor.
① terminaron   ② terminados
③ terminando   ④ terminado

8. Hace mucho tiempo que yo no _______ con mi mamá.
① he hablado   ② estaba hablando
③ había hablado   ④ hablado

9. Los chicos _______ por la calle cuando vieron al policía.
① eran yendo   ② yendo
③ estaban yendo   ④ iban

10. El tiempo ya había pasado, pero él no _______ .
① los realizaba   ② daba cuenta
③ lo realizó   ④ se daba cuenta

정답   **1** ②   **2** ③   **3** ③   **4** ①   **5** ④   **6** ④   **7** ④   **8** ①   **9** ④   **10** ③

Cuando me he encontrado con alguien que me parecía un poco lúcido, lo he sometido a la experiencia de mi dibujo número 1 que he conservado siempre. Quería saber si verdaderamente era un ser comprensivo. Pero siempre me respondían: "Es un sombrero". Entonces no le hablaba ni de serpientes boas, ni de la selva virgen y ni de estrellas. Poniéndome a su altura, les hablaba del bridge, del golf, de política y de corbatas. Y la persona grande se quedaba muy contento de conocer a un hombre tan razonable.

–Capítulo 01, Parte 05–

▶ 듣기 연습! 377 페이지로 이동!

단어

- encontrado 혱(옝 met) 만난, 마주친
- alguien 댸(옝 someone) 누구
- parecía 퉁(옝 seemed to) ~와 같다[직설·불완료과거 1인칭 복수]
- lúcido 혱(옝 lucid) 번쩍이는, 빛나는
- sometido 혱(옝 conquered) 정복된, 굴복된
- experiencia 몡옉(옝 experience) 경험, 경력
- conservado 혱(옝 conserved) 보존된, 유지된
- verdaderamente 븩(옝 really) 정말로
- comprensivo 혱(옝 understanding) 이해되는
- respondían 퉁(옝 responded) 응답했다, 대답했다[직설·불완료과거 3인칭 복수]
- ni 졉(옝 nor) ~도 아닌
- estrellas 몡옉복(옝 stars) 별들
- poniéndome (옝 bringing me) 현재분사에는 축약형 대명사형을 붙여서 사용한다. 이때 강세부호를 붙이는 것에 유의한다.
- altura 몡옉(옝 height) 높아, 고도
- política 몡옉(옝 policy) 정책, 방침
- corbata 몡옉(옝 necktie) 넥타이
- contento 혱(옝 pleased) 만족스러운
- tan 븩(옝 so) 그렇게
- razonable 혱(옝 reasonable) 합당한, 이유있는

Whenever I met one of them who seemed to me at all clear–sighted, I tried the experiment of showing him my Drawing Number One, which I have always kept. I would try to find out, so, if this was a person of true understanding. But, whoever it was, he, or she, would always say:

"That is a hat."

Then I would never talk to that person about boa constrictors, or primeval forests, or stars. I would bring myself down to his level. I would talk to him about bridge, and golf, and politics, and neckties. And the grown-up would be greatly pleased to have met such a sensible man.

나는 똑똑해 보이는 사람을 만날 때마다, 항상 품고 다니던 내 그림 제1호를 꺼내 그를 시험해 보곤 했다. 그가 정말 이해력이 있는지 알고 싶었던 것이다. 그러나 늘 '모자군요' 하는 대답을 들었을 뿐이다.

그러면 나는 보아 뱀 이야기도, 원시림 이야기도, 그리고 다른 별다른 이야기도 꺼내지 않았다. 나는 그가 알아들을 수 있도록 트럼프 이야기, 골프 이야기, 정치 이야기, 넥타이 이야기를 했다. 그러면 그 어른은 사기만큼이나 분별 있는 사람을 알게 되었다고 아주 흐뭇해했다.

08 | 직설법 불규칙 동사의 변화

1. 직설법 동사의 현재

1-1. 어간 E → IE 유형

• pensar (생각하다)

	단수		복수	
	스페인어	영 어	스페인어	영 어
1인칭	pienso	think	pensamos	think
2인칭	piensas	think	pensáis	think
3인칭	piensa	thinks	piensan	think

※ 1·2인칭 복수의 경우 어간이 변화하지 않고, 원형형태를 유지함에 유의한다.

Ella piensa en los arreglos para su boda.
→ She thinks about the arrangements for her wedding.
　그녀는 그녀의 결혼을 위해 준비할 것들에 대해 생각한다.

예 [어미 ~ar]

• sentar (명 seat) 앉히다

siento	sentamos
sientas	sentáis
sienta	sientan

La azafata nos sienta.
→ The flight attendant seats us.
　승무원이 우리를 앉힌다.

• comenzar (영 start) 시작하다

comienzo	comenzamos
comienzas	comenzáis
comienza	comienzan

Ellos comienzan a comer.
→ They start eating.
　그들은 먹기 시작한다.

• calentar (영 heat) 뜨겁게 하다

caliento	calentamos
calientas	calentáis
calienta	calientan

Escuchar estas estupideces me calienta la sangre.
→ Listening to these stupid things irritates me.
　이러한 멍청한 것들을 듣는 것이 나의 피를 끓게 한다[나를 화나게 한다].

• despertar (영 awake) 잠을 깨우다

despierto	despertamos
despiertas	despertáis
despierta	despiertan

Cuando me despierto, son las siete de la mañana.
→ When I wake up, It's seven o'clock in the morning.
　내가 일어날 때, 시간은 오전 7시이다.

• confesar (영 confess) 고백하다

confieso	confesamos
confiesas	confesáis
confiesa	confiesan

Él confiesa su implicación en la conspiración contra el gobierno.
→ He confesses his involvement in the conspiracy against the government.
　그는 반정부 공모에 자신이 연루되어 있음을 자백한다.

• cerrar (영 close) 닫다

cierro	cerramos
cierras	cerráis
cierra	cierran

Se cierra la tienda a las siete en punto.
→ The store closes at seven o'clock.
  가게는 7시 정각에 문을 닫는다.

• empezar (영 start) 시작하다

empiezo	empezamos
empiezas	empezáis
empieza	empiezan

Ellos empiezan a comer el pan.
→ They start eating the bread.
  그들은 그 빵을 먹기 시작한다.

• negar (영 negate) 부정하다

niego	negamos
niegas	negáis
niega	niegan

¿Por qué te niegas a verlo?
→ Why do you refuse to see it?
  왜 너는 그것 보기를 거부하니?

[어미 ~er]
• querer (영 love; like) 좋아하다

quiero	queremos
quieres	queréis
quiere	quieren

Ella quiere saltar en la piscina.
→ She likes to jump into the swimming pool.

그녀는 수영장에서 뛰어 드는 것을 좋아한다.

• perder (영 lose) 잃다

pierdo	perdemos
pierdes	perdéis
pierde	pierden

Ellos pierden tiempo discutiendo.
→ They waste time arguing.
  그들은 논쟁하면서 시간을 낭비한다.

• encender (영 turn on) 불을 켜다

enciendo	encendemos
enciendes	encendéis
enciende	encienden

¡Enciende la luz!
→ Turn the light on!
  불을 켜라!

• atender (영 attend) 시중들다

atiendo	atendemos
atiendes	atendéis
atiende	atienden

Yo atiendo al teléfono.
→ I answer the telephone.
  난 전화를 응대한다.

• entender (영 understand) 이해하다

entiendo	entendemos
entiendes	entendéis
entiende	entienden

No entiendo el problema.
→ I don't understand the problem.

난 문제를 이해하지 못한다.

• defender (영 defend) 방어하다

defiendo	defendemos
defiendes	defendéis
defiende	defienden

Ellos defienden a su patria contra sus enemigos.
→ They defend their country against their enemies.
　그들은 나라의 적에 대항해 그들의 조국을 지킨다.

[어미 ~ir]
• mentir (영 tell a lie) 거짓말하다

miento	mentimos
mientes	mentís
miente	mienten

Él miente para que ellos no le echen la culpa a él.
→ He lies so that they cannot blame him.
　그는 그들이 그를 비난하지 않게 하기 위해 거짓말을 한다.

• consentir (영 consent) 동의하다

consiento	consentimos
consientes	consentís
consiente	consienten

Consiento en apoyar su causa.
→ I consent to support their cause.
　나는 그들이 사건을 지지하는데 찬성한다.

• herir (영 wound) 부상을 입히다

hiero	herimos
hieres	herís
hiere	hieren

Siempre nos herimos jugando al fútbol.

→ We always hurt ourselves playing soccer.

우리는 항상 축구를 하면서 다친다.

• preferir (영 prefer) 더 좋아하다

prefiero	preferimos
prefieres	preferís
prefiere	prefieren

Prefiero la furgoneta negra.

→ I prefer the black station wagon.

나는 검정색 밴 승용차를 선호한다.

1-2. 어간 O → UE 유형

• contar (숫자를 세다 / 이야기하다)

	단수		복수	
	스페인어	영 어	스페인어	영 어
1인칭	cuento	count	contamos	count
2인칭	cuentas	count	contáis	count
3인칭	cuenta	counts	cuentan	count

※ 1·2인칭 복수의 경우 어간이 변화하지 않고, 원형형태를 유지함에 유의한다.

El niño cuenta hasta veinte.

→ The child counts up to twenty.

그 아이는 20까지 숫자를 센다.

예 [어미 ~ar]

• rogar (영 want) 원하다

ruego	rogamos
ruegas	rogáis
ruega	ruegan

Te ruego más comprensión.

→ I beg you to show more understanding.

난 네가 더 이해해 주기를 바란다.

• acordar (영 agree; remember) 동의하다; 기억하다

acuerdo	acordamos
acuerdas	acordáis
acuerda	acuerdan

No me acuerdo ni de él ni de ella.
→ I remember neither him nor her.
　난 그도 그녀도 기억나지 않는다.

• mostrar (영 show) 보여주다

muestro	mostramos
muestras	mostráis
muestra	muestran

Te muestro el programa de gráficas.
→ I'll show you the graphics program.
　난 네게 그래픽 프로그램을 보여줄 것이다.

• costar (영 cost) 비용이 들다

cuesto	costamos
cuestas	costáis
cuesta	cuestan

¿Cuánto cuesta eso?
→ How much does it cost?
　그것은 얼마입니까?

• recordar (영 remember; remind) 기억하다; 상기시키다

recuerdo	recordamos
recuerdas	recordáis
recuerda	recuerdan

Me recuerdas a mi prima.
→ You remind me of my cousin.
　넌 내게 내 사촌을 생각나게 한다.

- almorzar (영 have lunch) 점심을 먹다

almuerzo	almorzamos
almuerzas	almorzáis
almuerza	almuerzan

¿A qué hora almuerzas usualmente?

→ At what time do you usually have lunch?
  넌 일반적으로 몇시에 점심을 먹니?

- sonar (영 sound) 소리가 나다

sueno	sonamos
suenas	sonáis
suena	suenan

La flauta suena brillante.

→ The flute sounds brilliant.
  그 플루트는 소리가 멋지다.

- encontrar (영 encounter, meet) 발견하다

cncuentro	encontramos
encuentras	encontráis
encuentra	encuentran

No encuentro mis anteojos.

→ I can't find my eyeglasses.
  난 나의 안경을 찾지 못한다.

[어미 ~er]

- poder (영 can) 할 수 있다

puedo	podemos
puedes	podéis
puede	pueden

Ellos todos pueden nadar bien.

→ They all can swim well.
  그들 모두는 수영을 잘할 수 있다.

• volver (영 return) 돌아오다, 돌리다

vuelvo	volvemos
vuelves	volvéis
vuelve	vuelven

Vuelve los panqueques antes que se quemen.
→ Turn the pancakes before they burn.
　팬케이크가 타기 전에 뒤집어라.

• soler (영 *used to) 언제나 …을 하다

suelo	solemos
sueles	soléis
suele	suelen

＊영어에서는 과거에서만 'used to'를 사용해 습관을 나타내며, 현재 등에서는 부사를 사용해 의미를 구체화시킬 뿐, 현재에서는 현재형 동사로 습관을 나타낸다.

Suelo viajar en verano.
→ I usually travel in summer.
　난 일반적으로 여름에 여행한다.

• llover (영 rain) 비가 오다

*lluevo	*llovemos
*llueves	*llovéis
llueve	*llueven

＊표시 변화형은 실질적으로 사용되지 않는다.

Nunca llueve a gusto de todos.
→ You can't make everybody happy.
　당신은 모든 사람을 기쁘게 할 수 없다.

[어미 ~ir]

• morir (영 die) 죽다

muero	morimos
mueres	morís
muere	mueren

Me muero por[=de] asistir al concierto.
→ I'm dying to go to the concert.
　　나는 콘서트에 가고 싶어 죽겠다.

• dormir (영 sleep) 자다

duermo	dormimos
duermes	dormís
duerme	duermen

Ellos duermen siete horas todas las noches.
→ They sleep seven hours every night.
　　그들은 매일 7시간씩을 잔다.

• adormir (영 fall asleep; feel drowsy) 잠들다; 졸다

aduermo	adormimos
aduermes	adormís
aduerme	aduermen

Ella aduerme un rato.
→ She is drowsing a little.
　　그녀는 잠시 졸고 있다.

1-3. 어간 E → I 유형

• pedir (요구하다)

	단수		복수	
	스페인어	영 어	스페인어	영 어
1인칭	pido	ask	pedimos	ask
2인칭	pides	ask	pedís	ask
3인칭	pide	asks	piden	ask

※ 1·2인칭 복수의 경우 어간이 변화하지 않고, 원형형태를 유지함에 유의한다.

Ellos piden demasiado por el coche.
→ They are asking too much for the car.
　그들은 차 때문에 너무 많은 것을 요구한다.

예 [어미 ~ir]
• servir (영 serve) 봉사하다

sirvo	servimos
sirves	servís
sirve	sirven

Se sirve vino con la comida.
→ Wine is served with the meal.
　와인은 식사와 함께 제공된다.

• reír (영 laugh) 웃다

río	reímos
ríes	reís
ríe	ríen

Él se ríe mucho.
→ He laughs a lot.
　그는 많이 웃는다.

잠깐! 영어에서 「laugh at」은 '비웃다'의 의미를 나타내는 데 스페인어로는 재귀형을 이용해 「reírse de」를 사용한다.

• despedir (영 bid farewell) 작별하다

despido	despedimos
despides	despedís
despide	despiden

El microondas despide rayos.
→ The microwave oven gives off rays.
　전자레인지는 빛을 발산한다.

• impedir (영 interfere) 방해하다

impido	impedimos
impides	impedís
impide	impiden

¿Qué impide el progreso en el proyecto?
→ What's impeding the progress on the project?
　무엇이 프로젝트[계획] 진행을 방해하고 있지?

• competir (영 compete) 경쟁하다

compito	competimos
compites	competís
compite	compiten

Los boxeadores compiten para el título.
→ The boxers are competing for the title.
　권투선수들은 타이틀[선수권]을 위해 경쟁하고 있다.

• repetir (영 repeat) 반복하다

repito	repetimos
repites	repetís
repite	repiten

Ella repite el poema.
→ She is reciting the poem.
　그녀는 시를 암송하고 있다.

• vestir (영 dress) 옷을 입히다

visto	vestimos
vistes	vestís
viste	visten

Ella viste a los niños.
→ She is dressing the children.
　　그녀는 아이들에게 옷을 입히고 있다.

• medir (영 measure) [키 등을] 재다

mido	medimos
mides	medís
mide	miden

¿Cuánto mides?
→ How tall are you?
　　네 키는 얼마나 되니?

• seguir (영 follow; continue) 쫓아가다; 계속하다)

sigo	seguimos
sigues	seguís
sigue	siguen

Seguimos la pista.
→ We are following the trail.
　　우리는 단서를 쫓고 있다.

• gemir (영 groan) 신음하다

gimo	gemimos
gimes	gemís
gime	gimen

Ella gime por el dolor.
→ She is groaning because of the pain.
　　그녀는 고통으로 신음하고 있다.

1-4. 어간 U → UE 유형

• jugar (놀다)

	단수		복수	
	스페인어	영 어	스페인어	영 어
1인칭	juego	play	jugamos	play
2인칭	juegas	play	jugáis	play
3인칭	juega	plays	juegan	play

※ 1 · 2인칭 복수의 경우 어간이 변화하지 않고, 원형형태를 유지함에 유의한다.

Juego al tenis los sábados.
→ I play tennis on Saturdays.
　난 토요일마다 테니스를 친다.

1-5. 어간 I → IE 유형

• adquirir (획득하다)

	단수		복수	
	스페인어	영 어	스페인어	영 어
1인칭	adquiero	acquire	adquirimos	acquire
2인칭	adquieres	acquire	adquirís	acquire
3인칭	adquiere	acquires	adquieren	acquire

※ 1 · 2인칭 복수의 경우 어간이 변화하지 않고, 원형형태를 유지함에 유의한다.

Él adquiere un nuevo módem en Internet.
→ He is purchasing a new modem on Internet.
　그는 인터넷 상에서 새로운 모뎀을 구입하고 있다.

예 [어미 ~ir]

• inquirir (영 inquire) 조사하다 / 규명하다

inquiero	inquirimos
inquieres	inquirís
inquiere	inquieren

El fiscal inquiere sobre la verdad del problema.

→ The prosecutor is inquiring about the truth of the problem.
  검사는 그 문제의 진실에 대해 조사하고 있다.

1-6. 직설법 1인칭 단수가 '~go' 형을 띄는 동사 유형

• tener (가지다)

	단수		복수	
	스페인어	영 어	스페인어	영 어
1인칭	tengo	have	tenemos	have
2인칭	tienes	have	tenéis	have
3인칭	tiene	has	tienen	have

※ 1 · 2인칭 복수의 경우 어간이 변화하지 않고, 원형형태를 유지함에 유의한다.

¿Tienes otro ordenador?
→ Do you have another computer?
  넌 또 다른 컴퓨터를 가지고 있니?

예 • venir (영 come) 오다

vengo	venimos
vienes	venís
viene	vienen

Los nopales vienen de Guatemala.
→ Prickly pears come from Guatemala.
  노빨[선인장의 종류]은 과테말라 산이다.

• poner (영 put) 놓다

pongo	ponemos
pones	ponéis
pone	ponen

¿Pongo las tranparencias en la caja?
→ Shall I put the slides in the box?
  제가 박스 안에 슬라이드(사진)을 넣을까요?

• valer (영 value) 값이 나가다

valgo	valemos
vales	valéis
vale	valen

Las uvas valen dos dólares (por) la libra
→ Grapes cost $2 per pound.
　포도가 파운드당 2달러이다.

• salir (영 go out) 나가다

salgo	salimos
sales	salís
sale	salen

El tren sale a las siete en punto.
→ The train leaves at 7 o'clock.
　기차는 7시 정각에 떠난다.

• hacer (영 maké do) 만들다; 하다

hago	hacemos
haces	hacéis
hace	hacen

¿Haces las quesadillas?
– Sí, las hago.
→ Are you making the quesadillas?
　– Yes, I'm making those.
　너는 께사디야스[요리이름]을 만들고 있니?
　–네, 제가 그것들을 만들고 있어요.

• decir (영 say) 말하다

digo	decimos
dices	decís
dice	dicen

Dicen que va a nevar.

→ They say it's going to snow.
　사람들은 눈이 올 것이라고 말한다.

• asir (영 hold) 쥐다

asgo	asimos
ases	asís
ase	asen

Él la ase de un brazo.
→ He is grabbing her arm.
　그는 그녀의 팔을 잡고 있다.

• traer (영 bring) 가지고 오다

traigo	traemos
traes	traéis
trae	traen

¿Qué te trae a este barrio?
→ What brings you to this neighborhood?
　넌 무슨 일로 이 마을에 왔냐?

• caer (영 fall) 떨어지다

caigo	caemos
caes	caéis
cae	caen

Se le cae el pelo.
→ His hair is falling out.
　그(녀)의 머리카락이 빠지고 있다.

• oír (영 hear) 듣다

oigo	oímos
oyes	oís
oye	oyen

¿No oyes el ruido?
→ Don't you hear the noise?

넌 소음이 안 들리니?

1-7. 기타 불규칙 동사 유형

• ser (~이다; 발생하다)

	단수		복수	
	스페인어	영 어	스페인어	영 어
1인칭	soy	am	somos	are
2인칭	eres	are	sois	are
3인칭	es	is	son	are

El consultor es inteligente y simpático.
→ The consultant is intelligent and nice.
　컨설턴트[상담역]는 똑똑하고 상냥하다.

• estar (~이다; 있다)

	단수		복수	
	스페인어	영 어	스페인어	영 어
1인칭	estoy	am	estamos	are
2인칭	estás	are	estáis	arc
3인칭	está	is	están	are

El museo está abierto los lunes.
→ The museum is open on Mondays.
　박물관은 월요일마다 개관한다.

• saber (~을 알다; 맛이 나다)

	단수		복수	
	스페인어	영 어	스페인어	영 어
1인칭	sé	know	sabemos	know
2인칭	sabes	know	sabéis	know
3인칭	sabe	knows	saben	know

El arroz con pollo sabe bien.
→ The chicken with rice tastes good.
　닭죽은 맛이 좋다.

• haber(완료형 조동사)

	단수		복수	
	스페인어	영 어	스페인어	영 어
1인칭	he	have	hemos	have
2인칭	has	have	habéis	have
3인칭	ha	has	han	have

¿No has visto al diseñador?

→ Haven't you seen the designer?

　넌 디자이너를 못봤니?

• conocer (~을 알다[만나거나 방문해 보고 아는 것])

	단수		복수	
	스페인어	영 어	스페인어	영 어
1인칭	conozco	see	conocemos	see
2인칭	conoces	see	conocéis	see
3인칭	conoce	sees	conocen	see

Lo conozco solamente de vista.

→ I only know him by sight.

　전 오직 얼굴만 그를 알고 있을 뿐이다.

• producir (~을 생산하다)

	단수		복수	
	스페인어	영 어	스페인어	영 어
1인칭	produzco	produce	producimos	produce
2인칭	produces	produce	producís	produce
3인칭	produce	produces	producen	produce

Se producen muchos coches en Corea.

→ They manufacture many cars in Korea.

　한국에서는 많은 차를 생산해 낸다.

2. 직설법 동사의 부정과거와 불완료과거

2-1. 부정과거

- haber (조동사/ 있다)

	단수		복수	
	스페인어	영 어	스페인어	영 어
1인칭	hube	had	hubimos	had
2인칭	hubiste	had	hubisteis	had
3인칭	hubo	had	hubieron	had

Hubo demasiada gente ayer en la calle.

→ There were too many people on the street yesterday.

　어제 길에는 엄청나게 많은 사람들이 있었다.

- tener (가지다)

	단수		복수	
	스페인어	영 어	스페인어	영 어
1인칭	tuve	had	tuvimos	had
2인칭	tuviste	had	tuvisteis	had
3인칭	tuvo	had	tuvieron	had

Ella tuvo que salir temprano.

→ She had to have gone out early.

　그녀는 일찍 나가야 했다.

- estar (이다)

	단수		복수	
	스페인어	영 어	스페인어	영 어
1인칭	estuve	was	estuvimos	were
2인칭	estuviste	were	estuvisteis	were
3인칭	estuvo	was	estuvieron	were

La comida estuvo rica ayer en el restaurante.

→ The food was tasty in the restaurant yesterday.
어제 식당에서 그 음식이 맛있었다.

• andar (걷다)

	단수		복수	
	스페인어	영 어	스페인어	영 어
1인칭	anduve	walked	anduvimos	walked
2인칭	anduviste	walked	anduvisteis	walked
3인칭	anduvo	walked	anduvieron	walked

Ella anduvo quince kilómetros.
→ She walked fifteen kilometers.
그녀는 15킬로를 걸었다.

• poner (놓다)

	단수		복수	
	스페인어	영 어	스페인어	영 어
1인칭	puse	put	pusimos	put
2인칭	pusiste	put	pusisteis	put
3인칭	puso	put	pusieron	put

Nos pusimos en contacto con él.
→ We got in touch with him.
우리는 그와 연락[접촉]했다.

• poder (~할 수 있다)

	단수		복수	
	스페인어	영 어	스페인어	영 어
1인칭	pude	could	pudimos	could
2인칭	pudiste	could	pudisteis	could
3인칭	pudo	could	pudieron	could

Ella pudo haber llamado a él.
→ She might have called him.
그녀가 그에게 전화했었을 것이다.

• saber (알다; 맛이 나다)

	단수		복수	
	스페인어	영 어	스페인어	영 어
1인칭	supe	knew	supimos	knew
2인칭	supiste	knew	supisteis	knew
3인칭	supo	knew	supieron	knew

No supe qué decir.
→ I didn't know what to say.
　나는 무엇을 말해야 할지 몰랐다.

• caber (들어차다)

	단수		복수	
	스페인어	영 어	스페인어	영 어
1인칭	cupe	fit	cupimos	fit
2인칭	cupiste	fit	cupisteis	fit
3인칭	cupo	fit	cupieron	fit

No me cupo más que decirle la verdad.
→ I had no choice but to tell him the truth.
　나는 그에게 진실을 말하는 것 이외에 대안이 없었다.

• conducir (인도하다/ 운전하다)

	단수		복수	
	스페인어	영 어	스페인어	영 어
1인칭	conduje	drove	condujimos	drove
2인칭	condujiste	drove	condujisteis	drove
3인칭	condujo	drove	condujeron	drove

Él condujo a gran velocidad.
→ He drove very fast.
　그는 매우 빨리 운전을 했다.

• querer (좋아하다/ 사랑하다)

	단수		복수	
	스페인어	영 어	스페인어	영 어
1인칭	quise	loved	quisimos	loved
2인칭	quisiste	loved	quisisteis	loved
3인칭	quiso	loved	quisieron	loved

Ellos no quisieron aceptar la oferta.
→ They refused to accept the offer.
　그들은 제안을 받아들이는 것을 거부했다[원하지 않았다].

• venir (오다)

	단수		복수	
	스페인어	영 어	스페인어	영 어
1인칭	vine	came	venimos	came
2인칭	viniste	came	venisteis	came
3인칭	vino	came	vinieron	came

Ellos vinieron muy tarde.
→ They arrived very late.
　그들은 매우 늦게 도착했다.

• decir (말하다)

	단수		복수	
	스페인어	영 어	스페인어	영 어
1인칭	dije	said	dijimos	said
2인칭	dijiste	said	dijisteis	said
3인칭	dijo	said	dijeron	said

Te lo dije bien claro.
→ I told you so clearly.
　나는 네게 명확하게 말해줬다.

• hacer (하다/ 만들다)

	단수		복수	
	스페인어	영 어	스페인어	영 어
1인칭	hice	made	hicimos	made
2인칭	hiciste	made	hicisteis	made
3인칭	hizo	made	hicieron	made

Ella hizo que terminaran su trabajo.

→ She made them finish their work.

그녀는 그들로 하여금 그들의 일을 끝내게 했다.

• traer (가져오다)

	단수		복수	
	스페인어	영 어	스페인어	영 어
1인칭	traje	brought	trajimos	brought
2인칭	trajiste	brought	trajisteis	brought
3인칭	trajo	brought	trajeron	brought

El cartero trajo el correo.

→ The mailman brought the mail.

우편배달부가 편지를 가지고 왔다.

• dar (주다)

	단수		복수	
	스페인어	영 어	스페인어	영 어
1인칭	di	gave	dimos	gave
2인칭	diste	gave	disteis	gave
3인칭	dio	gave	dieron	gave

Le dio un ataque de risa.

→ He had a fit of laughter.

그가 웃음보가 터졌다.

• ver (보다)

	단수		복수	
	스페인어	영 어	스페인어	영 어
1인칭	vi	saw	vimos	saw
2인칭	viste	saw	visteis	saw
3인칭	vio	saw	vieron	saw

Las vi en la oficina.
→ I saw them at the office.
  난 그녀들을 사무실에서 봤다.

• ser (이다; 발생하다)

	단수		복수	
	스페인어	영 어	스페인어	영 어
1인칭	fui	was	fuimos	were
2인칭	fuiste	were	fuisteis	were
3인칭	fue	was	fueron	were

¿Dónde fue el accidente?
→ Where did the accident happen?
어디서 사고가 일어났니?

• ir (가다)

	단수		복수	
	스페인어	영 어	스페인어	영 어
1인칭	fui	went	fuimos	went
2인칭	fuiste	went	fuisteis	went
3인칭	fue	went	fueron	went

¿Fueron a pie a la escuela?
→ Did they walk to school?
  그들은 걸어서 등교했니?

• sentir (느끼다)

	단수		복수	
	스페인어	영 어	스페인어	영 어
1인칭	sentí	felt	sentimos	felt
2인칭	sentiste	felt	sentisteis	felt
3인칭	sintió	felt	sintieron	felt

No se sintió una mosca en la biblioteca.
→It was so quiet that you could hear a pin drop in the library.
　도서관은 파리도 느낄 수 없었다[너무도 조용해 핀 떨어지는 소리도 들렸다].

• pedir (요구하다/ 청구하다)

	단수		복수	
	스페인어	영 어	스페인어	영 어
1인칭	pedí	asked	pedimos	asked
2인칭	pediste	asked	pedisteis	asked
3인칭	pidió	asked	pidieron	asked

Él me pidió la hoja de pedido.
→ He asked me for the order form.
　그는 나에게 주문서 양식을 요구했다.

• dormir (자다/ 재우다)

	단수		복수	
	스페인어	영 어	스페인어	영 어
1인칭	dormí	slept	dormimos	slept
2인칭	dormiste	slept	dormisteis	slept
3인칭	durmió	slept	durmieron	slept

¿Dormisteis la siesta?
→ Did you take a nap?
　너희들은 낮잠을 잤니?

• caer (넘어지다)

	단수		복수	
	스페인어	영 어	스페인어	영 어
1인칭	caí	fell	caímos	fell
2인칭	caíste	fell	caísteis	fell
3인칭	cayó	fell	cayeron	fell

Al niño se le cayó otro diente.
→ The little boy lost another tooth.
　어린 소년은 또 다른 이가 빠졌다.

• leer (읽다)

	단수		복수	
	스페인어	영 어	스페인어	영 어
1인칭	leí	read	leímos	read
2인칭	leíste	read	leísteis	read
3인칭	leyó	read	leyeron	read

Leímos el enojo en sus ojos.
→ We read anger in her eyes.
　우리는 그녀의 눈에서 분노를 읽을 수 있었다.

• oír (듣다)

	단수		복수	
	스페인어	영 어	스페인어	영 어
1인칭	oí	heard	oímos	heard
2인칭	oíste	heard	oísteis	heard
3인칭	oyó	heard	oyeron	heard

Los oímos llorar.
→ We heard them cry.
　우리는 그들이 우는 것을 들었다.

• huir (도망가다)

	단수		복수	
	스페인어	영 어	스페인어	영 어
1인칭	hui, huí	fled	huimos	fled
2인칭	huiste	fled	huisteis	fled
3인칭	huyó	fled	huyeron	fled

Ellos huyeron del huracán.
→ They fled from the hurricane.
  그들은 허리케인으로부터 피난을 했다.

2-2. 불완료 과거 불규칙동사

• ser (이다; 발생하다)

	단수		복수	
	스페인어	영 어	스페인어	영 어
1인칭	era	was	éramos	were
2인칭	eras	were	erais	were
3인칭	era	was	eran	were

Cuando yo era niño, yo solía ir a la iglesia.
→ When I was young, I used to go to church.
  내가 어렸을 때, 난 교회에 다니곤 했다.

• ver (보다)

	단수		복수	
	스페인어	영 어	스페인어	영 어
1인칭	veía	saw	veíamos	saw
2인칭	veías	saw	veíais	saw
3인칭	veía	saw	veían	saw

Ellos veían la tele.
→ They were watching TV.
  그들은 텔레비전을 보고 있었다.

• ir (가다)

	단수		복수	
	스페인어	영 어	스페인어	영 어
1인칭	iba	went	íbamos	went
2인칭	ibas	went	ibais	went
3인칭	iba	went	iban	went

Ella iba a caballo al prado.

→ She used to go to the meadow on horseback.

　그녀는 말을 타고 목초지로 갔었다.

3. 직설법 동사의 미래와 가능법

3-1. 어간음 생략형

• caber (들어차다)

미래	단수		복수	
	스페인어	영 어	스페인어	영 어
1인칭	cabré	will fit	cabremos	will fit
2인칭	cabrás	will fit	cabréis	will fit
3인칭	cabrá	will fit	cabrán	will fit

가능	단수		복수	
	스페인어	영 어	스페인어	영 어
1인칭	cabría	would fit	cabríamos	would fit
2인칭	cabrías	would fit	cabríais	would fit
3인칭	cabría	would fit	cabrían	would fit

Cabrán[Cabrían] 300 personas en la sala de concierto.

→ The concert hall may hold[may have held] 300 people.

　콘서트 룸에 300명은 수용할 수 있을[있었을] 것이다.

예 • haber (옝 will have / would have) 조동사/ 있다

habré	habremos		habría	habríamos
habrás	habréis		habrías	habríais
habrá	habrán		habría	habrían

Si él hubiera venido, lo habría visto.
→ If he had come, I would have seen him.
   만약 그가 왔다면 난 그를 보았을 텐데.

• poder (옝 will be able to / would be able to) ~할 수 있다

podré	podremos		podría	podríamos
podrás	podréis		podrías	podríais
podrá	podrán		podría	podrían

¿Cuándo podrá darme una respuesta definitiva?
→ When will you be able to give me a definite answer?
   당신은 언제 내게 확실한 답변을 할 수 있을까요?

• querer (옝 will love / would love) ~를 좋아하다)

querré	querremos		querría	querríamos
querrás	querréis		querrías	querríais
querrá	querrán		querría	querrían

¿Querrías hacerme un favor?
→ Would you mind doing me a favor?
   넌 내 부탁을 들어줄 수 있니?

• saber (옝 will know / would know) 알다

sabré	sabremos		sabría	sabríamos
sabrás	sabréis		sabrías	sabríais
sabrá	sabrán		sabría	sabrían

¡No sabrá ella nada de aquello que tú sabes!
→ She may not know anything about what you know!
   그녀는 네가 알고 있는 것을 알지 못할 수도 있다!

3-2. 어간음 첨가형

• poner (놓다)

미래	단수		복수	
	스페인어	영 어	스페인어	영 어
1인칭	pondré	will put	pondremos	will put
2인칭	pondrás	will put	pondréis	will put
3인칭	pondrá	will put	pondrán	will put

가능	단수		복수	
	스페인어	영 어	스페인어	영 어
1인칭	pondría	would put	pondríamos	would put
2인칭	pondrías	would put	pondríais	would put
3인칭	pondría	would put	pondrían	would put

Pondré ese cuadro derecho.

→ I will put that picture straight.

　내가 그 그림을 바르게 놓을 것이다.

[예] • tener (영 will have / would have) 가지다

tendré	tendremos		tendría	tendríamos
tendrás	tendréis		tendrías	tendríais
tendrá	tendrán		tendría	tendrían

La junta anual tendrá lugar en el mes que viene.

→ The annual meeting will take place next month.

　연간 모임은 다음달에 개최될 것이다.

• venir (영 will come / would come) 오다

vendré	vendremos		vendría	vendríamos
vendrás	vendréis		vendrías	vendríais
vendrá	vendrán		vendría	vendrían

Ya vendrán tiempos mejores.

→ Things will get better.

정세가 좋아질 것이다.

- valer (영 will cost / would cost) 값이 나가다

valdré	valdremos		valdría	valdríamos
valdrás	valdréis		valdrías	valdríais
valdrá	valdrán		valdría	valdrían

¿Cuánto valdrá este videodisco?
→ I wonder how much this videodisc costs.
　이 비디오 디스크는 얼마할까?

- salir (영 will go out / would go out) 나가다

saldré	saldremos		saldría	saldríamos
saldrás	saldréis		saldrías	saldríais
saldrá	saldrán		saldría	saldrían

El autor saldrá mañana en la tele.
→ The author will appear on TV tomorrow.
　작가는 내일 텔레비전에 출연할 것이다.

3-3. 완전 불규칙형

- decir (말하다)

미래	단수		복수	
	스페인어	영 어	스페인어	영 어
1인칭	diré	will say	diremos	will say
2인칭	dirás	will say	diréis	will say
3인칭	dirá	will say	dirán	will say

가능	단수		복수	
	스페인어	영 어	스페인어	영 어
1인칭	diría	would say	diríamos	would say
2인칭	dirias	would say	diríais	would say
3인칭	diría	would say	dirían	would say

¡No lo dirás en serio!
→ Don't say it seriously!
그것을 심각하게 말하지마!

• hacer (하다/ 만들다)

미래	단수		복수	
	스페인어	영 어	스페인어	영 어
1인칭	haré	will make	haremos	will make
2인칭	harás	will make	haréis	will make
3인칭	hará	will make	harán	will make

가능	단수		복수	
	스페인어	영 어	스페인어	영 어
1인칭	haría	would make	haríamos	would make
2인칭	harías	would make	haríais	would make
3인칭	haría	would make	harían	would make

Haré lo posible por hablar con él.
→ I'll do everything I can to speak to him.
난 그에게 말하기 위해 내가 할 수 있는 모든 것을 할 것이다.

■ 연습문제

1. Ayer, al levantarme por la mañana, vi que ________ un día estupendo.
   ① hacía   ② hizo
   ③ hará   ④ había hecho

2. Ramón no ________ a los padres de su novia.
   ① muerde   ② conoce
   ③ toca   ④ sabe

3. Quiso abrir la puerta del auto pero en ese momento _______ de que había perdido la llave.

① realizó　　　　　　　　② se encerró
③ se repuso　　　　　　　④ se dio cuenta

4. Los jugadores no _______ jugar más.

① tuvieron　　　　　　　② quisieron
③ trataron　　　　　　　④ iban

5. Esta tarde mientras _______ el periódico, sonó el teléfono.

① miraré　　　　　　　　② leía
③ busqué　　　　　　　　④ estudio

6. Aunque ella vino temprano, no la _______.

① vi　　　　　　　　　　② vea
③ viera　　　　　　　　　④ veré

7. Al despertarse Ramón se dio cuenta de que _______.

① llovió　　　　　　　　② llovido
③ llovía　　　　　　　　④ había llover

8. El ladrón entró por la ventana que _______ abierta.

① estuvo　　　　　　　　② estará
③ estaba　　　　　　　　④ estaría

9. La guerra de Vietnam _______ varios años.

① duraba　　　　　　　　② duró
③ durará　　　　　　　　④ hubo durado

10. Lo _______ la semana que viene.

① hicimos　　　　　　　② haremos
③ hacíamos　　　　　　　④ habíamos hecho

정답 1 ①　2 ②　3 ④　4 ②　5 ②　6 ①　7 ③　8 ③　9 ②　10 ②

El séptimo planeta fue, por consiguiente, la Tierra.

¡La Tierra no es un planeta (como) cualquiera! Se cuentan en él ciento once reyes (sin olvidar, naturalmente, los reyes negros), siete mil geógrafos, novecientos mil hombres de negocios, siete millones y medio de borrachos, trescientos once millones de vanidosos, es decir, alrededor de dos mil millones de personas mayores.

Para darles una idea de las dimensiones de la Tierra yo les diría que antes de la invención de la electricidad había que mantener sobre el conjunto de los seis continentes un verdadero ejército de cuatrocientos sesenta y dos mil quinientos once faroleros.

– Capítulo 16, Parte01 –

▶ 듣기 연습! 378 페이지로 이동!

단어

- séptimo 형(영 seventh) 7번째의
- planeta 명(영 planet) 행성
- fue 동(영 be; go) ~였다; ~갔다[직설 · 부정과거 3인칭 단수]
- Tierra 명여(영 Earth) 지구
- cualquiera 대(영 anyone; anything) 누구든지, 무엇이든지
- cuentan 동(영 count) 고려하다, 계산하다[직설 · 현재 3인칭 복수]
- ciento 명남(영 hundred) 100(숫자)
- rey 명남(영 king) 왕
- olvidar 동(영 forget) 잊다, 망각하다
- naturalmente 부(영 naturally) 자연스럽게, 당연히
- geógrafo 명남(영 geographer) 지리학자
- negocio 명남(영 businessman) 사업가, 비지니스맨
- borracho 명남(영 tippler) 술꾼
- vanidoso 명남(영 conceited man) 잘난척하는 사람
- decir 동(영 say) 말하다
  es decir (영 that is to say) 즉, 말하자면

- alrededor 부(영 around) 주위에
  alrededor de (영 around) ~의 주위에
- dimensiones 명여복(영 dimensions) 면적, 넓이
- diría 동(영 would say) 말하려 했다[직설 · 가능법 1/3인칭 단수]
- invención 명여(영 invention) 발명(품)
- electricidad 명여(영 electricity) 전기
- mantener 동(영 maintain) 유지하다, 지탱하다
- conjunto 형(영 joint) 공동의, 합동의, 공유의
- continente 명남(영 continent) 대륙, 육지
- verdadero 형(영 true) 진실한, 참인
- ejército 명남(영 army) 군대
- farolero 명남(영 lamplighter) (가로등) 점등원

The Earth is not just an ordinary planet! One can count there 111 kings (not forgetting, to be sure, the Negro kings among them), 7000 geographers, 900,000 businessmen, 7,500,000 tipplers, 311,000,000 conceited men-- that is to say, about 2,000,000,000 grown-ups.

To give you an idea of the size of the Earth, I will tell you that before the invention of electricity it was necessary to maintain, over the whole of the six continents, a veritable army of 462,511 lamplighters for the street lamps.

지구는 보통 별이 아니었다! 왕이 111명(흑인 왕까지 포함해), 지리학자가 7천 명, 사업가가 90만 명, 주정뱅이가 750만 명, 허영 투성이가 3억 천백만 명, 다시 말해서 거의 20억 명의 어른들이 살고 있다.

전기가 발명되기 전까지 지구의 6개 대륙 전체에 462,510명이나 되는 가로등 켜는 사람들을 군대처럼 운영해야 했다. 이것만으로도 지구란 별이 얼마나 큰지 짐작할 수 있을 것이다.

1. 접속법 현재(Presente de subjuntivo)의 기본 형태

접속법 현재는 주로 현재와 상상의 미래 동작을 표현한다. 말하는 화자의 말과 청자 또는 대상의 행동이나 생각하는 사실과 다를 수 있는 상태를 표현하는 것이다.

※ 기본 규칙 동사 변화

-ar형	hablar(영 speak)			
	단 수		복 수	
	스페인어	영 어	스페인어	영 어
1	hable	may speak	hablemos	may speak
2	hables	may speak	habléis	may speak
3	hable	may speak	hablen	may speak

-er형	comer(영 eat)			
	단 수		복 수	
	스페인어	영 어	스페인어	영 어
1	coma	may eat	comamos	may eat
2	comas	may eat	comáis	may eat
3	coma	may eat	coman	may eat

-ir형	vivir(영 live)			
	단 수		복 수	
	스페인어	영 어	스페인어	영 어
1	viva	may live	vivamos	may live
2	vivas	may live	viváis	may live
3	viva	may live	vivan	lmay ive

▶ 접속법 현재를 변화할 때, 주의해야 할 것은 직설법 현재 1인칭 단수의 동사형태가 "~o"로 끝나는 동사들만 그 변화형을 위의 표를 이용해서 어미를 만들어 낼 수 있고, 그렇지 않을 경우는 불규칙형태의 동사 변화임을 기억해 둔다.

예 • Ser동사 → 1인칭 단수: soy['~o' 로 끝나지 않아 불규칙]

단 수		복 수	
스페인어	영 어	스페인어	영 어
sea	may be	seamos	may be
seas	may be	seáis	may be
sea	may be	sean	may be

• tener동사 → 1인칭 단수: tengo['~o' 로 끝나 규칙]

단 수		복 수	
스페인어	영 어	스페인어	영 어
tenga	may have	tengamos	may have
tengas	may have	tengáis	may have
tenga	may have	tengan	may have

1-1. 명사절에서의 접속법

직설법 현재 및 미래 + que +접속법 현재

① 주동사의 주어와 종속동사의 주어가 서로 다를 때.
② 종속문의 주어의 행위가 실현가능성이 있는지 없는지 확실치 않을 때.
③ 종속문의 주어의 의지와 상관없는 주동사의 주어의 의지가 적용되었을 때.
④ 주문장의 동사가 원함(querer, desear), 희망(esperar), 필요(necesitar), 요구(pedir), 불확실(dudar, sospechar) 및 감정의 뜻을 가진 복문의 종속절 문장에서 사용된다. 즉 종속문의

주어의 의지와는 관계하지 않는다.

※ 주의 : 종속문에 대한 확신 또는 사실을 말할 때는 직설법을 사용한다.

예 Les permito que *salgan* de la clase.
→ I permit them to go out of the classroom.
나는 그들이 교실에서 나가는 것을 허락한다.

No creo que él *venga* mañana.
→ I don't think that he will come tomorrow.
그가 내일 오리라고 나는 믿지 않는다.

◎ 주동사의 주어와 종속동사의 주어가 같은 사람이면 접속법을 사용하지 않는다.

Él desea hablar bien el español.
→ He likes to speak Spanish well
그는 스페인어를 잘 말하기를 원한다.

하지만 사역, 명령, 금지, 허용 등과 같은 동사들의 주어가 서로 다르더라도 접속법을 쓰지 않고 동사원형(*inf.*)을 써도 무방하다.

1-2. 주동사가 무인칭인 경우에 쓰이는 접속법

가능성, 불확실성, 중요성, 당연성, 필요성 등의 표현이 술어가 될 때 사용한다.

예 Es posible que Juan *aprenda* la danza de deporte.
→ It is possible that Juan should learn the sports dance.
후안이 스포츠 댄스를 배우는 것은 가능하다.

하지만 종속문의 주어 역시 무인칭의 경우에는 접속법을 사용치 않고 동사원형(inf.)을 사용한다.

예 Es posible *aprenderla*.
→ It is possible to learn it.
그것을 배우는 것은 가능하다.

1-3. 형용사문에 쓰이는 접속법

형용사절은 주문(선행사)의 불확실성 내지 불실재의 뜻을 가진 부정일 경우 형용사절의 동사는 접속법이 사용된다.

예 Busco *un hombre* que *hable* español.
→ I look for a man who can speak Spanish.

나는 스페인어를 할 줄 아는 사람을 찾고 있다.

예 No conozco a *nadie* que lo *sepa*.
→ I have never met anyone who knows it.
그것을 아는 사람을 나는 만난적이 없다.

◎ 타동사의 목적어가 사람인 경우 그 목적어 앞에 'a'를 써야 하지만 위에서 'un hombre' 앞에 'a'를 쓰지 않은 것은 그 목적어인 인칭대명사가 확정되지 않은 인물이기 때문이다. 하지만 부정대명사(nadie, alguien 등) 앞에는 반드시 'a'를 붙인다.

반면에 목적어의 인칭이 확정된 사람인 경우 a를 붙여야 하는 것 뿐 만 아니라 동사도 접속법이 아닌 직설법을 사용해야 한다.

예 Conozco a una señorita que lo sabe.
→ I know a lady that understands it.
나는 그것을 알고 있는 한 아가씨를 알고 있다.

1-4. 부사문에 쓰이는 접속법

어떤 동작의 완료가 불확실할 때, 아래의 접속사나 접속사구들과 함께 쓰이는 동사들은 접속사를 사용해야 한다.

a. 때

cuando	…할 때	
antes de que	…하기 전에	
después de que	…한 후에	
hasta que	…할 때까지	
mientras	…하는 동안	
siempre que	…할 때 언제나	+ (주어) + 접속법 동사
luego que	…하자마자	
en cuanto	…하자마자	
así que	…하자마자	
tan pronto como	…하자마자	
apenas	…하자마자	

예 Venga a mi casa *cuando* Ud. quiera.
→ Please, come to my house when you want to.
제 집에 오고 싶을 때 오십시오.

Lo esperaré hasta que él vuelva.

→ I will wait for him until he comes back.

그가 돌아올 때까지 나는 기다릴 것이다.

Saldremos *en cuanto* mis padres *vuelvan* a casa.

→ We will go out as soon as my parents come back home.

나의 부모님이 집에 돌아오자마자 우리는 나갈 것이다.

b. 목적(···하기 위해서, ···하도록)

a que para que a fin de que de modo que de manera que	+ (주어) + 접속법 동사

예 Le mando a mi hija a Segovia *para que aprenda* la música de guitarra.

→ I send my daughter to Segovia so that she can learn the guitar music.

나는 나의 딸이 기타음악을 배우게 하기 위해 세고비아에 보낸다.

Hablaré despacio *de manera* que ellos me *entiendan* bien.

→ I will speak slowly so that they can understand me well.

나는 그들이 나의 말을 잘 이해할 수 있도록 천천히 말할 것이다.

c. 방법

sin que	···함 없이	+ (주어) + 접속법 동사
según	···에 따라	※ 'como si'를 사용할 경우, 접속법 과거
como	···하는 대로	동사를 사용함.
como si	마치···처럼	
igual que si	마치···처럼	

예 Ella habla *como si fuera* española.

→ She speaks as if she were a Spanish person.

그녀는 마치 스페인 사람처럼 말한다.

Tome Ud. *como quiera.*

→ Please, takes as much as you want.

당신이 원하는 대로 드세요.

Sal por aquí *sin que* nadie te *vea.*

→ Get out of here lest you should be noticed.

너는 아무 눈에 띄지 않게 여기서 나가라.

d. 양보

aunque	비록 … 할지라도	
si bien	비록 … 할지라도	+ (주어) + 접속법 동사
a pesar de que	…불구하고	
por + 형용사 또는 부사 + que	아무리…할지라도	

[예] Voy a ir *aunque* ella no venga.
　　 → I'm going to go even if she doesn't come.
　　　 아무리 그녀가 안 올지라도 나는 갈 것이다.

　　 Por difícil *que sea*, podemos hacer lo.
　　 → No matter how difficult it may be, we can do it.
　　　 아무리 어려울지라도 우리는 그것을 할 수 있다.

e. 조건, 가정

si	만일…이라면	
con tal que	…하는 조건으로	+ (주어) + 접속법 동사
en caso que	…하는 경우에는	※ 'si'를 사용할 경우는 가정법과거 표현
a no ser que	…하는 것이 아니라면	할 때, 접속법 과거 동사를 사용함.
a menos que	…하는 것이 아니라면	
salvo que	…하는 것이 아니라면	

[예] Iré mañana *con tal que* no *llueva*.
　　 → I will leave tomorrow if it doesn't rain.
　　　 나는 비가 안 오면 내일 가겠다.

　　 No podemos viajar por Europa a menos que *tengamos* mucho dinero.
　　 → We can't travel to Europe unless we have much money.
　　　 우리는 돈이 많지 않으면 유럽으로 여행을 갈 수 없다.

f. 가능성

Quizás(아마도)	Tal vez(아마도)

위의 부사와 함께 가능성을 표현할때 접속사가 쓰이기도 한다.

[예] Quizás *tengas* razón[= Quizás tienes razón].
　　 → Maybe you are right.
　　　 아마도 너의 말이 맞을지도 몰라.

2. 접속법 불완료 과거(Pretérito imperfecto de subjuntivo)

직설법 부정과거형의 3인칭 복수형은 모두 '-ron'으로 끝나는데 그 동사형에서 어미 '-ron'을
떼어내고 그 형태를 기준으로 하여 뒤에 「-ra, -ras, -ra, -ramos, -rais, -ran」을 붙여 접속법
과거 형태를 만든다.

※ 1인칭 복수 형태에서 강세 위치에 주의하고, 강세 부호도 반드시 찍어야 한다.

잠깐! 스페인 북부에서는 '-ron' 자리에 「-se, -ses, -se, -semos, -seis, -sen」을 붙여 사용하기도
한다.

tuvieron ⇒ **tuviera**
(**tener**의 직설법 부정과거형 3인칭 복수)　　　(접속법불완료과거형)

※ 기본 규칙 동사 변화

-ar형	hablar(영 speak)			
	단 수		복 수	
	스페인어	영 어	스페인어	영 어
1	hablara	may have spoken	habláramos	may have spoken
2	hablaras	may have spoken	hablarais	may have spoken
3	hablara	may have spoken	hablaran	may have spoken

-er형	comer(영 eat)			
	단 수		복 수	
	스페인어	영 어	스페인어	영 어
1	comiera	may have eaten	comiéramos	may have eaten
2	comieras	may have eaten	comierais	may have eaten
3	comiera	may have eaten	comieran	may have eaten

-ir형	vivir(영 live)			
	단 수		복 수	
	스페인어	영 어	스페인어	영 어
1	viviera	may have lived	viviéramos	may have lived
2	vivieras	may have lived	vivierais	may have lived
3	viviera	may have lived	vivieran	may have lived

2-1. 명사절에서의 접속법 불완료과거

<table>
<tr><td rowspan="3">직설법 불완료 과거
직설법 완료과거 단순형
직설법 조건</td><td rowspan="3">+</td><td rowspan="3">que</td><td rowspan="3">+</td><td rowspan="3">접속법 불완료 과거</td></tr>
</table>

예) Mis padres me prohibieron que *saliera* de noche.
→ My parents forbade me to go out at night.
나의 부모님은 내가 밤에 나가는 것을 금지했다.

Yo no creía que él *llegara* a tiempo.
→ I didn't think that he would arrive on time.
나는 그가 정시에 도착하리라는 것을 믿지 못했다.

2-2. 주동사가 무인칭의 표현인 경우에 쓰이는 접속법 불완료과거

예) Era imposible que *vinieran* ayer.
→ It was impossible that they came yesterday.
그들이 어제 오는 것은 불가능했다.

Era necesario que Elena *aprendiera* el coreano.
→ It was necessary that Elena should have learned Korean.
엘레나가 한국어를 배울 필요가 있었다.

2-3. 형용사문에서 쓰이는 접속법 불완료과거

예) Buscaba a unas mujeres que *hablaran* español.
→ I looked for the ladies who could speak Spanish.
나는 스페인어를 할 줄 아는 여성들을 찾고 있었다.

No conocí a nadie que lo *supiera*.
→ I didn't meet anyone that could know it.
나는 그것을 아는 사람을 한 명도 만나 보지 못했다.

2-4. 부사문에 쓰이는 접속법 불완료과거

예) Mandé a mi hija a México *para que estudiara* español.
→ I sent my daughter to Mexico so that she would learn Spanish.
나는 스페인어 공부하라고 나의 딸을 멕시코로 보냈다.

Él quería partir *aunque lloviera*.
→ He wanted to leave even if it rained.

그는 아무리 비가 온다 할지라도 떠나기를 원했다.

Ella iba a venir *antes de que partieran* sus padres.
→ She had wanted to come before her parents left.
그녀는 그녀의 부모님들이 떠나기 전에 돌아오려 했었다.

2-5. 현재의 사실에 반대되는 가정문에 쓰이는 접속법 불완료과거

Si + 접속법 불완료 과거 조건문	직설법 조건(가능법) 귀결문

[예] Si yo tuviera mucho dinero, lo compraría.
→ If I had much money, I could buy it.
만약 많은 돈이 있다면, 그것을 살텐데.

3. 접속법 동사의 미래

접속법 불완료과거형의 −ra부분을 −re로 바꾸어 놓은 형태이다.

tuvieron (tener의 직설법 부정과거형 3인칭)	⇒	tuviere (접속법 미래형)

※ 기본 규칙 동사 변화

-ar형	hablar(영 speak)			
	단 수		복 수	
	스페인어	영 어	스페인어	영 어
1	hablare	may speak	habláremos	may speak
2	hablares	may speak	hablareis	may speak
3	hablare	may speak	hablaren	may speak

-er형	comer(영 eat)			
	단 수		복 수	
	스페인어	영 어	스페인어	영 어
1	comiere	may eat	comiéremos	may eat
2	comieres	may eat	comiereis	may eat
3	comiere	may eat	comieren	may eat

-ir형	vivir(영 live)			
	단 수		복 수	
	스페인어	영 어	스페인어	영 어
1	viviere	may live	viviéremos	may live
2	vivieres	may live	viviereis	may live
3	viviere	may live	vivieren	may live

접속법 미래는 현재나 미래에 일어날 일에 대해서 현실적으로 있을 만한 사실을 말 할 때 쓰이지만, 오늘날은 거의 쓰이지 않고 접속법 현재형 또는 직설법 미래형으로 대체하여 많이 사용한다.

4. 접속법 동사의 진행형(현재 · 과거 · 미래)

4-1. 접속법 현재 진행(Gerundio de presente)

『동사 estar 접속법 현재 + 현재분사』로 구성되며 진행 중인 동작의 추측을 나타낸다. 스페인어에 있어서는 현재가 현재 진행중의 동작을 나타내기도 하고, 진행형으로 더 세밀한 진행중의 동작을 나타내는 것이다.

인칭 \ 수	단 수		복 수	
	스페인어	영 어	스페인어	영 어
1	esté hablando	may be speaking	estemos hablando	may be speaking
2	estés comiendo	may be eating	estéis comiendo	may be eating
3	esté viviendo	may be living	estén viviendo	may be living

예 El profesor *esté explicando* la causa del problema.
→ The professor may be explaining the cause of the problem.
교수님은 그 문제의 원인을 설명하고 계시는 것 같다.

'estar' 대신 「seguir, continuar, ir, venir」를 사용할 수 있다.
단, 'ir'를 사용한 진행은 '발산'의 의미를 가지며, 'venir'를 사용한 진행은 '수렴'의 의미를 가지고 있다. 「수렴+현재」진행의 의미를 가지는 형태는 「llevar+현재분사형」임을 기억하자.
예 Ya te he dicho que llevo estudiando español 5 años.
이미 난 네게 내가 5년동안 스페인어를 공부해오고 있다고 말해왔다.

4-2. 접속법 과거진행(Gerundio de pretérito)

『동사 estar의 접속법 과거 + 현재분사』로 구성되며 과거의 진행중인 동작의 추측을 나타낸다.

수 인칭	단 수		복 수	
	스페인어	영 어	스페인어	영 어
1	estuviera hablando	may have been speaking	estuviéramos hablando	may have been speaking
2	estuvieras comiendo	may have been eating	estuvierais comiendo	may have been eating
3	estuviera viviendo	may have been living	estuvieran viviendo	may have been living

예 El profesor *estuviera expresando* su ira.
  → The professor may be expressing his anger.
    교수님은 그의 노여움을 나타내시는 것 같다.

'la ira(노여움)'과 같은 의미의 어휘는 'la cólera'인데, 'el cólera(「질병」콜레라)'임을 혼동해서는 안
된다.

4-3. 접속법 미래 진행(Gerundio de futuro)

수 인칭	단 수		복 수	
	스페인어	영 어	스페인어	영 어
1	estuviere hablando	maybe will be speaking	estuviéremos hablando	maybe will be speaking
2	estuvieres comiendo	maybe will be eating	estuviereis comiendo	maybe will be eating
3	estuviere viviendo	maybe will be living	estuvieren viviendo	maybe will be living

『동사 estar의 접속법 미래 + 현재분사』로 구성되는 접속법 완료미래 진행은 미래의 어느 시간
동안 진행중인 동작의 추측을 나타낸다. 하지만 이 형태는 오늘날 잘 쓰이지 않으며 대신에 주로
직설법 미래 진행형을 쓰고 있다.

5. 접속법 동사의 완료형(현재 · 과거 · 미래)

5-1. 접속법 현재완료(Pretérito perfecto de subjuntivo)

▶ 「Haber 접속법 현재형 + 과거분사(-ado, -ido)」

수 인칭	단 수		복 수	
	스페인어	영 어	스페인어	영 어
1	haya hablado	maybe have spoken	hayamos hablado	maybe have spoken
2	hayas comido	maybe have eaten	hayáis comido	maybe have eaten
3	haya vivido	maybe has lived	hayan vivido	maybe have lived

【용법】

(1) 종속문의 내용이 이미 완료되었으리라는 것을 회의, 불확실하게 여길 때 사용된다.

　예　No creo que él *haya llegado* ayer por la mañana.
　　　→ I don't think that he may have arrived yesterday in the morning.
　　　　나는 그가 어제 아침에 도착했으리라는 것을 믿지 못한다.

(2) 종속문이 실제적으로 이루어진 행위에 대한 내용일지라도 주동사가 어떤 반응이나 감정을 표현하는 동사라면 접속법을 사용하여야 한다.

　예　Es una lástima que ella *haya llegado* muy tarde.
　　　→ It is a pity that she has arrived so late.
　　　　그녀가 매우 늦게 도착한 것은 유감이다.

5-2. 접속법 과거완료(Pretérito pluscuamperfecto de subjuntivo)

▶ 「Haber 접속법 불완료과거 + 과거분사(-ado, -ido)」

수 인칭	단 수		복 수	
	스페인어	영 어	스페인어	영 어
1	hubiera hablado	maybe had spoken	hubiéramos hablado	maybe had spoken
2	hubieras comido	maybe had eaten	hubierais comido	maybe had eaten
3	hubiera vivido	maybe had lived	hubieran vivido	maybe had lived

【용법】

(1) 주문의 주어의 행위보다 종속문의 주어의 행위가 먼저 완료 됐다는 것을 표현할 때 쓰인다.

　예　No creí que ella *hubiera ganado* la beca.

→ I didn't believe that she might have gotten the scholarship.
나는 그녀가 장학금을 탔을 수 있었다는 것을 믿지 않았다.

(2) 「como si」 다음에 놓여서 완료적 표현을 할 때 사용된다.

[예] El edificio estaban limpio como si *hubiera sido* nuevo.
→ The building used to be clean as if it had been new one.
그 건물은 마치 새 건물처럼 깨끗했었다.

(3) 과거 사실에 반대되는 가정문에서 사용된다.

「Si + 접속법 대과거형, 완료 조건문」

[예] Si yo hubiera tenido dinero ayer, lo habría comprado.
→ If I had had much money yesterday, I could have bought it.
내가 어제 돈을 많이 가지고 있었더라면, 그것을 샀을 텐데.

5-3. 접속법 미래완료(Futuro perfecto de subjuntivo)

▶ Haber의 접속법 미래형 + 과거분사

수 인칭	단 수		복 수	
	스페인어	영 어	스페인어	영 어
1	hubiere hablado	maybe will have spoken	hubiéremos hablado	maybe will have spoken
2	hubieres comido	maybe will have eaten	hubiereis comido	maybe will have eaten
3	hubiere vivido	maybe will have lived	hubieren vivido	maybe will have lived

접속법 완료미래는 어떠한 행위가 미래의 어느 시점에서 완료되었다는 것을 가정하고 있는 것이다. 하지만 이 형태는 오늘날 잘 쓰이지 않으며 대신에 주로 직설법 미래완료형을 쓰고 있다.

■ 연습문제

1. Mis padres no deseaban que yo ＿＿＿＿ eso.
   ① hiciera
   ② haría
   ③ hacía
   ④ haga

2. Te lo dirán cuando te ＿＿＿＿.
   ① ves
   ② visitemos
   ③ lo venden
   ④ ven

3. Yo conozco a un señor que ＿＿＿＿ español muy bien.
   ① hable
   ② hablando
   ③ habla
   ④ hablara

4. Siento que ellos ＿＿＿＿ con Uds. ayer.
   ① no estuvieron
   ② no estaban
   ③ no estuvieran
   ④ no estarán

5. No estoy seguro, pero tal vez él ＿＿＿＿.
   ① viniera
   ② viene
   ③ vendrá
   ④ venga

6. Mi madre dice que está bien que vaya mi hermano, con tal que se lo ＿＿＿＿.
   ① cuida
   ② cuidaba
   ③ cuidara
   ④ cuide

7. No vendrías si ＿＿＿＿ lo que te espera.
   ① sabías
   ② sabes
   ③ supieras
   ④ supiste

8. Mis padres no me compraron un automóvil para que ＿＿＿＿ a pasear.
   ① salgo
   ② salga
   ③ salir
   ④ saliera

9. Por bien que _______ Ana, no quiero jugar con ella.
① juega   ② está jugando
③ juegue   ④ jugara

10. Habla con ella como si la _______ bien.
① conoce   ② conociera
③ conozca   ④ conoció

정답 1①   2②   3③   4③   5④   6④   7③   8④   9③   10②

독해(Lectura) Ⅸ

Vistos desde lejos, hacían un espléndido efecto. Los movimientos de este ejército estaban regulados como los de un ballet de ópera. Primero venía el turno de los faroleros de Nueva Zelandía y de Australia. Encendían sus faroles y se iban a dormir. Después tocaba el turno en la danza a los faroleros de China y Siberia, que a su vez se perdían entre bastidores. Luego seguían los faroleros de Rusia y la India, después los de África y Europa y finalmente, los de América del Sur y América del Norte. Nunca se equivocaban en su orden de entrada en escena. Era grandioso.

Solamente el farolero del nico farol del polo norte y su colega del nico farol del polo sur, llevaban una vida de ociosidad y descanso. No trabajaban más que dos veces al año.

– Capítulo 16, Parte 02 –
▶ 듣기 연습! 378 페이지로 이동!

단어

- visto 형(영 seen) 보여지는, 보이는
- espléndido 형(영 splendid) 화려한, 훌륭한, 멋진
- efecto 명남(영 effect) 영향, 결과
- regulado 형(영 regular) 규칙적인, 정규의

- ballet 명남(영 ballet) 발레
- Nueva Zelandía 명(영 New Zealand) 뉴질랜드
- Australia 명(영 Australia) 오스트레일리아
- Siberia 명(영 Siberia) 시베리아
- bastidor 명남(영 frame, scene) 틀, 배경
- Rusia 명(영 Russia) 러시아
- India 명(영 India) 인도
- equivocaban 동(영 equivocated) 헷갈렸다. 혼동되었다[직설·불완료과거 3인칭 복수]
- orden 명여남(영 command; order) 주문, 명령; 질서
- escena 명여(영 scene) 장면, 배경
- grandioso 형(영 magnificent) 훌륭한, 장려한
- polo 명남(영 pole) 극(지)
- colega 명남여(영 colleague) 동료
- ociosidad 명여(영 freedom) 한가함, 자유
- descanso 명남(영 rest) 휴식
- nico farol (영 single lamp) 가로등

Seen from a slight distance, that would make a splendid spectacle. The movements of this army would be regulated like those of the ballet in the opera. First would come the turn of the lamplighters of New Zealand and Australia. Having set their lamps alight, these would go off to sleep. Next, the lamplighters of China and Siberia would enter for their steps in the dance, and then they too would be waved back into the wings. After that would come the turn of the lamplighters of Russia and the Indies; then those of Africa and Europe, then those of South America; then those of South America; then those of North America. And never would they make a mistake in the order of their entry upon the stage. It would be magnificent.

Only the man who was in charge of the single lamp at the North Pole, and his colleague who was responsible for the single lamp at the South Pole-- only these two would live free from toil and care they would be busy twice a year.

그것은 멀리서 보면 정말 대단한 광경이었다. 이들이 떼지어 움직이는 모습은 오페라 발레단처럼 질서정연했다. 먼저 뉴질랜드와 오스트레일리아의 가로등 켜는 사람들 차례다. 그들은 등에 불을 붙이고 잠을 자러 간다. 그러면 중국과 시베리아의 가로등 켜는 사람들이 무대에 등장한다. 그리고 그들도 무대 뒤로 사라진다. 이어서 러시아와 인도의 가로등 켜는 사람들의 차례다. 또 아프리카와 유럽의 가로등 켜는 사람들, 남아메리카와 북아메리카. 그들이 무대에 등장하는 순서는 결코 흐트러지는 법이 없다. 그것은 정말 대단한 광경이었다.

오직 북극에 하나, 남극에 하나뿐인 가로등 켜는 사람들 이 두 사람만 한가롭고 태평하게 살았다. 그들은 일 년에 두 번 일했다.

10 | 접속법 불규칙 동사의 변화

1. 접속법 현재 동사의 규칙 동사 변화

1-1. 접속법 현재 동사의 제1불규칙 동사 변화

모든 인칭에서 특이한 형태가 동일하게 변하는 경우

- saber (영 know 알다)

	단수		복수	
	스페인어	영 어	스페인어	영 어
1인칭	sepa	may know	sepamos	may know
2인칭	sepas	may know	sepáis	may know
3인칭	sepa	may know	sepan	may know

[예] Para que lo sepas, yo no miento.
> → For your information, I don't tell lies.
> 네가 그것을 알게 하기 위해서, 난 거짓말을 하지 않는다.

- haber (영 have 조동사/ 있다)

	단수		복수	
	스페인어	영 어	스페인어	영 어
1인칭	haya	may have	hayamos	may have
2인칭	hayas	may have	hayáis	may have
3인칭	haya	may have	hayan	may have

[예] Si él se hubiera olvidado, yo lo habría matado.
> → If he had forgotten, I would have killed him.
> 만약 그가 잊었었다면, 난 그를 죽였을 것이다.

• estar (몡 be 이다)

	단수		복수	
	스페인어	영　어	스페인어	영　어
1인칭	esté	may be	estemos	may be
2인칭	estés	may be	estéis	may be
3인칭	esté	may be	estén	may be

예 Yo solo esté unos días.
→ I'll only be staying a few days.
　나는 오직 몇 일 동안 머무를 것이다.

• dar (몡 give 주다)

	단수		복수	
	스페인어	영　어	스페인어	영　어
1인칭	dé	may give	demos	may give
2인칭	des	may give	deis	may give
3인칭	dé	may give	den	may give

예 Pide que le den más información.
→ Ask them to give you more information.
　당신은 그들로 하여금 당신에게 더 많은 정보를 주도록 요구하세요.

• ir (몡 go 가다)

	단수		복수	
	스페인어	영　어	스페인어	영　어
1인칭	vaya	may go	vayamos	may go
2인칭	vayas	may go	vayáis	may go
3인칭	vaya	may go	vayan	may go

예 ¡Que te vayas bien en el examen!
→ Good luck in the exam, I hope the exam goes well.
　시험에서 행운이 있기를 (난 시험이 잘 치러지길 희망한다)!

1-2. 접속법 현재 동사의 제 2 불규칙 동사 변화

「1・2인칭 복수형 인칭에서는 변하지 않는 경우」

• pensar (영 think 생각하다)

	단수		복수	
	스페인어	영 어	스페인어	영 어
1인칭	piense	may think	pensemos	may think
2인칭	pienses	may think	penséis	may think
3인칭	piense	may think	piensen	may think

예 ¡No lo pienses dos veces!
　　→ Don't think twice about it!
　　　그것에 대해 두 번도 생각하지 마라!

• perder (영 lose 잃다)

	단수		복수	
	스페인어	영 어	스페인어	영 어
1인칭	pierda	may lose	perdamos	may lose
2인칭	pierdas	may lose	perdáis	may lose
3인칭	pierda	may lose	pierdan	may lose

예 No te pierdas, llámanos de vez en cuando.
　　→ Don't lose touch, and call us now and then.
　　　연락을 끊지 마라, 우리에게 때때로 전화해라.

• contar (영 tell; count 말하다/ 계산하다)

	단수		복수	
	스페인어	영 어	스페인어	영 어
1인칭	cuente	may count	contemos	may count
2인칭	cuentes	may count	contéis	may count
3인칭	cuente	may count	cuenten	may count

예 No se lo cuentes a nadie.
　　→ Don't tell anyone.

넌 어느 누구에게도 말하지 마라.

 **잠깐!** 'contar 동사'에서 파생된 명사가 2가지인데, 성에 따라 다름으로 「el cuento(이야기)와 la cuenta(계산서)」로 나뉜다는 것을 확인한다.

• poder (⑧ be able to; can ~할 수 있다)

	단수		복수	
	스페인어	영　어	스페인어	영　어
1인칭	pueda	may be able to	podamos	may be able to
2인칭	puedas	may be able to	podáis	may be able to
3인칭	pueda	may be able to	puedan	may be able to

〔예〕 ¡No hagas nada que pueda resultar sospechoso!
→ Don't do anything that might look suspicious!
넌 의심 가는 것처럼 보이는 어떤 것도 하지 마라!

• jugar (⑧ play 놀다)

	단수		복수	
	스페인어	영　어	스페인어	영　어
1인칭	juegue	may play	juguemos	may play
2인칭	juegues	may play	juguéis	may play
3인칭	juegue	may play	jueguen	may play

〔예〕 Juguemos a que yo era la maestra.
→ Let's pretend I'm a teacher.
우리 이제 내가 선생님(여)인 것처럼 하자.

• sentir (⑧ feel 느끼다)

	단수		복수	
	스페인어	영　어	스페인어	영　어
1인칭	sienta	may feel	sintamos	may feel
2인칭	sientas	may feel	sintáis	may feel
3인칭	sienta	may feel	sientan	may feel

[예] ¡No te sientas muy mal!

→ Don't feel so bad!

기분 너무 나빠하지 마라!

• dormir (영 sleep 자다/ 재우다)

	단수		복수	
	스페인어	영 어	스페인어	영 어
1인칭	duerma	may sleep	durmamos	may sleep
2인칭	duermas	may sleep	durmáis	may sleep
3인칭	duerma	may sleep	duerman	may sleep

[예] Contéstales lo antes posible, no te duermas.

→ Write back as soon as possible, don't waste any time.

가능하면 빨리 답장을 (그들에게) 써라, 잠자지 마라[시간 낭비하지 마라].

• morir (영 die 죽다)

	단수		복수	
	스페인어	영 어	스페인어	영 어
1인칭	muera	may die	muramos	may dic
2인칭	mueras	may die	muráis	may die
3인칭	muera	may die	mueran	may die

[예] Es fácil que los insectos mueran en invierno.

→ It is easy for insects to die in the winter.

겨울에 벌레들이 죽는 것은 쉽다.

• adquirir (영 acquire 획득하다)

	단수		복수	
	스페인어	영 어	스페인어	영 어
1인칭	adquiera	may acquire	adquiramos	may acquire
2인칭	adquieras	may acquire	adquiráis	may acquire
3인칭	adquiera	may acquire	adquieran	may acquire

[예] Te aconsejo que lo adquieras pronto.
→ I advise you to acquire it soon.
나는 너에게 빨리 그것을 획득하라고 충고한다.

■ 연습문제 

1. Mi consejo me dijo que no dijera nada hasta que alguien me lo ________.
① pide
② ha pedido
③ pidiera
④ va a pedir

2. Se lo expliqué en detalle para que lo ________.
① comprendiera
② comprende
③ comprenda
④ comprendió

3. Le pedí que ________ temprano para acabar temprano.
① venga
② venir
③ viniera
④ venía

4. No quiere que su hijo ________ malas costumbres.
① tenga
② tengan
③ tiene
④ tienen

5. No creo que mis amigos me ________ abandonado.
① han
② hayan
③ habían
④ hubieran

6. Dijeron que nos enviarían el paquete tan pronto como ________,
① lo recibieron
② tengan tiempo
③ llegara
④ sabrán nuestra dirección

7. Me aconsejó que ________.
① no siguiera la ruta de la costa
② voy al médico
③ duerma más
④ venga inmediatamente

8. María le dio el periódico a Enrique para que él lo ________.

① lee   ② lea

③ leyeran   ④ leyera

9. Su madre le dijo que ________ todo o no podría tener postre.

① como   ② comía

③ coma   ④ comiera

10. Lo harán cuando ________.

① llegar   ② puedan

③ entran   ④ tienen tiempo

11. Juanito, cuando salgas, ________ la luz.

① apaga   ② apagues

③ apague   ④ apagaste

12. ________ aquí para poder ver mejor.

① Nos sentamos   ② Sentémosnos

③ Sentémonos   ④ Sentámonos

13. No ________ con vuestros amigos esta noche.

① os vayáis   ② os vais

③ se vayan   ④ idos

■ 독해(Lectura) X

El principito atravesó el desierto en el que solo encontró una flor de tres pétalos, una flor de nada.

– ¡Buenos días! – dijo el principito.

– ¡Buenos días! – dijo la flor.

– ¿Dónde están los hombres? – preguntó cortésmente el principito.

La flor, un día, había visto pasar una caravana.

– ¿Los hombres? No existen más que seis o siete, me parece. Los he visto hace ya años y nunca se sabe dónde encontrarlos. El viento los pasea. Les faltan las raíces. Esto les molesta.

– Adiós – dijo el principito.

– Adiós – dijo la flor.

– Capítulo 18 –

▶ 듣기 연습! 378 페이지로 이동!

단어

- atravesó 통(영 crossed) 건넜다[직설 · 부정과거 3인칭 단수]
- desierto 명남(영 desert) 사막
- pétalo 명남(영 petal) 꽃잎
- cortésmente 부(영 courteously) 예의 바르게, 예의 있게
- caravana 명여(영 caravan) (사막 횡단의) 대상, 카라반
- existen 통(영 exist) 존재하다, 실재하다[직설 · 현재 3인칭 복수]
- parece 통(영 seems) ~와 같다, ~처럼 보이다[직설 · 현재 3인칭 단수]
- viento 명남(영 wind) 바람
- raíz 명여(영 root) 뿌리
- molesta 통(영 bothers) 괴롭히다, 귀찮게 하다[직설 · 현재 3인칭 단수]

영어

The little prince crossed the desert and met with only one flower. It was a flower with three petals, a flower of no account at all.

"Good morning," said the little prince.

"Good morning," said the flower.

"Where are the men?" the little prince asked, politely.

The flower had once seen a caravan passing.

"Men?" she echoed. "I think there are six or seven of them in existence. I saw them, several years ago. But one never knows where to find them. The wind blows them away. They have no roots, and that makes their life very difficult."

"Goodbye," said the little prince.

"Goodbye," said the flower.

어린 왕자는 사막을 가로질렀다. 그리고 꽃 한 송이를 만났다. 꽃잎을 세 개 가진 꽃 한 송이, 보잘 것 없는 꽃 한 송이…

"안녕." 어린 왕자가 말했다.

"안녕." 꽃이 말했다.

"사람들은 어디 있지?" 어린 왕자가 점잖게 물었다.

그 꽃은 캐러번들이 지나가는 것을 본 적이 있었다.

"사람들? 예닐곱 명 있는 것 같아. 몇 년 전 그들을 보았지. 하지만 어디 가야 만날 수 있을지는 전혀 몰라. 그들은 바람결에 휩쓸려 다니거든. 뿌리가 없어 아주 곤란을 겪는 거야."

"잘가." 어린 왕자가 말했다.

"잘가." 꽃이 말했다.

11 | 형용사

1. 형용사

1-1. 형용사의 종류와 위치

형용사는 품질 형용사와 한정 형용사 두 개로 크게 나누어지고 한정형용사는 소유, 지시, 수, 부정, 의문으로 세분된다. 명사를 직접 수식할 때 원칙적으로 사용한다.

(1) 품질 형용사는 명사 다음에 한정 형용사는 명사 앞에 둔다.

	한 정	명 사	품 질
소유	mis	ojos	negros
	(영 my) 나의	(영 eyes) 눈	(영 black) 검은
지시	estos	cabellos	hermosos
	(영 these) 이것들	(영 hairs) 모발	(영 pretty) 이쁜
수	dos	individuos	sospechosos
	(영 two) 둘	(영 individuals) 개인들	(영 suspicious) 의심스러운
부정	algunas	personas	ociosas
	(영 some) 어떤	(영 persons) 사람들	(영 idle) 게으른
의문	cuántos	metros	de alto
	(영 how many) 몇	(영 meters) 미터	(영 high) 높이

(2) 이 원칙에 벗어나는 것은 강조를 뜻하며, 품질 형용사가 명사에 붙어 특정한 의미의 명사로 사용된다.

예 La blanca nieve
→ The white snow
백설

Desgracias mil
→ Countless misfortunes
　헤아릴 수 없는 불행

(3) 'bueno, malo' 는 습관적으로 앞에 온다.

　예　Un buen alumno
→ A good student
　선량한 학생

Un mal ejemplo
→ A bad example
　나쁜 예

(4) 위치에 따라서 의미, 성질이 바뀌는 것도 있다.

　예　Un hombre *grande*
→ A giant
　거인

Un *gran* hombre
→ A great man
　위대한 사림

 'grande(위대한; 큰)' 어휘는 명사의 성(性)과 상관없이 단수명사 앞에서는 'gran' 의 형태이고, 뒤에서는 'grande' 의 형태임을 알아 둔다.

Un niño *pobre*
→ A poor boy
　가난한 아이

Un *pobre* niño
→ A pitiful boy
　불쌍한 아이

1-2. 형용사의 어미 변화

형용사의 어미 변화는 원칙적으로 명사의 경우와 같다.

(1) '-o'로 끝나는 형용사는 성과 수에 따라서 변화한다.

	단 수		복 수	
	스페인어	영 어	스페인어	영 어
남 성	el niño alto	the tall boy	los niños altos	the tall boys
여 성	la niña alta	the tall girl	las niñas altas	the tall girls

(2) '-o' 이외로 끝나면 수 변화만 한다.

> 예 verde (형 green)
> → verdes (형 green)
> 초록색의
>
> azul (형 blue)
> → azules (형 blue)
> 파란색의

(3) 성 · 수의 변화는 명사와 같다.

> 예 feliz (형 happy)
> → felices (형 happy)
> 행복한
>
> cortés (형 courteous)
> → corteses (형 courteous)
> 예의바른

(4) 「-án, -ín, -ón, -or」로 끝나는 것에는 '-a'를 덧붙여서 여성형으로 한다. 지명 형용사가 자음으로 끝나면 '-a'를 붙인다.

> 예 holgazán (형 lazy)
> → holgazana (형 lazy)
> 게으른
>
> preguntón (형 garrulous)
> → preguntona (형 garrulous)
> 말 많은, 질문이 많은
>
> español (형 Spanish)
> → española (형 Spanish)
> 스페인의

inglés (영 English)
→ inglesa (영 English)
　영국의

(5) '-a, -se'로 끝나는 것 중에는 남녀 동형인 것이 많다.

　〔예〕 agrícola (영 agricultural) 농업의
　　　 hipócrita (영 hypocritical) 위선의
　　　 indígena (영 indigenous) 토착의, 원산의
　　　 entusiasta (영 enthusiastic) 열렬한, 열광적인
　　　 belga (영 Belgian) 벨기에의
　　　 estadounidense (영 American) 미국의

(6) 남성 단수 명사 앞에서 '-o'가 생략되는 단어

　〔예〕 bueno 　　(영 good) 좋은
　　　 malo 　　　(영 bad) 나쁜
　　　 alguno 　　(영 some) [긍정문] 어떤
　　　 ninguno 　 (영 not ~ any) [부정문] 어떤
　　　 primero 　 (영 first) 첫 번째
　　　 tercero 　　(영 third) 세 번째
　　　 postrero 　(영 last) 나중의, 최종의

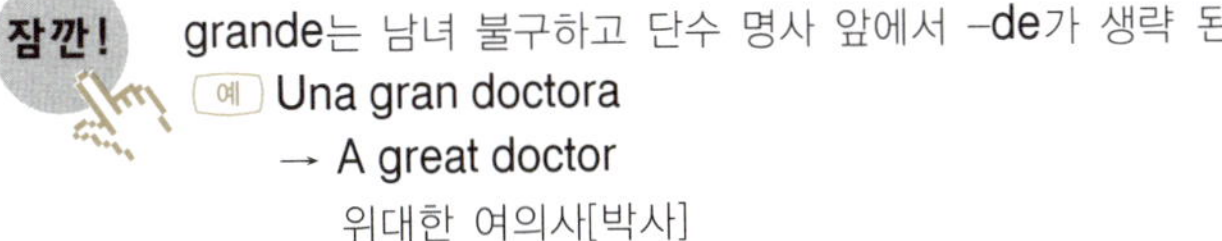

잠깐! 　grande는 남녀 불구하고 단수 명사 앞에서 -de가 생략 된다.
　　　　〔예〕 Una gran doctora
　　　　　 → A great doctor
　　　　　　 위대한 여의사[박사]

1-3. 형용사의 수 변화와 의미

　수 변화는 명사의 그것에 대응하는 형식적인 일치인데 그때,

(1) 단수형에서 내용이 복수로 느껴지는 것이 있다.

　〔예〕 Una tropa *innumerable*
　　　 → Countless army
　　　　 셀 수 없이 많은 (군인의) 군대

(2) 복수형에서 내용이 단수로 느껴지는 것이 있다.

　〔예〕 Una experiencia de *largos* años

→ Many years of experience
　일련의 긴 세월에 걸친 경험.

1-4. 형용사의 역할

(1) 명사, 대명사의 성, 수에 일치하는 어미변화를 하고 그것을 수식한다. 더구나 'tener, haber'의 대격 보조어인 부정어, 의문어를 수식할 때 'de'를 필요로 할 때도 있다

　[예] Una mano *nerviosa*
　　→ A nervous hand
　　　떨리는 손

　　¿Qué hay de *nuevo?*
　　→ What's new?
　　　무엇인가 새로운 것이 있느냐?

(2) 부사적 형용사 : 형식상으로는 주어인 명사, 대명사에 일치하면서 의미상으로는 동사를 수식할 때가 있다. 동사는 동작의미의 동사가 해당 된다.

　[예] José apretó mi mano *nervioso.*
　　→ José caught my hand nervously.
　　　호세는 내 손을 긴장하며 꽉 잡았다.

　　Lola se retiró la *última.*
　　→ Lola was the last to fall behind.
　　　롤라가 마지막으로 뒤떨어졌다.

　　형용사의 부사화
　　동작동사와 함께 사용되며, 주어와 성·수를 일치시켜야 한다.
　　　[예] Ellos van y vienen silenciosos.
　　　　→ They come and go silently.
　　　　　그들은 조용하게 오고 간다.

(3) 자동사, 재귀 동사의 주어에 걸리는 서술 보어, 전치사를 수반할 때도 있다.

　[예] José es *alto.*
　　→ José is tall.
　　　호세는 키가 크다.

　　Yo les creía *inocentes.*
　　→ I believed them innocent.
　　　나는 그들이 결백하다고 믿고 있었다.

(4) 남성형에서 부사로 되는 단어가 많다.

　　예　Me contestarás *pronto*.
　　　　→ You may answer me soon.
　　　　　답장을 빨리 주겠지.

1-5. 형용사의 명사화

　형용사 자체가 명사화가 되는 것이 아니라, 형용사와 명사가 함께 있다가 명사가 생략되면서 형용사가 명사의 의미를 보존하는 것을 말한다.

(1) 정관사 + 형용사

　　예　El vestido rojo (명 the red dress)
　　　　→ El rojo (명 the red one)
　　　　　빨간 것

(2) 지시 형용사 + 형용사

　　예　Aquel libro azul (명 that blue book) 저 파란색 책
　　　　→ Aquel azul (명 that blue one) 저 파란 것

(3) 부정 형용사 + 형용사

　　예　Otras ropas mejores (명 another better clothes) 다른 더 좋은 옷
　　　　→ Otras mejores (명 another better one) 다른 더 좋은 것

1-6. 지시 형용사(Adjetivos demostrativos)

	단 수			복 수		
	스페인어	영 어	한국어	스페인어	영 어	한국어
남성	este	this	이	estos	these	이
여성	esta	this	이	estas	these	이
남성	ese	that	그	esos	those	그
여성	esa	that	그	esas	those	그
남성	aquel	that	저	aquellos	those	저
여성	aquella	that	저	aquellas	those	저

　　예　Este libro y esta pluma

→ This book and this pen
이 책과 이 펜

Ese lápiz y esa tiza
→ That pencil and that chalk
그 연필과 그 백묵

Estos libros y estas plumas
→ These books and these pens
이 책들과 이 펜들

지시형용사도 한정형용사에 속하므로 반드시 명사의 앞에 놓이며 관사는 생략된다.

1-7. 소유 형용사(Adjetivos posesivos)

소유형용사는 명사에 의해 성·수의 형태가 결정된다. 그럼으로 아래의 표는 단수형태만 있는데, 당연히 복수명사를 수식하는 경우에는 '-s'를 뒤에 붙여 주어야 한다.

• 전치형

단 수			복 수		
스페인어	영 어	한국어	스페인어	영 어	한국어
mi	my	나의	nuestro/a	our	우리의
tu	your	너의	vuestro/a	your	너희들의
su	his / her	당신[그·그녀]의	su	their	당신[그·그녀]들의

• 후치형

단 수			복 수		
스페인어	영 어	한국어	스페인어	영 어	한국어
mío/a	my	나의	nuestro/a	our	우리의
tuyo/a	your	너의	vuestro/a	your	너희들의
suyo/a	his / her	당신[그·그녀]의	suyo/a	their	당신[그·그녀]들의

'전치형'은 명사의 앞에 놓이며 '후치형'은 명사의 뒤에 놓인다. 의미는 같다. 그러나 '전치형'을 취할 때는 명사의 관사가 생략되지만, '후치형'을 취할 때는 관사가 생략되지 않으며 반드시 성·수 일치에 신경을 써야 한다.

예) Mi libro está en el escritorio.
→ My book is on the desk.
내 책은 책상 위에 있다.

Nuestra escuela está en Seúl.
→ Our school is in Seoul.
우리 학교는 서울에 있다.

La casa suya está cerca de la escuela.
→ Your house is near the school.
당신의 집은 학교 근처에 있다.

Las amigas suyas son japonesas.
→ Her female friends are Japanese.
그녀의 여자 친구들은 일본인들이다.

잠깐! 'su' 나 'suyo' 는 단, 복수 형이 동일하고 뜻도 여섯 가지(당신의, 그의, 그녀의, 당신들의, 그들의, 그녀들의)이니 그의 뜻을 명확히 하기 위해서는 중복형(de Ud., de él 등)을 쓰며 이때의 'su' 는 명사에 해당하는 관사로 대체하며 'suyo' 는 생략한다.

2. 증대사와 축소사

형용사외에 명사에서도 마찬가지로, 어휘가 가지고 있는 고유의 의미를 증대시키거나 축소시키는 접미사가 있는데, 주로 증대사의 경우 경멸적 의미를 갖는 경우가 있고, 축소사의 경우는 작고 귀여운 애정을 표시하기도 한다. 하지만, 모든 어휘가 경멸과 애정이 있는 것은 아님으로 절대적으로 적용시키는 것은 안 된다.

2-1. 증대사

▶ 사용되는 접미사(괄호 안은 여성 어미)

–ón(ona), –azo(aza), –acho(acha), –ote(ota)

예) hombre (명 man) 남자
→ hombrón (명 big man) 큰 남자

mujer (명 woman) 여자
→ mujerona (명 big woman) 큰 여자

2-2. 축소사

▶ 사용되는 접미사(괄호 안은 여성 어미)

> –ito(ita), –cito(cita), –ecito(ecita)
> –ico(ica), –cico(cica), –ecico(ecica)
> –illo(illa), –cillo(cilla), –ecillo(ecilla)
> –uelo(uela), –zuelo(zuela), –ezuelo(ezuela)

예) poco (명 little) 조금
→ poquito (명 very little) 아주 조금

pájaro (명 bird) 새
→ pajarillo (명 cute bird) 귀여운 새

calle (명 street) 길
→ callejuela (명 narrow street) 좁은 길

■ 연습문제

1.________ persona puede estudiar este curso.
① Algún
② Ningún
③ Cualquier
④ Cualquiera

2.Isabel I fue ________.
① una gran mujer
② una mujer gran
③ una grande mujer
④ mujer grande

3.Yo vengo de Nicaragua. Soy ________.
① nicaraguo
② nicaratoriano
③ nicaragüense
④ nicarateco

4. ________ Francisco es una ciudad ________.
① Santo / hermoso
② San / hermosa
③ Santa / hermosa
④ San / hermoso

5. _______ día yo le encontré a _______ vendedor.
   ① La primera / un buen   ② El primer / una buena
   ③ El primero / un bueno   ④ El primer / un buen

6. _______ mapas son de los países europeos.
   ① Estas   ② Estos
   ③ Estes   ④ Estás

7. _______ caballos no son buenos, _______ sí lo es.
   ① Esto / este   ② Estos / estas
   ③ Estos / este   ④ Estos / esta

8. No conozco _______ novela, ni tampoco _______ cuentos.
   ① está / estos   ② esta / estos
   ③ esta / estas   ④ está / estas

9. ¡Caramba! ¡Qué finca tan grande!
   Sí, tienes razón; es _______.
   ① una grande finca   ② un grande finca
   ③ grandísima finca   ④ un gran finca

10. Espera con _______ ilusión nuestra entrevista.
   ① un gran   ② una gran
   ③ un grande   ④ una grande

정답 1 ③   2 ①   3 ③   4 ②   5 ④   6 ②   7 ③   8 ②   9 ③   10 ②

■ 독해(Lectura) XI

El principito escaló hasta la cima de una alta montaña. Las únicas montañas que él había conocido eran los tres volcanes que le llegaban a la rodilla. El volcán extinguido lo utilizaba como taburete.

"Desde una montaña tan alta como esta, se había dicho, podré ver todo

el planeta y a todos los hombres..." Pero no alcanzó a ver más que algunas puntas de rocas.

–¡Buenos días! –exclamó el principito al azar.

–¡Buenos días! ¡Buenos días! ¡Buenos días! – respondió el eco.

– ¿Quién eres tú? – preguntó el principito.

– ¿Quién eres tú?... ¿Quién eres tú?... ¿Quién eres tú?... – contestó el eco.

– Sed mis amigos, estoy solo – dijo el principito.

– Estoy solo... estoy solo... estoy solo... – repitió el eco.

"¡Qué planeta más raro! – pensó entonces el principito –, es seco, puntiagudo y salado.

Y los hombres carecen de imaginación; no hacen más que repetir lo que se les dice... En mi tierra tenía una flor: hablaba siempre la primera..."

– Capítulo 19 –

▶ 듣기 연습! 379 페이지로 이동!

단어

- escaló 동(영 climbed) 올라갔다, 기어올라갔다[직설·부정과거 3인칭 단수]
- cima 명남(영 top) 꼭대기, 정상
- volcanes 명남복(영 volcanos) 화산들
- rodilla 명여(영 knee) 무릎
- extinguido 형(영 extinguished) (불이) 꺼지는, 소멸되는
- taburete 명남(영 stool) 걸상
- alcanzó 동(영 reached) 닿다, 도착했다[직설·부정과거 3인칭 단수]
- punta 명여(영 peak) 산 정상, 뾰족한 끝
- roca 명여(영 rock) 바위
- exclamó 동(영 exclaimed) 외쳤다, 절규했다[직설·부정과거 3인칭 단수]
- azar 명남(영 misfortune, chance) 불행, 기회
  al azar (영 at random) 닥치는 대로
- eco 명남(영 echo) 메아리
- contestó 동(영 answered) 대답했다[직설·부정과거 3인칭 단수]
- repitió 동(영 repeated) 반복했다[직설·부정과거 3인칭 단수]
- raro 형(영 rare) 희박한, 드문드문한
- seco 형(영 dry) 마른, 건조한
- puntiagudo 형(영 pointed) 뾰족한, 날카로운

• salado 형(영 salty) 짠, 소금기 있는
• carecen 동(영 lack) 부족하다[직설 · 현재 3인칭 복수]

After that, the little prince climbed a high mountain. The only mountains he had ever known were the three volcanoes, which came up to his knees. And he used the extinct volcano as a footstool. "From a mountain as high as this one," he said to himself, "I shall be able to see the whole planet at one glance, and all the people..."

But he saw nothing, save peaks of rock that were sharpened like needles.

"Good morning," he said courteously.

"Good morning--Good morning--Good morning," answered the echo.

"Who are you?" said the little prince.

"Who are you--Who are you--Who are you?" answered the echo.

"Be my friends. I am all alone," he said.

"I am all alone--all alone--all alone," answered the echo.

"What a queer planet!" he thought. "It is altogether dry, and altogether pointed, and altogether harsh and forbidding. And the people have no imagination. They repeat whatever one says to them... On my planet I had a flower; she always was the first to speak..."

"안녕하세요." 어린 왕자가 아무렇게나 소리 쳤다.

"안녕하세요. 안녕하세요. 안녕하세요." 이렇게 메아리만 들려왔다.

"당신은 누구세요?" 어린 왕자가 물었다.

"당신은 누구세요? 당신은 누구세요? 당신은 누구세요?" 메아리가 대답했다.

"나의 친구가 되어줘요. 난 혼자란 말이에요." 어린 왕자가 말했다.

"난 혼자란 말이에요. 난 혼자란 말이에요. 난 혼자란 말이에요." 메아리가 대답했다.

"참 이상한 별이네." 어린 왕자는 이렇게 생각했다. '아주 거칠고 날카롭고 각박한 곳이야. 그리고 인간들은 상상력이 없어. 남이 말하면 그 말을 되풀이하기만 하고… 내 별에 있는 꽃은 항상 나에게 먼저 말을 걸어 왔는데…'

12 | 지시사

1. 지시형용사(Adjetivos demostrativos)

지시형용사는 명사를 수식해서 사용하는데, 『이(este, esta), 그(ese, esa), 저(aquel, aquella)』는 대화자 사이의 위치 설정으로 그 의미를 명확히 해두어야 한다. '이(쪽)'은 말하는 사람 가까이에 있는 것을 지칭할 때 사용하며, '그(쪽)'은 듣는 사람 가까이에 있는 것을 지칭할 때 사용한다. '저(쪽)'은 말하는 사람과 듣는 사람의 입장에서 제 3의 위치에 있고 거리로 보았을 때도 조금 먼 곳에 있는 것을 지칭할 때 사용한다.

	단 수			복 수		
	스페인어	영어	한국어	스페인어	영어	한국어
남성 여성	este esta	this	이	estos estas	these	이
남성 여성	ese esa	that	그	esos esas	those	그
남성 여성	aquel aquella	that (over there)	저	aquellos aquellas	those (over there)	저

예 Este apartamento tiene más habitaciones que aquellas casas.
  → This apartment has more rooms than those houses(over there) do.
    이 아파트는 저 집들보다 더 방이 많다.

Préstame ese bolígrafo que tienes.
  → Lend me that ballpoint pen that you have.
    나에게 네가 가지고 있는 볼펜을 빌려줘.

※ 주의 : 지시형용사도 한정형용사에 속하므로 반드시 명사의 앞에 놓이며 관사는 생략된다.

1-1. 명사 뒤에 놓이는 지시 형용사

명사 뒤에 지시 형용사가 놓이는 경우는 그 역할이 장소부사처럼 사용이 된다.

	의미의 변화	
	지시 형용사	장소 부사
이	este(영 this)	aquí(영 here)
그	ese(영 that)	ahí(영 there)
저	aquel(영 that)	allí(영 over there)

예 No sé por qué una muchacha tan inteligente como Elena saldría con el chico ese.
→ I don't know why a girl as intelligent as Elena would go out with a guy like that
난 왜 Elena처럼 그렇게 똑똑한 여자아이가 그 같은 남자애와 나가는지 알 수가 없다.

2. 지시대명사(Pronombres demostrativos)

지시대명사는 그것이 대신하는 명사의 성과 수에 일치하여야 한다. 과거(2010년 이전)에는 지시 대명사의 형태는 지시형용사와 같으나 지시 형용사의 본래의 강세 위치에 강세 부호를 붙인 꼴이었다. (예 este → éste) 그러나 발음상의 차이는 없고, 지시 형용사와 지시 대명사를 단순히 문사적으로 구별하기 위한 것뿐이었기 때문에, 문맥과 기능적으로 차이를 구별할 수 있다고 판단되어 지금은 강세부호를 붙이지 않는다.

	단수			복수		
	스페인어	영어	한국어	스페인어	영어	한국어
남성 여성 중성	este esta esto	this	이것, 이 사람	estos estas –	these	이것들, 이 사람들
남성 여성 중성	ese esa eso	that	그것, 그 사람	esos esas –	those	그것들, 그 사람들
남성 여성 중성	aquel aquella aquello	that (over there)	저것, 저 사람	aquellos aquellas –	those (over there)	저것들, 저 사람들

*2010년 문법개정에 따라 문장성분(대명사와 형용사)의 혼동이 없다면, 강세를 떼고 사용할 수 있다.

예 Estas tortas son más ricas que aquéllas.
→ These cakes are more delicious than those (over there).
이 케이크들은 저것들 보다 더 맛있다.

¿Qué camisa prefiere Ud.? ¿Esta o esa?

→ Which shirt do you prefer? This one or that one?

　어떤 셔츠를 더 선호하니? 이것이니 아니며 그것이니?

Aquellas gafas son más bonitas que esas.

→ Those eyeglasses (over there) are prettier than those.

　저 안경들은 그 안경들보다 더 예쁘다.

2-1. 중성 지시 대명사

　중성 지시 대명사는 복수 형태가 존재하지 않고, 단수 형태에도 절대 강세부호를 사용하지 않는다. 중성 지시 대명사는 알지 못하는 사물을 지칭할 때도 사용하지만, 상황이나 생각들을 지시할 때도 사용이 된다.

	단수		
	스페인어	영어	한국어
중성	esto	this	이것
	eso	that	그것
	aquello	that (over there)	저것

[예] Dicen que Sancho bebió y después condujo el coche.

→ They say that Sancho drank and then drove the car.

　사람들이 그러는데 Sancho가 술을 마시고 이후에 운전을 했다고 한다.

No hay nada más peligroso que eso.

→ There is nothing more dangerous than that.

　그것보다 더 위험한 것은 없다.

El tío tenía antes una tienda de ropa en el centro de la ciudad.

Aquello fue hace muchos años, ¿verdad?

→ Uncle used to have a clothing store downtown.

　That was many years ago, wasn't it?

　삼촌이 시내에 옷가게를 소유하고 계셨었다. 그것이 몇 년 전이었지, 그렇지 않나?

※ 「중성 대명사 + 명사 또는 동사원형」을 사용할 때 「상황, 사건, 일」 등등의 뜻을 만들어 낸다.

[예] Esto de trabajar demasiado no te hace ningún bien.

→ This situation of working too much is not doing you any good.

　너무 일을 많이 하는 상황은 네게 어떤 이익도 만들어주지 않는다.

Aquello de tu hermano me puso triste.

→ That business about your brother made me sad.

너의 형에 대한 그 일은 날 슬프게 만들었다.

■ 연습문제

1. Querida, ¿no crees que _______ anillo es tan lindo como los otros?
   ① esto   ② este
   ③ aquello   ④ esa

2. Mis nietos me regalaron _______ televisor.
   ① eso   ② aquel
   ③ esto   ④ esté

3. Muéstreme otro apartamento, no me gusta _______.
   ① esto   ② esté
   ③ este   ④ esta

4. _______ problemas son fáciles de resolver.
   ① Estos   ② Estas
   ③ Estes   ④ Esas

5. Llegó tarde y _______ me hace enojar.
   ① eso   ② esta
   ③ este   ④ aquel

6. ¿Qué es _______?
   ① este   ② esta
   ③ esto   ④ está

7. Estas camisas y _______ a lo lejos son caras.
   ① esos   ② aquellos
   ③ aquellas   ④ esas

8. Rolando y Antonia son hermanos; esta es alta y _______ es inteligente.
① este   ② aquel
③ aquella   ④ esa

9. Me gustan _______ guantes porque son de cuero.
① estás   ② estas
③ estos   ④ estés

10. Mi corbata y _______ Juan son de seda.
① ella de   ② este de
③ esa de   ④ la de

정답 1② 　2② 　3④ 　4① 　5① 　6③ 　7③ 　8② 　9③ 　10④

■ 독해(Lectura)　XⅡ

　Pero sucedió que el principito, habiendo atravesado arenas, rocas y nieves, descubrió finalmente un camino. Y los caminos llevan siempre a la morada de los hombres.

　– ¡Buenos días! – dijo.

　Era un jardín cuajado de rosas.

　– ¡Buenos días! – dijeran las rosas.

　El principito las miró. ¡Todas se parecían tanto a su flor!

　– ¿Quiénes son ustedes? – les preguntó estupefacto.

　– Somos las rosas – respondieron estas.

– Capítulo 20, Parte 01 –

▶ 듣기 연습! 379 페이지로 이동!

단어

• sucedió 통(영 happened) 발생했다, 일어났다[직설 · 부정과거 3인칭 복수]

• arena 명여(영 sand) 모래

• nieve 명여(영 snow) 눈(雪)
• descubrió 동(영 discovered) 발견했다, 찾아냈다[직설 · 부정과거 3인칭 복수]
• morada 명여(영 abode) 거주, 주소
• cuajado 형(영 filled up) 퍼있는, 꽉 차있는
• parecerse a 동(영 resemble) ~를 닮다
• estupefacto 형(영 stupefied) 얼이 빠진

But it happened that after walking for a long time through sand, and rocks, and snow, the little prince at last came upon a road. And all roads lead to the abodes of men.

"Good morning," he said.

He was standing before a garden, all a-bloom with roses.

"Good morning," said the roses.

The little prince gazed at them. They all looked like his flower.

"Who are you?" he demanded, thunderstruck.

"We are the roses," the roses said.

어린 왕자는 사막과 바위와 눈을 헤치고 오랫동안 걸어서 마침내 길을 발견했다. 길은 모두 사람들이 사는 곳으로 통한다.

"안녕." 그가 말했다. 장미가 피어 있는 정원이었다.

"안녕." 장미꽃들이 말했다. 어린 왕자는 그 꽃들을 바라보았다. 모두 자기 꽃과 닮은 꽃들이었다.

"너희는 누구지?" 어린 왕자는 어리둥절해서 물어 보았다.

"우리는 장미꽃이야." 장미꽃들이 대답했다.

1. 소유형용사

1-1. 전치형 소유형용사

전치형 소유형용사는 관사와 함께 사용될 수 없으면 항상 명사의 수와 성에 따라 형태가 변함.
「mi libro 나의 책, mis libros 나의 책들, nuestra maleta 우리의 가방, nuestras maletas 우리의 가방들」소유형용사 자체 의미는 변하지 않고 명사에 의해 문법적으로 주의를 해야 한다.

단 수			복 수		
스페인어	영 어	한국어	스페인어	영 어	한국어
mi	my	나의	nuestro/a	our	우리의
tu	your	너의	vuestro/a	your	너희들의
su	his / her	당신[그·그녀]의	su	their	당신[그·그녀]들의

예） ¡Qué bonito! Allí están Sancho y Elena. Necesito su libro.
　　→ Great! There are Sancho and Elena. I need his(her/their) book.
　　　잘됐다! 산초와 엘레나가 저기에 있다. 난 그(그녀/그들의)의 책이 필요해.

　　¿Tienes nuestras maletas?
　　→ Do you have our bags?
　　　네가 우리의 가방을 가지고 있니?

 잠깐！ 　3인칭의 경우 '그, 그녀, 그들, 그녀들'을 쉽게 구별할 수 없음으로 「de + 인칭 대명사 및 고유명사」를 써서 확인할 수 있다.

예） ¿Qué cinta te gustó más? – La cinta de Uds. La cinta de ellos no me gustó tanto.
　　[=¿Qué cinta te gustó más? – Su cinta. Su cinta no me gustó tanto.]
　　→ Which tape did you like best? – Your tape. I didn't like their tape at all.

어떤 테이프가 마음에 드셨습니까? –당신의 테이프요. 난 너무 너무 그들의 테이프가
싫습니다.

자신이나 타인의 신체에 어떤 동작을 가할 때, 소유격 형태를 사용하지 않고, 여격 대명사와 정관사를
사용하다.

예 **Me he lavado las manos.**
난 손을 씻었다.

Os cortarán la cabeza.
그들은 너희들의 목을 벨 것이다.

1-2. 후치형 소유형용사

전치형은 명사의 앞에 놓이며 후치형은 명사의 뒤에 놓인다. 뜻은 같다. 그러나 전치형을 취할
때는 명사의 관사가 생략되나 후치형을 취할 때는 관사가 생략되지 않으며 반드시 성수 일치에 신
경을 써야 한다.

단 수			복 수		
스페인어	영 어	한국어	스페인어	영 어	한국어
mío/a	my	나의	nuestro/a	our	우리의
tuyo/a	your	너의	vuestro/a	your	너희들의
suyo/a	his / her	당신[그·그녀]의	suyo/a	their	당신[그·그녀]들의

예 La pluma mía no tiene tinta. ¿Me prestas la pluma tuya?
→ My pen doesn't have any ink. Can you lend me your pen?
나의 펜은 잉크가 하나도 없다. 넌 내게 너의 펜을 빌려줄 수 있니?

정관사 대신 부정관사를 쓸 때는 부정확한 명사의 수를 나타내는 경우에 사용이 되는데, 이때는 후치
형 소유격은 소유대명사의 역할을 한다.

예 Unos amigos míos
→ Some friends of mine 몇몇 나의 친구들

Una idea tuya
→ An idea of yours 너의 생각 중에 하나

2. 소유대명사(Pronombres posesivos)

소유대명사는 「정관사 + 소유형용사 후치형」으로 이루어지며 이때 정관사의 소유형용사 후치형은 그것이 대신하는 명사의 성·수에 일치한다.

단 수	복 수
el mío (la mía) → mine 나의 것	los míos (las mías) → mine 나의 것들
el tuyo (la tuya) → yours 너의 것	los tuyos (las tuyas) → yours 너의 것들
el suyo (la suya) → his, hers 그의 것, 그녀의 것, 당신의 것	los suyos (las suyas) → his, hers 그의 것, 그녀의 것, 당신의 것
el nuestro (la nuestra) → ours 우리들의 것	los nuestros (las nuestras) → ours 우리들의 것들
el vuestro (la vuestra) → yours 너희들의 것	los vuestros (las vuestras) → yours 너희들의 것들
el suyo (la suya) → theirs 그들의 것, 그녀들의 것, 　　　당신들의 것	los suyos (las suyas) → theirs 그들의 것들, 그녀들 것들, 　　　당신들의 것들

예 Tú lees tu libro, y yo leo el mío.
　　→ You read your book, and I read mine.
　　　너는 너의 책을 읽고 나는 내 것을 읽는다.

La madre de Diana y la tuya están en mi casa.
→ Diana's mother and yours are in my house.
　디아나의 어머니와 너의 어머니는 나의 집에 계신다.

Regresan pronto mi abuela y la suya.
→ My grandmother and his (grandmother) will come back.
　나의 할머니와 그의 할머니는 곧 돌아오신다.

Esta es mía.
→ This is mine.
　이것은 나의 것이다.

연습문제

1. Mi hermana es más alta que _______.
① la suya ② su
③ el suyo ④ mía

2. ¿Conoce Ud. _______ padres?
① mi ② a mis
③ mis ④ míos

3. Su amigo es más inteligente que _______.
① la nuestra ② los míos
③ mis ④ el mío

4. ¿De quién es este lápiz? –Es _______.
① mío ② de mi
③ el mío ④ de mí

5. Mis hermanas y _______ Isabel son bellas.
① las que ② las
③ las de ④ aquellas

6. Tu casa es más grande que _______.
① el mío ② mío
③ mi ④ la mía

7. Se quitaron _______ al entrar en la casa.
① sus abrigos ② sus guantes
③ su abrigo ④ el abrigo

8. Los hombres se pusieron _______ antes de salir.
① el sombrero ② su sombrero
③ sus sombreros ④ sombreros

9. Sus pirámides y _______ vienen de épocas distintas.
① los nuestros ② las nuestras

③ nuestros　　　　　　　　　　　④ nuestras

10. ¿Podría Ud. decirme cuánto es _______ beca?
① vuestra　　　　　　　　　　　② mía
③ suya　　　　　　　　　　　　④ su

정답 1 ①　2 ②　3 ④　4 ①　5 ③　6 ④　7 ④　8 ①　9 ②　10 ④

독해(Lectura) XⅢ

Y se sintió muy desgraciado. Su flor le había dicho que era la única de su especie en todo el universo. ¡Y ahora tenía ante sus ojos más de cinco mil todas semejantes, en un solo jardín!

"Si ella viese todo esto, se decía el principito, se sentiría vejada, tosería muchísimo y simularía morir para escapar al ridículo. Y yo tendría que fingirle cuidados, pues sería capaz de dejarse morir verdaderamente para humillarme a mí también..."

Y luego continuó diciéndose: "Me creía rico con una flor única y resulta que no tengo más que una rosa ordinaria. Eso y mis tres volcanes que apenas me llegan a la rodilla y uno de los cuales acaso esté extinguido para siempre.

Realmente no soy un gran príncipe..." Y echándose sobre la hierba, el principito lloró.

– Capítulo 20, Parte 02 –
▶ 듣기 연습! 380 페이지로 이동!

단어

• desgraciado 형(영 unlucky) 불행한, 불운한
• único 형(영 unique) 특이한, 유일한
• especie 명여(영 kind, sort) 종류, 방법
　en especie (영 in kind) 본래
• universo 명남(영 universe) 세계, 우주, 영역

- semejante 형(영 similar) 유사한, 비슷한
- vejado 형(영 annoyed) 성가신, 괴로운
- tosería 동(영 would cough) 기침을 하다, 헛기침을 하다[직설 · 가능법 1/3인칭 단수]
- simularía 동(영 simulate) 흉내내다, 가장하다, ~인 체하다[직설 · 가능법 1/3인칭 단수]
- escapar 동(영 escape) 달아나다, 도망하다, 탈출하다
- ridículo 형(영 ridiculous) 웃기는, 우스꽝스러운, 터무니없는
- fingir 동(영 pretend) 핑계삼다, 가장하다, ~인 체하다
- capaz 형(영 capable) 유능한, 실력이 있는, 자격이 있는
- morir 동(영 die) 죽다
- humillar 동(영 humble) 낮추다, 겸허해지다; 천하게 하다
- ordinario 형(영 ordinary) 평상의, 보통의, 정규의
- apenas 부(영 scarcely, no sooner) 거의 ~하지 않다,
- acaso 부(영 perhaps) 아마도, 혹시
- extinguido 형(영 extinguished) 꺼진, 진화된; (희망, 정열 등을) 잃게된
- siempre 부(영 always) 항상
  para siempre (영 for ever) 영원히
- hierba 명여(영 grass) 풀, 약초
- lloró 동(영 cried) 울었다, 울부짖었다[직설 · 부정과거 3인칭 단수]

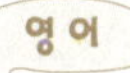

And he was overcome with sadness. His flower had told him that she was the only one of her kind in all the universe. And here were five thousand of them, all alike, in one single garden!

"She would be very much annoyed," he said to himself, "if she should see that... she would cough most dreadfully, and she would pretend that she was dying, to avoid being laughed at. And I should be obliged to pretend that I was nursing her back to life-- for if I did not do that, to humble myself also, she would really allow herself to die..."

Then he went on with his reflections: "I thought that I was rich, with a flower that was unique in all the world; and all I had was a common rose. A common rose, and three volcanoes that come up to my knees-- and one of them perhaps extinct forever... that doesn't make me a very great prince..."

And he lay down in the grass and cried.

어린 왕자는 자기가 매우 불행하다고 생각했다. 그의 꽃은 자기 같은 꽃은 오직 한 송이뿐이라고 말했다. 그런데 정원 하나에 이렇게 똑 같은 꽃이 오천 송이나 있다니!

'내 꽃이 이걸 보면 무척 화를 내겠지…' 어린 왕자는 생각했다. '창피해서 큰 소리로 기침을 하고 죽는시늉을 하겠지. 그럼, 나는 할 수 없이 돌봐 주는 척해야 할거야. 그렇지 않으면 나를 부끄럽게 만들려고 정말 죽어버릴지도 몰라…'

그리고 그는 또 생각했다. '나는 세상에 하나밖에 없는 꽃을 가져서 부자라고 생각했는데, 흔한 장미꽃 하나를 가졌을 뿐이야. 그리고 무릎밖에 안 차는 화산 세 개,
그것도 하나는 영원히 죽었는지도 모르는데… 그걸로 어떻게 훌륭한 왕자가 되겠어…'
그는 풀밭에 엎드려 울었다.

14 | 비교급과 최상급

1. 형용사 원급에 의한 비교

▷ 규칙 비교급의 공식

	스페인어	영어
원급비교	tan + 형용사 + como ~	as + 형용사 + as ~
의미	~ 만큼이나 그렇게 [형용사]한	

예 Él es tan guapo como el actor.
→ He is as handsome as the actor.
그는 배우만큼이나 그렇게 잘 생겼다.

▷ 「형용사 + 명사」의 비교급

	스페인어	영어
원급비교	tan + 형용사 + 명사 + como ~	as + 형용사 + a(n) + 명사 + as ~
의미	~ 만큼이나 그렇게 [형용사]한	

예 Ella tiene tan cara maleta como él.
→ She has as expensive a bag as he does.
그녀는 그만큼이나 비싼 가방을 가지고 있다.

잠깐! 원급 비교를 타나태는 「tan(to)~ como...」의 형태에서 앞에 있는 'tan(to)'는 부사 또는 형용사 역할을 하는데, 형용사를 수식하는 경우에는 'tan'을 이용하고, 단독 부사인 경우는 'tanto'의 형태로 변화하지 않는다. 형용사 역할을 하는 'tanto'의 경우 뒤 따라오는 명사에 따라서 여성단수(tanta), 남성복수(tantos), 여성복수(tantas) 형태를 취한다.

1-1. 불규칙적인 비교급

(1) tan + 형용사 + como ~　　　　　　　　~ 같은정도 [동사는 주로 ser와 estar]

> 예　Yo soy tan alto como tú.
> 　　→ I am as tall as you.
> 　　　나는 너처럼 키가 그렇게 크다.

명사 + tan + 형용사 + como ~　　　　　~처럼 그렇게 (형용사)한

> 예　Él es tan buena persona[= persona tan buena] como su hermano.
> 　　→ He is as good as his brother.
> 　　　그는 형만큼 좋은 사람이다.

(2) ser tan + 형용사1 + como + 형용사2　　1도 있고 2도 있다.

> 예　Susana es tan bonita como lista.
> 　　(= Susana es bonita y lista a la vez.)
> 　　→ Susana is pretty and intelligent at the same time.
> 　　　수사나는 예쁘면서 현명하기도 하다.

(3) tan + 부사 + como ~　　　　　　　~만큼 …하다

> 예　Yo corro tan rápido[= rápidamente] como tú.
> 　　→ I run as fast as you do.
> 　　　나는 너만큼 빨리 달린다.

(4) V + tanto como ~　　　　　　　　~만큼 …하다

> 예　Yo estudio tanto como tú (estudias).
> 　　→ I study as hard as you do.
> 　　　나는 너만큼 열심히 공부한다.

> 잠깐!　여기서 'tanto'는 단독 부사임으로 형태가 바뀌지 않는다.

(5) tanto + 명사 + como ~　　　　　　~와 같은 정도 (수량을 비교)

> 예　¿Sabe Ud. tantos poemas como ella?
> 　　→ Do you know as many poems as she does?
> 　　　당신은 그녀만큼 시(의 수)를 많이 알고 있습니까?

> 잠깐!　여기서 'tanto'는 형용사임으로 뒤에 오는 명사의 성·수에 따라 형태가 바뀐다.

(6) <u>S + V + tanto + A + como + B</u>   A도 B와 같은 정도로

[예] Tengo tantas camisas como trajes.
　　→ I have as many shirts as suits.
　　　나는 셔츠도 옷과 같은 정도로 갖고 있다.

(7) <u>Tanto + A + como + B</u>   A도 B도 …

[예] Me gusta tanto la carne como el pescado.
　　→ I like both meat and fish.
　　　나는 고기도 생선도 좋아한다.

여기서 'tanto' 는 단독 부사

(8) <u>no + 직설법 동사 + tan + 형용사 + que + 직설법 또는 접속법 동사</u>
　　　　　　　　　　　　　　…할 만큼 ∼가 아니다

[예] Ese muchacho no es tan inocente que no vaya a creer eso.
　　→ That boy isn't so innocent that he can't believe that.
　　　그 소년은 그것을 믿을 만큼 철부지가 아니다.

2. 형용사 비교급의 용법

▷ 규칙 비교급의 공식

	스페인어	영어
우등비교	más + 형용사 + que + ∼	more[-er] + 형용사 + than + ∼
의미	∼보다 더 [형용사]한	
열등비교	menos + 형용사 + que + ∼	less + 형용사 + than + ∼
의미	∼보다 덜 [형용사]한	

[예] La avenida es más ancha que nuestra calle.
　　→ The avenue is wider than our street.
　　　가로수 길은 우리의 거리보다 폭이 넓다.

　　La avenida es menos ancha que nuestra calle.
　　→ The avenue is less wide than our street.
　　　가로수 길은 우리의 거리보다 폭이 좁다.

▷ 불규칙 비교급 어휘

	스페인어	영어	한국어
우등비교	bueno → mejor	good → better	좋은 → 더 좋은
	grande → mayor	old → older	나이든 → 더 나이든
열등비교	malo → peor	bad → worse	나쁜 → 더 나쁜
	pequeño → menor	young → younger	어린 → 더 어린

 스페인어에서 'grande' 어휘는 '나이 든'이란 의미로 사용되지 않는다.

[예] Mi hermano menor es más alto que mi hermana mayor.
→ My younger brother is taller than my older sister.
나의 남동생은 내 언니보다 더 키가 크다.

Este restaurante es mejor que el otro.
→ This restaurant is better than the other one.
이 음식점은 다른 음식점보다 더 좋다.

2-1. 불규칙적인 비교급

(1) **más + 형용사 + que ~**　　　　　　　　~보다 더 …한

① ser (estar) + más + 형용사 + que ~

[예] Hoy el agua está más fría que ayer.
→ Today, the water is colder than yesterday.
오늘은 물이 어제보다 더 차다.

② 명사 + más + 형용사 + que ~　　　　　　~보다 더 …한

[예] Ella tiene zapatos más bonitos que Carmen.
→ She has prettier shoes than Carmen does.
그녀는 까르멘 보다 훨씬 예쁜 구두를 가지고 있다.

(2) **수량 + más + 형용사 + que ~**　　　　~보다(수량)만큼 많이 [적게]

[예] Ese cuarto es dos veces más ancho que este.
→ That room is twice wider than this one.
저 방이 이 방보다 두 배 더 크다.

(3) <u>ser + más + 형용사1 + que + 형용사2</u>　　　　2라기 보다는 1이다.

　　예　La cama es más grande que ancha.
　　　　→ The bed is bigger than wide.
　　　　　침대는 넓기보다는 크다.

(4) <u>동사 + más + 부사 + que ~</u>　　　　~보다 더 …한

　　예　Puedo correr más rápido que tú.
　　　　→ I can run faster than you.
　　　　　너보다 더 빨리 달릴 수 있다.

 'rápido' 는 원래 형용사이지만, 부사로도 사용된다. 여기에서는 부사 'rápidamente' 의 의미로 사용되었음.

(5) <u>동사 + más que ~</u>

　① A + 동사 + más que + B　　　　A는 B보다 더 많이 ~하다
　　예　Yo estudio más que tú.
　　　　→ I study more than you.
　　　　　나는 너보다 더 많이 공부한다.

　② A + 동사1 + más que + 농사2　　　　(동사2)하는 것 보다 더 (동사1) 하다.
　　예　Ella descansa más que trabaja.
　　　　→ She rests more than works.
　　　　　일하는 것보다 휴식을 더 많이 취한다.

 이곳에서 사용되는 'más' 는 부사로 사용된다.

(6) <u>más + 명사 + que ~</u>　　　　~보다 더 많은 …

　　예　Él tiene más dinero que yo.
　　　　→ He has more money than I do.
　　　　　그는 나보다 돈을 더 많이 갖고 있다.

 이곳에서 사용되는 'más' 는 형용사로 사용된다.

(7) <u>V+ más + 명사1 + que + 명사2</u>　　　　　2보다 1을 더욱더 (수량을 비교)

　　예　Hay más niños que niñas.
　　　　→ There are more boys than girls.
　　　　　여자 애들보다 남자애들이 더 많이 있다.

(8) <u>Es más + 형용사 + 동사원형① + que + 동사원형②</u>　②하는 것보다 ①하는 것이 ～이다.

　　예　Es más fácil leer que escribir.
　　　　→ It is easier to read than to write.
　　　　　쓰는 것보다 읽는 것이 더 쉽다.

(9) <u>주어1 + 동사1 + 형용사, pero 주어2 + 동사2 + 비교급</u>　　1은 ～이지만 2는 더 ～이다.

　　예　Yo soy tonto, pero tú más.
　　　　→ I am a fool, but you more.
　　　　　나도 바보이지만 너는 더 바보이다.

'동사2'에 해당하는 'eres'는 생략되었음.

(10) <u>más de lo + 형용사</u>　　　　　　　～이상으로

　　예　Yo tengo más de lo suficiente.
　　　　→ I have more than enough.
　　　　　나는 충분한 것 이상으로 가지고 있습니다.

「menos de lo + 형용사」는 '～이하로'의 뜻을 가진다.

(11) <u>más ～ de lo que + 동사</u>　　　　생각하고 있었던 것 보다 …이다

　　예　La tarea era más fácil de lo que yo esperaba.
　　　　→ The work was easier than what I expected.
　　　　　일은 내가 예상하고 있었던 것 보다 더 쉬웠다.

(12) <u>más ～ de + 정관사 + que + 동사</u>　　　～하는 것(이상으로) 더 ～하다.

　　예　Hay más pan del que hace falta.
　　　　→ There is more bread than they need.

필요한 것보다 빵이 더 많이 있다.

위의 예문에서 'el que' 는 'el pan' 을 의미한다.

■ 라틴어에서 온 비교급

(1) superior a ~   ~보다 뛰어나다

> 예 Él es superior a su hermano en inteligencia.
> → He is superior to his brother in intelligence.
> 그는 지성에 있어서 그의 형보다 뛰어나다.

(2) inferior a~   ~보다 열등하다

> 예 Esta tela es inferior a esa.
> → This cloth is inferior to that one.
> 이 천은 저것보다 하품이다.

(3) anterior a~   더 앞의

> 예 Ese viaje fue muy anterior al que yo digo.
> → That travel was very anterior to what I say.
> 그 여행은 지금 내가 말하는 것 보다 훨씬 이전이다.

(4) posterior a~   더 뒤의

> 예 Él viajaba en un coche posterior a aquel en que yo iba.
> → He traveled in the car posterior to that car in which I went.
> 그는 내가 탄 차보다 뒤에 있는 차로 여행하고 있었다.

(5) mayor   연상의, 더 위대한

> 예 Tu hijo es mayor que el mío.
> → Your son is older than my son.
> 너의 아들은 내 아들보다 나이가 많다.

(6) menor   연하의, 더 작은 (수의 대소)

> 예 El número de hombres es menor que el de mujeres.
> The number of men is fewer than that of women.
> 남자의 수는 여자의 수보다 더 적다.

(7) antes   ~하기 선에

[예] María salió <u>antes que</u> su amiga.
→ Maria had gone out before her friend did.
마리아는 친구보다 먼저 출발했다.

위의 'antes que' 는 'antes de que' 의 생략형이다.

(8) después　　　　　　　　　～한 후에

[예] Ellos entraron después que su profesor.
→ They entered after thacher had entered.
그들은 선생님보다 나중에 들어왔다.

위의 'después que' 는 'después de que' 의 생략형이다.

(9) preferir A a B　　　　　　　B보다 A를 택하다

[예] Yo prefiero el verano al invierno.
→ I prefer summer to winter.
나는 겨울보다 여름을 좋아한다.

3. 형용사 최상급의 용법

▷ 규칙 최상급의 공식

	스페인어	영어
우등비교	el[la/los/las] más + 형용사 + de + ~	the most[-est] + 형용사 + of[in] + ~
의미	~중에[에서] 가장 [형용사]한	
열등비교	el[la/los/las] menos + 형용사 + de + ~	the least + 형용사 + of[in] + ~
의미	~중에[에서] 가장 덜 [형용사]한	

[예] Estamos en la ciudad más importante del país.
→ We are in the most important city in the country.
우리는 나라에서 가장 중요한 도시에 머물러 있다.

Esta es la calle más elegante de la ciudad.
→ This is the most elegant street in the city.

이 길은 도시에서 가장 우아한 길이다.

▷ 불규칙 최상급 어휘

	스페인어	영어	한국어
우등최상	bueno → el[la/los/las] mejor	good → the best	좋은 → 제일 좋은
	grande → el[la/los/las] mayor	old → the oldest	나이든 → 제일 나이든

	스페인어	영어	한국어
열등최상	malo → el[la/los/las] peor	bad → the worst	나쁜 → 제일 나쁜
	pequeño → el[la/los/las] menor	young → the youngest	어린 →제일 어린

예 Aquí es el ruido peor del barrio.
→ Here is the worst noise in the neighborhood.
여기는 마을에서 가장 시끄러운 곳이다.

3-1. 불규칙적인 최상급

(1) el (명) más + 형용사 + de ~   ~중에서 가장…

예 Él es el más viejo de todos.
→ He is the oldest man among all the people.
그는 모든 사람 중에서 최연장자이다.

(2) el (명) más + 형용사 + que + 동사   ~라고 하는 것에서 가장

예 Esos son los más antiguos que existen.
→ Those are the oldest things that exist.
그것들은 존재하고 있는 가장 오래된 것들입니다.

(3) el que + 동사 + más (más + V)   가장 ~하는것

예 El que menos habla es el que más hace.
→ The man who talks least works best.
가장 적게 말하는 사람은 가장 잘 하는 사람이다.

 잠깐! 위의 'el que' 는 'quien' 으로 대체할 수 있다.
예 Quien habla mucho piensa poco.

말 많은 사람이 생각이 없다.
(→ 빈 수레가 요란하다.)

(4) <u>uno de los más ~</u>　　　　　　　가장 ~인 것 중의 하나

예 Es uno de los sitios más famosos de Corea del Sur por su belleza natural.
→ This is one of the most famous sites in South Korea for its natural beauty.
자연미로 대한민국에서 가장 유명한 곳 중의 하나입니다.

(5) <u>V + más</u>　　　　　　　가장 ~하다

예 Juan corre más (de la clase).
→ Juan runs fastest in the class (= Juan is the fastest runner in the class.).
후안이 (반에서) 가장 잘 달린다.

부사는 관사를 붙일 수 없다. 부사 앞에 'más'를 써서 비교급을 표현하여, 'lo más'를 써서 최상급
(부사)을 표현함.
여기서 'más'는 부사임. 중성관사 'lo'를 가지고 표현함.
예 Las chicas hablan lo más lentamente de todos.
그 여자아이들은 모든 사람들 중에 가장 천천히 말을 한다.

(6) 부정어와의 비교(최상급의 일종)　　　　무엇보다도, 누구보다도

예 Lo conoce mejor que nadie.
→ He knows it better than everyone else.
그는 누구보다도 (무엇보다도) 그것을 잘 알고 있다.

(7) primero　　　　　　　우선, 맨 먼저

예 Haga esto primero.
→ Do it first.
우선 맨 먼저 이것을 하시오.

(8) último　　　　　　　마지막, 최후에

예 Él vive en el último rincón de España.
→ He lives in the last corner in Spain.
그는 스페인의 제일 구석에 살고있다.

부사의 최상급 만들기
「lo más(menos) + 부사 + de~」
예 Corre lo más rápidamente de todos.

→ He runs the fastest of all.
그는 모두 중에 가장 빨리 달린다.

4. 절대 최상급

절대 최상급은 형용사 어미에 "-ísimo"를 붙여 최상급을 만드는 것을 일컫는다.

(1) 남성 단수 형용사 "-o"로 끝나는 경우
"-o"를 떼어 내고 「-ísimo」를 붙인다.

| 예 | lindo (형 cute) 귀여운 | → | lindísimo |
| | feo (형 ugly) 추한 | → | feísimo |

(2) 남성 단수 형용사 "-co", "-go" 또는 "-z"로 끝나는 경우
소리를 유지하기 위해 「c → qu」, 「g → gu」, 「z → c」로 바꾼다.

예	largo(형 long) 긴	→	larguísimo
	rico(형 rich) 부유한, 맛있는	→	riquísimo
	feliz(형 happy) 행복한	→	felicísimo

(3) 남성 단수 형용사 "-e"로 끝나는 경우
"-e"를 떼고, 「ísimo」를 붙인다.

| 예 | alegre (형 cheerful) 쾌활한 | → | alegrísimo |
| | inteligente(형 intelligent) 유능한 | → | inteligentísimo |

(4) 형용사 어간이 "-ue-"인 경우
"-ue-"를 「-o-」로 교체한다.

| 예 | nuevo (형 new) 새로운 | → | novísimo |

(5) 형용사 어간이 "-ie-"인 경우
"-ie-"를「-e-」로 교체한다.

| 예 | cierto (형 certain) 확실한 | → | certísimo |

(6) 형용사 어간이 "-bl-"인 경우
"-bl-"를 「-bil-」로 교체한다.

| 예 | amable (형 kind) 친절한 | → | amabilísimo |
| | afable (형 affable) 상냥한 | , | afabilísimo |

잠깐! 절대 최상급 앞에 'muy' 또는 'más' 를 쓰는 것은 불가능함.

■ 연습문제

1. Ramón es más guapo ______ Felipe.
① que　　　　　　　　　② de
③ como　　　　　　　　④ tan

2. Los explicaron ______ nosotros.
① menor que　　　　　　② mayor que
③ tanto　　　　　　　　④ mejor que

3. Carmen tiene más amigas ______ puede contar.
① de los que　　　　　　② de las que
③ que　　　　　　　　　④ de lo que

4. Paco trabaja mejor ______ Ud. cree.
① que　　　　　　　　　② del que
③ de lo que　　　　　　④ de la que

5. María es menos alta ______ Carmen.
① tan　　　　　　　　　② como
③ de　　　　　　　　　④ que

6. Las chicas hablan ______ lentamente de todos.
① el más　　　　　　　② lo más
③ las más　　　　　　　④ más

7. Mis notas son ______ las de Sancho.
① mayor que　　　　　　② mejores que
③ mayores de　　　　　④ mejores de

8. Hay ______ torres como palacios en aquel país.

  ① tan   ② tan muchos

  ③ tantos   ④ tantas

9. La máquina no ha salido muy buena, y ha dado un resultado ______.

  ① mínimo   ② mayor

  ③ menor   ④ óptimo

10. No creas: en España se bebe ______ en cualquier otro sitio.

  ① tan que   ② tanto como

  ③ tal que   ④ tan como

정답 1 ①　2 ④　3 ②　4 ③　5 ④　6 ②　7 ②　8 ④　9 ①　10 ②

독해(Lectura) XIV

ENTONCES apareció el zorro:

– ¡Buenos días! – dijo el zorro.

– ¡Buenos días! – respondió cortésmente el principito que se volvió pero no vio nada.

– Estoy aquí, bajo el manzano – dijo la voz.

– ¿Quién eres tú? – preguntó el principito – . ¡Qué bonito eres!

– Soy un zorro – dijo el zorro.

– Ven a jugar conmigo – le propuso el principito – , ¡estoy tan triste!

– No puedo jugar contigo – dijo el zorro –, no estoy domesticado.

– ¡Ah, perdón! – dijo el principito.

Pero después de una breve reflexión, añadió:

– ¿Qué significa "domesticar"?

– Tú no eres de aquí – dijo el zorro – ¿qué buscas?

– Busco a los hombres – le respondió el principito –. ¿Qué significa "domesticar"?

– Los hombres – dijo el zorro – tienen escopetas y cazan. ¡Es muy molesto! Pero también crían gallinas. Es lo único que les interesa. ¿Tú buscas gallinas?

– No – díjo el principito –. Busco amigos. ¿Qué significa "domesticar"? – volvió a preguntar el principito.

– Es una cosa ya olvidada – dijo el zorro – , significa "crear lazos..."

– Capítulo 21, Parte 01 –

▶ 듣기 연습! 380 페이지로 이동!

단어

- zorro 명남(영 fox) 여우
- manzano 명남(영 apple tree) 사과 나무
- voz 명여(영 voice) 목소리, 소리
- jugar 동(영 play) 놀다; 운동하다
- propuso 동(영 proposed) 제안했다, 약속했다; 청혼했다[직설 · 부정과거 3인칭 단수]
- triste 형(영 sad) 슬픈, 애처로운, 쓸쓸한
- domesticado 형(영 tamed) 길들여진, 익숙해진
- breve 형(영 brief) 간단한, 간결한
- reflexión 명여(영 reflection) 반사, 반향, 투영
- añadió 동(영 added) 더해졌다, 보탰다[직설 · 부정과거 3인칭 단수]
- buscas 동(영 find) 찾다, 구하다[직설 · 현재 2인칭 단수]
- significa 동(영 signifies) 의미하다, 나타내다, 알리다[직설 · 현재 3인칭 단수]
- escopeta 명여(영 shotgun) 엽총, 새총, 산탄총
- cazan 동(영 hunts) 사냥하다[직설 · 현재 3인칭 복수]
- molesto 형(영 annoying) 성가신, 귀찮은, 지리한
- olvidado 형(영 forgotten) 잊혀진, 망각된
- crear 동(영 create) 만들다, 창작하다, 창조하다
- lazo 명남(영 knot) 매듭, 매는 끈

영어

It was then that the fox appeared.

"Good morning," said the fox.

"Good morning," the little prince responded politely, although when he turned around he saw nothing.

"I am right here," the voice said, "under the apple tree."

"Who are you?" asked the little prince, and added, "You are very pretty to look at."

"I am a fox," said the fox.

"Come and play with me," proposed the little prince. "I am so unhappy."

"I cannot play with you," the fox said. "I am not tamed."

"Ah! Please excuse me," said the little prince.

But, after some thought, he added:

"What does that mean-- 'tame'?"

"You do not live here," said the fox. "What is it that you are looking for?"

"I am looking for men," said the little prince. "What does that mean-- 'tame'?"

"Men," said the fox. "They have guns, and they hunt. It is very disturbing. They also raise chickens. Those are their only interests. Are you looking for chickens?"

"No," said the little prince. "I am looking for friends. What does that mean-- 'tame'?"

"It is an act too often neglected," said the fox. "It means to establish ties."

여우가 나타난 것은 바로 그때였다.

"안녕." 여우가 말했다.

"안녕." 어린 왕자는 얌전히 대답하고 고개를 돌렸지만 아무것도 보이지 않았다. "여기 있어." 그 목소리가 말했다, "사과나무 밑에…"

"넌 누구지? 참 예쁘구나…" 어린 왕자가 말했다.

"난 여우야." 여우가 말했다. "이리 와서 나하고 놀자." 어린 왕자가 말했다. "난 지금 아주 슬퍼…"

"난 너하고 놀 수 없어. 난 아직 길들여지지 않았거든." 여우가 말했다.

"아! 미안해." 어린 왕자가 말했다. 그러나 잠깐 생각해보고 다시 물었다. "길들여진다는 게 무슨 말이야?"

"넌 여기 사는 애가 아니구나. 넌 무얼 찾고 있지?" 여우가 물었다.

"난 사람들을 찾고 있어." 어린 왕자가 말했다. "길들여진다는 게 무슨 뜻이야?"

여우가 말했다. "사람들은 총을 가지고 사냥을 해. 정말 곤란하기 짝이 없어! 그러면서 또 닭도 키우지, 그게 그들의 유일한 즐거움이야. 너는 닭을 찾고 있니?"

어린 왕자가 말했다. "아니. 난 친구들을 찾고 있어. 길들여진다는 게 무슨 뜻이야?"

여우가 말했다. "사람들은 너무나 그걸 쉽게 잊지. 그건 관계가 생긴다는 뜻이야."

15 | 수동형, 역구조형, 명령문

1. 수동형 동사

1-1. 수동태의 기본 형태

(1) 「ser + ∼ado(a/os/as)/ ∼ido(a/os/as)」

> 예 Este juguete fue hecho por Sancho.
> → This toy was made by Sancho.
>   이 장난감은 Sancho에 의해 만들어졌다.

> ※ 'ser동사'가 '직설법 현재' 또는 '불완료 과거형'으로 사용될 때는 순간적인 수동행위로 표현 될 수 없다. 아래의 예는 반복되는 행위 또는 습관적인 행위임.

> 예 La puerta es abierta por la guardía.
> → The door is opened by the guard.
>   문은 경비원에 의해 열린다.

>   El niño era besado mucho por sus padres.
> → The little boy was kissed much by his parents.
>   그 어린아이는 그의 부모들로부터 뽀뽀세례를 받았다.

(2) 「se + 동사」

> 예 Se vendió el piso hace 3 meses.
> → This apartment was sold 3 months ago.
>   이 아파트는 3개월 전에 매매가 되었다.

> ※ 수동으로 해석되지 않는 경우

> 예 Se ve una vela.
> → You see a boat[= A boat is seen].
>   배 한 척이 보인다.

Se oyó un ruido.

→ You heard a noise[=A noise was heard].

소음이 들렸다.

Aquí se compra buena carne.

→ You can buy good meat here[= Good meat can be bought here].

여기서 좋은 고기를 판다.

(3) 「se + le(lo/la/les/los/las) + 동사」

예 No se la ama.

→ She isn't loved by people.

그녀는 사랑 받지 못한다.

Nunca se les aplaude.

→ They are never applauded by people.

그들은 결코 박수를 받지 못한다.

(4) 「me + 3인칭 복수형 동사」

예 Me robaron la maleta.

→ I was robbed the bag by someone.

난 가방을 도난 당했다.

(5) 「estar + ~ado(a/os/as)/ ~ido(a/os/as)」

'ser + ~ado(a/os/as)/ ~ido(a/os/as)' 형태의 수동태와 비교했을 때, 행위의 결과 상태를 나타낼 때 사용하는 수동태형이다.

예 Esa profesora está protegida por la policía.

→ That female professor is protected by the police.

그 여교수는 경찰에 의해 보호되고 있다.

La casa está rodeada de árboles.

→ The house is surrounded with trees.

그 집은 나무에 둘러싸여 있다.

잠깐! 수동형의 행위 주체를 쓸 때 영어의 'by + 행위자' 를 스페인어에서는 'por + 행위자' 를 사용하는데, 동적(動的)이지 않고 정적(情的)일 경우는 'de + 행위자' 를 사용한다.

예 Ella es amada de todos.

그녀는 모든 사람들에게 사랑받나.

(6) 「동사 + ~ado(a/os/as)/ ~ido(a/os/as)」

예 Ella salió acompañada de sus amigos.
→ She went out accompanied by her friends.
그녀는 그녀의 친구들과 동반해 나갔다.

2. 역구조형 동사

역구조 동사의 대표적인 것으로 'gustar동사'를 들 수 있는데 이 동사는 '…을 좋아한다' 라는 뜻을 지니고 있다. 하지만 이와 같은 역구조 동사는 다른 동사들과 달리 목적어가 문법적 주어가 되고 주어는 간접 목적격의 형태로 이루어진다. 쉽게 말하자면 「Yo quiero esta casa. 나는 이 집을 좋아한다.」의 표현을 「Me gusta esta casa. 이 집이 나에게 즐거움을 준다.」라는 형식을 갖는 것이다. 이 경우에 문장의 동사는 문법적 주어가 되는 것에 일치를 하여야 한다. 그리고 간접목적어가 되는 인칭대명사는 간접목적격(me, te, le, nos, os, les)을 사용하여야 한다.

예 Me gusta este libro.
→ I like this book.
나는 이 책을 좋아한다.

Me gustan estos libros.
→ I like these books.
나는 이 책들을 좋아한다.

2-1. 역구조 동사는 부정사를 문법적 주어로 가질 수 있다. 그리고 여러 개의 부정사들이 접속사 'y' 로 연결되어 문법적 주어가 되는 경우에는 복수형이 아닌 단수형으로 취급한다.

예 Me gusta bailar.
→ I like to dance.
나는 춤추기를 좋아한다.

Nos gusta bailar y cantar.
→ We like to dance and sing a song.
우리는 춤추고 노래하는 것을 좋아한다.

2-2. 문법적 목적어로 쓰인 간접목적격의 뜻을 강조하거나 밝힐 필요가 있을 때는 중복형(a mí 등)을 쓴다. 이 경우 중복형은 인칭대명사 간접목적격 앞에 놓여도 된다.

예 Le gusta a Elena la música[=A Elena, le gusta la música].
→ Elena likes music.
엘레나는 음악을 좋아한다.

2-3. 다른 역 구조 동사

▷ interesar 흥미를 가지다.
- 예 Me interesa mucho la cuestión.
  - → I'm so interested in the question.
    나에게는 이 문제가 매우 재미있다.

▷ parecer ...같이 보이다.
- 예 Nos parece que va a llover.
  - → It seems to us that it will rain.
    우리가 보기에는 비가 올 것 같다.

▷ dar (영 give) 주다.
- 예 Le dan miedo a ella los gatos.
  - → She is afraid of the cats.
    그녀는 고양이들을 무서워한다.

▷ faltar (영 need) 모자라다, 필요하다.
- 예 Le faltaba tiempo para escribir.
  - → He needed time to write.
    그는 글을 쓸 시간이 부족했다.

▷ doler (영 feel pain) 고통을 느끼다.
- 예 Me duele el estómago.
  - → I have a stomachache.
    나는 배가 아프다.

▷ quedar (영 leave) 남다.
- 예 Nos queda poco tiempo.
  - → We are out of time.
    우리는 시간이 조금밖에 안 남았다.

▷ molestar (영 bother) 귀찮다.
- 예 Me molesta su canto.
  - → His song is bothering me.
    나는 그의 노래가 귀에 거슬린다.

3. 명령법(Imperativo)

3-1. 긍정명령

긍정명령은 명령어조(Tú)의 '~해!' 또는 권유(Ud.)를 나타내는 '~하세요'로 나눌 수 있으며 긍정문으로 말하는 것을 의미한다.

• 문법 어형

	단수		복수
Yo	X	Nosotros(as)	접속법 1인칭 복수
Tú	직설법 3인칭 단수	Vosotros(as)	원형~ar/ ~er/ ~ir에서 'r' 대신 'd'를 붙여서 사용
Ud.	접속법 3인칭 단수	Uds.	접속법 3인칭 복수

• habar/comer/vivir의 긍정명령 형태

	단수		복수
Yo	X	Nosotros(as)	Hablemos / Comamos / Vivamos
Tú	Habla / Come / Vive	Vosotros(as)	Hablad / Comed / Vivid
Ud.	Hable / Coma / Viva	Uds.	Hablen / Coman / Vivan

잠깐! 1인칭 복수의 경우 권유 성격이 강함으로 「vamos a + 동사원형」형태로 많이 대체된다.

【용 법】

(1) 주어는 대체적으로 동사의 뒤에 놓이는 것을 원칙으로 하지만 생략한다.

예 ¡Habla en español.
→ Speak in Spanish!
(너) 스페인어로 말해라.

¡Estudien mucho!
→ Please, study hard!
(당신들) 열심히 공부하세요.

(2) 재귀대명사는 긍정명령에서는 동사의 어미에 붙인다

잠깐! 2인칭 복수형에서 재귀 대명사를 붙일 때, 'levantad' 동사의 'd'를 없애고 'os'를 붙여준다는 것에 명심하자. 하지만 부정명령의 경우에는 재귀대명사를 동사 앞에 놓아야 한다.

[예] ¡Levántate!
　　→ Get up!
　　　(너) 일어나!

　　¡Siéntese!
　　→ Please, take a seat!
　　　(당신) 앉으세요!

　　¡Lavaos las manos!
　　→ Wash your hands!
　　　(너희들) 손 씻어라!

(3) 간접 · 직접 목적대명사를 동반하는 경우에 긍정명령이면 동사의 어미에 붙여 쓴다. 이때 명령형 동사의 본래의 강세 위치에 강세 부호를 표시해야 한다.

[예] ¡Estúdielo mucho!
　　→ Please, study it hard!
　　　(당신) 그것을 열심히 공부하세요!

　　¡Déselo Ud!
　　→ Give it to her [him]!
　　　(당신) 그것을 그[녀]에게 주세요!

3-2. 부정명령

부정명령은 명령어조(Tú)의 '~하지마!' 또는 권유(Ud.)를 나타내는 '~하지 마세요'로 나눌 수 있으며 부정문으로 말하는 것을 의미한다.

• 문법 어형

	단수		복수
Yo	X	Nosotros(as)	접속법 1인칭 복수
Tú	접속법 2인칭 단수	Vosotros(as)	접속법 2인칭 복수
Ud.	접속법 3인칭 단수	Uds.	접속법 3인칭 복수

• habar/comer/vivir의 부정명령 형태

	단수		복수
Yo	X	Nosotros(as)	No Hablemos / No Comamos / No Vivamos
Tú	No Hables / No Comas / No Vivas	Vosotros(as)	No Habléis / No Comáis / No Viváis
Ud.	No Hable / No Coma / No Viva	Uds.	No Hablen / No Coman / No Vivan

【용 법】

(1) 부정 명령이 되는 경우에는 부정어인 'no'를 동사의 앞에 놓아야 한다. 2인칭 단수 · 복수인 경우에는 접속법 2인칭 단 · 복수형을 사용해야 한다.

예） ¡No coma Ud. mucho!
　　 → Please, don't eat too much!
　　　 (당신) 많이 먹지 마세요!

　　 ¡No hables en español!
　　 → Don't speak in Spanish!
　　　 (너) 스페인어로 말하지 마라!

(2) 재귀대명사는 긍정명령에서는 동사의 어미에 붙이지만, 부정 명령에서는 동사 앞으로 놓아야 한다.

예） ¡No te levantes!
　　 → Don't get up!
　　　 (너) 일어나지 마!

　　 ¡No se siente!
　　 → Please, don't take a seat!
　　　 (당신) 앉지 마세요!

　　 ¡No os lavéis las manos!
　　 → Don't wash your hands!
　　　 (너희들) 손 씻지 마라!

(3) 간접 · 직접 목적대명사를 동반하는 경우에 긍정명령이면 동사의 어미에 붙여 쓰지만. 부정 명령의 경우에는 인칭 대명사 직접 · 간접목적격을 동사의 앞에 놓는다.

[예] ¡No lo estudie!
　　→ Please, don't study it!
　　　(당신) 그것을 공부하지 마세요!
　　¡No se lo dé!
　　→ Please, don't give it to him[her].
　　　(당신) 그것을 그[녀]에게 주지 마세요!

3-3. 특이한 명령문 형태

(1) 직설법 현재형이 명령문으로 사용되는 경우(억양으로 의미를 강조하므로 강하게 읽음)

[예] ¡Siguen trabajando aquí!
　　→ Please, continue working here!
　　　(당신들) 계속 여기서 일하세요!

(2) 직설법 미래형이 명령문으로 사용되는 경우
[예] ¡No lo dirás a nadie!
　　→ Don't say it to anyone!
　　　(너) 아무에게도 그것을 말하지 말아라!

(3) 동사원형을 이용하여 명령문으로 만드는 경우
[예] ¡Traducir las frases siguientes!
　　→ Translate these following phrases!
　　　다음 어구들을 번역해라!

(4) 「¿Por qué no + 직설법 현재형?」의 경우
[예] ¿Por qué no viene mañana?
　　→ Why don't you come tomorrow?
　　　(당신) 내일 오세요!

(5) 「접속사 que + 접속법 현재형」의 경우
[예] ¡Que me lo traiga!
　　→ Please, bring it to me!
　　　(당신) 그것을 나에게 가져다 주세요!

(6) 「A + 동사원형」
[예] ¡A comer!
　　→ Eat!
　　　먹어라[= 드세요]!

1. La universidad _________ por el presidente Fernández.
  ① fundó   ② fue establecida
  ③ estaba fundado   ④ se estableció

2. El asesino fue _________ por el policía.
  ① muerto   ② morido
  ③ matado   ④ muriendo

3. Al entrar, vi que las ventanas _________ abiertas.
  ① fueron   ② han sido
  ③ estaban   ④ han estado

4. Esas casas fueron _________ por un arquitecto famoso.
  ① construida   ② construidos
  ③ construido   ④ construidas

5. A Roberto _________ gusta ir a la playa todos los días durante el verano.
  ① se   ② le
  ③ os   ④ te

6. _________ chico le gusta jugar al tenis.
  ① El   ② A
  ③ Al   ④ X

7. A Sancho y a mí _________ el helado.
  ① les gusta   ② nos gusta
  ③ les gustan   ④ nos gustan

8. Me encanta _________ dinero.
  ① gastar   ② gastaré
  ③ gastando   ④ pasar

9. _________ falta dos dólares.
  ① Me hace   ② Me haces
  ③ Me hacen   ④ Me hago

10. ¿A quiénes _________ toca?
  ① lo   ② les
  ③ le   ④ los

11. ¡No _________ Ud., por favor!
  ① me hable   ② me habla
  ③ hábleme   ④ me hables

12. ¡Que lo _________ Ud. bien!
  ① pasar   ② pases
  ③ pase   ④ pasa

13. ¡ Hola! Mis amigos. ¡ _________ para hablar conmigo!
  ① Siéntense   ② Sentados
  ③ Siéntese   ④ Sentaos

14. La madre le dijo a su hijo, – ¡ _________ al supermercado!
  ① vete   ② no vaya
  ③ váyase   ④ no va

정답 1 ②   2 ①   3 ③   4 ④   5 ②   6 ③   7 ②   8 ①   9 ③   10 ②
      11 ①   12 ③   13 ④   14 ①

■ 독해(Lectura) XV

– ¿Crear lazos?

– Efectivamente, verás – dijo el zorro –. Tú no eres para mí todavía más que un muchachito igual a otros cien mil muchachitos. Y no te necesito. Tampoco tú tienes necesidad de mí. No soy para ti más que un zorro entre otros cien mil zorros

semejantes. Pero si me domesticas, entonces tendremos necesidad el uno del otro. Tú serás para mí único en el mundo, yo seré para ti único en el mundo...

– Comienzo a comprender – dijo el principito –. Hay una flor... creo que ella me ha domesticado...

– Es posible – concedió el zorro –, en la Tierra se ven todo tipo de cosas.

– ¡Oh, no es en la Tierra! – exclamó el principito.

El zorro pareció intrigado:

– ¿En otro planeta?

– Sí.

– Capítulo 21, Parte 02 –
▶ 듣기 연습! 381 페이지로 이동!

- electivamente 뷔(영 selectively) 선택적으로, 단지
- muchachito 뗑밉(영 little boy) 어린 소년
- igual 혱(영 equal) 동일한, 같은
- tampoco 뷔(영 neither, nor) 역시 ~아닌
- necesidad 뗑여(영 necessity) 필요(성), 긴급한 필요
- comienzo 동(영 begin) 시작한다[직설 · 현재 1인칭 단수]
- comprender 동(영 understand) 이해하다, 알아듣다
- concedió 동(영 conceded) 인정했다, 승인했다; 양보했다[직설 · 부정과거 3인칭 단수]
- intrigado 혱(영 Intrigued) 음모를 꾸민, 술책을 쓴, 밀통을 한

"To establish ties?"

"Just that," said the fox. "To me, you are still nothing more than a little boy who is just like a hundred thousand other little boys. And I have no need of you. And you, on your part, have no need of me. To you, I am nothing more than a fox like a hundred thousand other foxes. But if you tame me, then we shall need each other. To me, you will be unique in all the world. To you, I shall be unique in all the world..."

"I am beginning to understand," said the little prince. "There is a flower... I think that she has tamed me..."

"It is possible," said the fox. "On the Earth one sees all sorts of things."

"Oh, but this is not on the Earth!" said the little prince.
The fox seemed perplexed, and very curious.
"On another planet?"
"Yes."

"관계가 생긴다구?"
"그래." 여우가 말했다.
"지금 내게 넌 세상에 흔한 여러 아이들과 전혀 다를 게 없어. 그래서 난 네가 필요 없어. 너 역시 내가 필요 없지. 나도 세상에 흔해빠진 여우들과 전혀 다를 게 없는 여우일 뿐이니까. 그러나 네가 나를 길들이면 우리는 서로 필요해져. 너는 나한테 이 세상에 단 하나밖에 아이가 될 거구…"
"알 것 같아." 어린 왕자가 말했다. "꽃이 하나 있어… 그 꽃이 나를 길들인 것 같아…"
"그럴 수 있겠지." 여우가 말했다. "지구 위엔 온갖 것이 모두 있으니까…"
"아니, 지구가 아니야." 어린 왕자가 말했다.
여우는 별안간 마음이 끌리는 것 같았다.
"그럼 다른 별이란 말이야?"
"그래."

16 | 복합동사(우설법)

우설법이란 조동사(verbo auxiliar)에 의해서 동사의 의미를 구체적으로 한정하는 것을 말하며, 스페인 한림원(Real Academia Española)에서는 우설법을 나타낼 때는 그 어휘가 부분적으로 또는 완전히 그 고유한 의미를 상실한다고 정의한다.

1. 조동사

영어에는 「will, shall, can, may, must...」 등등의 조동사가 많이 있지만, 스페인어에서는 조동사라고 지칭 할 수 있는 것은 'ser' 동사와 'haber' 동사뿐이다.

(1) ser동사

수동태 「ser + -ado(a / os / as); -ido(a / os / as)」를 지칭한다. 'ser' 는 그 본래 의미보다는 조동사로써 문법적 역할을 한다.

> 예 La televisión es instalada por el ingeniero.
> → The television is installed by the engineer.
> 텔레비전은 기술자에 의해 설치되었다.

(2) haber

완료형 「haber + -ado / -ido」를 지칭하며, 'haber' 는 조동사로써 문법적 역할만 한다.

> 예 Ella ha estudiado el español 3 años.
> → She has studied Spanish for 3 years.
> 그녀는 3년 동안 스페인어를 공부해왔다.

2. 조동사에 해당하는 동사구

(1) acabar de + 동사원형 : 막 ~를 하다(~를 방금 끝내다).
→ finish ~ing

 이 동사구는 부정과거로 사용될 수 없는 것임을 꼭 기억해야 한다. 이 동사구는 과거를 불완료 과거형으로만 사용해야 한다.

예 El tren acababa de llegar al andén Ⅱ.
→ The train just arrived at the platform II.
열차가 방금 2번 플랫홈으로 도착하였다.

(2) acabar por + 동사원형 : 드디어 ~하기에 이르다.
→ come to ~ing[= ended in ~ing]

예 Acabaron por llorar.
→ Finally, they ended in crying.
그들은 마침내 울게 되었다.

(3) acertar a + 동사원형 : 능란하게 ~하다. /우연히 ~하다.
→ happen to + 동사원형

예 Yo acertaba a pasar por la casa de Sánchez.
→ I happened to pass by Sánchez's house.
나는 우연히 산체스의 집에 들르게 되었다.

(4) acordarse de + 동사원형 : ~을 기억하다.
→ remember to 동사원형

예 ¿Te acordaste de enviarle una carta?
→ Did you remember to send the mail to him?
너는 그에게 편지를 보낼 생각이 났니?

(5) acostumbrarse a + 동사원형 : ~하는 습관을 갖다.
→ be accustomed to ~ing(= be used to ~ing)

예 Ella se acostumbra a levantarse temprano.
→ She is accustomed to getting up early.
그녀는 일찍 일어나는 습관이 있다.

(6) alcanzar a + 동사원형 : ~하기에 이르다. ~이 가능하다.
→ come to 동사원형

예 Yo no alcanzo a comprender el motivo.
→ I don't come to understand the motive.

나는 그 동기가 이해되지 않는다.

(7) alegrarse de + 동사원형 : ~해서 기쁘다.
 → be glad to + 동사원형

 예 Me alegro de oírte.
   → I'm glad to hear from you.
     네 말을 들으니 기쁘다.

(8) aplicarse a + 동사원형 : 부지런히 ~을 하다.
 → bend over to + 동사원형

 예 Él se aplica a leer ese libro.
   → He bends over to read that book.
     그는 부지런히 그 책을 읽는다.

(9) aprender a + 동사원형 : ~하는 것을 배우다.
 → learn + 동사원형
 예 Estoy aprendiendo a conducir el coche.
   → I'm learning how to drive the car.
     나는 운전하는 것을 배우고 있다.

(10) arrepentirse de + 동사원형 : ~를 후회하다.
 → regret + ~ing

 예 Ella se arrepiente de haber comido todas las galletas.
   → She regrets having eaten all snacks.
     그녀는 과자 다 먹은 것을 후회하고 있다.

(11) atreverse a + 동사원형 : 감히 ~을 하다.
 → dare to + 동사원형

 예 No me atrevo a hacerlo.
   → I won't dare to do it.
     나는 감히 그것을 하지 않는다.

(12) ayudarse a + 동사원형 : ~하는 것을 돕다.
 → help (to) 동사원형

 예 Le ayudamos a limpiar el jardín.

→ We helped him clean the garden.
우리는 정원을 청소하는 그를 도왔다.

(13) cesar de + 동사원형 : ～하는 것을 중지하다.
  → finish ~ing

　[예] Él cesó de bailar.
　　　→ He finished dancing.
　　　　그는 춤추는 것을 멈췄다.

(14) comenzar a + 동사원형 : ～하는 것을 시작하다.
  → start to 동사원형[= ~ing]

　[예] Comenzaba a llover.
　　　→ It started to rain.
　　　　비가 오기 시작했다.

(15) comprometerse a + 동사원형 : ～할 약속을 하다.
  → promise to 동사원형

　[예] Todos nos comprometemos a vernos.
　　　→ We all promised to see one another.
　　　　우리 모두는 만날 약속을 했다.

(16) darse por + 동사원형 : ～하게 되다.
  → come to + 동사원형

　[예] Hoy día le ha dado por jugar al tenis por todas las tardes.
　　　→ Nowadays he comes to play tennis every afternoon.
　　　　요즘 그는 매일 오후 테니스를 하게 되었다.

(17) deber de + 동사원형 : ～임에 틀림없다. ～해야만 한다.
  → must + 동사원형

　[예] La comida debe de ser muy sabrosa.
　　　→ The food must be very delicious.
　　　　그 음식은 매우 맛이 좋음에 틀림없다.

(18) decidirse a + 동사원형 : ～하기로 결심하다.
  → determine to 동사원형

[예] Ella se decidió a volver a la casa.
→ She determined to return to the house.
그녀는 집에 돌아갈 결심을 했다.

(19) **dejar de** + 동사원형 : ~하는 것을 중지하다. 그만두다.
→ **stop** ~ing

[예] Él dejó de fumar.
→ He stopped smoking.
그는 담배 피우는 것을 중지했다.

(20) **echarse a** + 동사원형 : 갑자기 ~하기 시작하다.
→ **burst into** 명사

[예] Al oírlo, se echó a reír.
→ On hearing it, he bursted into laughter.
그것을 듣자, 그는 웃기 시작했다.

(21) **empezar a** + 동사원형 : ~하기 시작하다.
→ **start to** + 동사원형 [= ~ing]

[예] Empezamos a hablar.
→ We started to speak.
우리들은 말하기 시작했다.

(22) **enseñar** + 목적어+ **a** + 동사원형 : ~하는 것을 가르치다.
→ **teach** + 목적어+ **to** + 동사원형

[예] Le enseño a nadar.
→ I am teaching him to swim.
나는 그에게 헤엄치는 것을 가르치고 있다.

(23) **estar para** + 동사원형 : (바야흐로) ~하려 하고 있다.
→ **be about to** + 동사원형

[예] Ella está para salir.
→ She is about to going out.
그녀는 나가려고 하고 있다.

(24) **estar por** + 동사원형 : 아직 ~하지 않고 있다.

→ be going to + 동사원형

예) Estoy por leer una novela detectivesca.
　　→ I'm going to read the detective novel.
　　　나는 아직 탐정소설을 읽을 것이다.

(25) haber de + 동사원형 : ~해야한다. ~할 것이다. ~할 예정이다.
　→ have to + 동사원형

예) Hoy he de ver a Jimena.
　　→ Today I have to meet Jimena.
　　　오늘 나는 Jimena를 만나기로 되어있다.

(26) hay que + 동사원형 : ~해야만 한다.
　→ They[= We] must + 동사원형

예) Hay que estudiar mucho.
　　→ They[= We] must study hard.
　　　열심히 공부해야 한다.

(27) insistir en + 동사원형 : ~을 고집하다.
　→ insist on ~ing

예) Él insistió en realizar ese plan.
　　→ He insisted on realizing that plan.
　　　그는 그 계획을 실현할 것을 고집했다.

(28) ir a + 동사원형 : ~할 것이다. ~하려하다.
　→ be going to + 동사원형

*1인칭 복수일 경우: 'Let's + 동사원형' 의 의미임.
예) Vamos a comer.
　　→ Let's have lunch.
　　　(점심) 밥 먹으러 가자.

(29) llegar a + 동사원형 : ~에 이르다. ~하게 되다.
　→ come to + 동사원형

예) Eva llegó a hablar bien el español.
　　→ Evea came to speak Spanish well.
　　　에바는 (결국) 스페인어를 잘 하게되었다.

(30) **olvidarse de** + 동사원형 : ～을 잊다.
→ **forget to** + 동사원형(발생하지 않은 일)

[예] Me olvidé de pagar estos libros.
→ I forgot to pay these books.
나는 이 책값을 지불하는 것을 잊었다.

(31) **pasar a** + 동사원형 : ～하러 가다. ～하게 되다.
→ **come to** + 동사원형

[예] Pasamos a descansar un rato.
→ We come to rest a little while
우리는 잠시 쉬러 간다.

(32) **pensar en** + 동사원형 : ～할 생각이다.
→ **think to** + 동사원형

[예] Yo pienso en almorzar.
→ I'm thinking of having lunch.
나는 점심을 먹을 생각이다.

(33) **ponerse a** + 동사원형 : ～하기 시작하다.
→ **start to** + 동사원형

[예] Ella se puso a gritar.
→ She started to shout.
그녀는 소리 지르기 시작했다.

(34) **romper a** + 동사원형 : (갑자기) ～하기 시작하다.
→ **burst out** ～ing

[예] Este niño rompió a correr.
→ This boy bursted out running.
이 아이가 갑자기 뛰기 시작했다.

(35) **tardarse en** + 동사원형 : ～하는데 시간이 걸리다.
→ **It takes** + 시간 + **to** + 동사원형

[예] Ella se tardó una hora en comer.
→ It took one hour for her to have lunch.
그녀는 (점심) 밥 먹는데 한 시간이나 걸렸다.

(36) tener que + 동사원형 : ~해야만 한다.
 → must + 동사원형 [= have to + 동사원형]

　[예] Siempre tenemos que decir la verdad.
　　　 → We always have to say the truth.
　　　　 항상 우리는 진실을 말해야 한다.

(37) terminar por + 동사원형 : 마침내 ~을 하다.
 → stop + to + 동사원형[= will + 동사원형 + after all]

　[예] Terminaré por marchar al extranjero.
　　　 → I will go abroad after all.
　　　　 나는 마침내 외국으로 떠나게 될 것이다.

(38) tratar de + 동사원형 : ~하려고 노력하다.
 → try to + 동사원형

　[예] Él trata de trabajar mucho.
　　　 → He tries to work hard.
　　　　 그는 열심히 일하려고 애쓴다.

(39) venir a + 동사원형 : ~하게 되다.
 → come to + 동사원형

　[예] Ella viene a ganar 3.000 euros al mes.
　　　 → She comes to earn 3,000 euro a month.
　　　　 그녀는 한 달에 3천 유로를 번다.

(40) volver a + 동사원형 : 다시 ~하다.
 → 동사원형 ~ + again

　[예] Los alumnos vuelven a preguntar al profesor.
　　　 → The students started ask a question to the professor again.
　　　　 학생들은 다시 교수님에게 질문하기 시작했다.

1. ¿Quieres _______ antes de ir?
   ① bañarse   ② bañarte
   ③ báñate   ④ bañándote

2. Ese actor sabe _______ de Sancho Panza bien.
   ① hacer eso   ② hacer el papel.
   ③ hacer falta   ④ hacer un viaje.

3. Tengo que _______ los libros a la biblioteca hoy.
   ① envolver   ② devolver
   ③ dejar   ④ volver

4. Mis amigas han _______ traer los refrescos.
   ① de   ② por
   ③ a   ④ ø

5. Yo sé jugar al golf y mi mejor amigo sabe _______ piano.
   ① jugar el   ② tocar el
   ③ jugar al   ④ tacar al

6. Al _______ el ruido, todos corrieron.
   ① oír   ② oído
   ③ oyeron   ④ oyendo

7. Tiene que _______ una razón por sus acciones.
   ① haber   ② ser
   ③ estar   ④ pensar

8. Por ser tan viejo mi coche rehusa _______.
   ① trabajar   ② empezar
   ③ tejer   ④ funcionar

9. Mi hermano quiere _______ doctor.
   ① llegar a ser   ② ponerse

③ volverse   ④ convertirse en

10. A mis amigos _______ comer el chocolate.
① les gustó   ② le gustó
③ les gustaron   ④ nos gustó

정답 1② 2② 3② 4① 5② 6① 7① 8④ 9① 10①

■ 독해(Lectura) ⅩⅥ

– ¿Hay cazadores en ese planeta?
– No.
– ¡Qué interesante! ¿Y gallinas?
– No.
– Nada es perfecto -suspiró el zorro.
Y después volviendo a su idea:
– Mi vida es muy monótona. Cazo gallinas y los hombres me cazan a mí. Todas las gallinas se parecen y todos los hombres son iguales por consiguiente me aburro un poco. Si tú me domesticas, mi vida estará llena de sol. Conoceré el rumor de unos pasos diferentes a todos los demás. Los otros pasos me hacen esconder bajo la tierra los tuyos me llamarán fuera de la madriguera como una música. Y además, ¡mira! ¿Ves allá abajo los campos de trigo? Yo no como pan y por lo tanto el trigo es para mí algo inútil. Los campos de trigo no me recuerdan nada y eso me pone triste. ¡Pero tú tienes los cabellos dorados y será algo maravilloso cuando me domestiques! El trigo, que es dorado también, será un recuerdo de ti. Y amaré el ruido del viento en el trigo.

– Capítulo 21, Parte 03 –

▶ 듣기 연습! 381 페이지로 이동!

단어

• suspiró 통(영 sighed) 한숨졌다, 탄식[한탄]했다[직설 · 부정과거 3인칭 단수]

• monótono 형(영 monotonous) 단조로운, 변화 없는, 지루한
• consiguiente 형(영 consequent) 결과의, 결과로서 생기는
  por consiguiente (영 and so, therefore) 그래서, 결과적으로
• aburro 동(영 bore) 지루하게 하다, 따분하게 하다[직설 · 현재 1인칭 단수]
• demás 부(영 other) 다른
  lo demás (영 the rest of it) (그것의) 나머지
• esconder 동(영 hide) 숨기다, 감추다
• fuera 부(영 outside) 밖(에)
  fuera de sí (영 beside oneself) 제정신 아닌
• madriguera 명여(영 burrow) 은신처, 피신처
• inútil 형(영 useless) 쓸모없는, 무용한, 무익한
• trigo 명남(영 wheat) 밀, 소맥
• cabello 명남(영 hair) 머리카락
• dorado 형(영 golden) 금(색)의
• maravilloso 형(영 marvelous) 놀라운, 신기한, 믿기 어려운
• recuerdan 동(영 remember) 기억하다, 생각해 내다[직설 · 현재 3인칭 복수]
• ruido 명남(영 noise, sound) 소음, 소리

영어

"Are there hunters on this planet?"
"No."
"Ah, that is interesting! Are there chickens?"
"No."
"Nothing is perfect," sighed the fox.
But he came back to his idea.
"My life is very monotonous," the fox said. "I hunt chickens; men hunt me. All the chickens are just alike, and all the men are just alike. And, in consequence, I am a little bored. But if you tame me, it will be as if the sun came to shine on my life. I shall know the sound of a step that will be different from all the others. Other steps send me hurrying back underneath the ground. Yours will call me, like music, out of my burrow. And then look: you see the grain-fields down yonder? I do not eat bread. Wheat is of no use to me. The wheat fields have nothing to say to me. And that is sad. But you have hair that is the colour of gold. Think how wonderful that will be when you have tamed me! The grain, which is also golden, will bring me back the thought of you. And I shall

love to listen to the wind in the wheat..."

"그 별에도 사냥꾼이 있어?"
"아니 없어."
"그거 대단하군! 그럼 닭은?"
"없지."
"역시 완전한 것은 없어." 여우는 한숨을 내쉬었다.
　여우는 다시 자기 생각을 이야기했다.
"내 생활은 너무 단조롭지. 나는 닭을 쫓고, 사람들은 나를 쫓고. 닭은 모두 그게 그거고, 사람들도 모두 그게 그거고. 그래서 난 좀 지겨워. 그러나 네가 날 길들이면 내 생활은 햇빛처럼 눈부시게 될 거야. 네 발 소리는 다른 발 소리와 완전히 다르게 들리고, 난 그걸 구별할 수 있게 돼.
　다른 사람의 발 소리를 들으면 나는 땅 속에 숨지. 그러나 네 발 소리는 음악처럼 나를 굴 밖으로 불러낼 거야. 저기, 밀밭이 보이지? 나는 빵을 먹지 않아! 밀은 내게 전혀 소용이 없어. 그래서 밀밭을 봐도 아무 생각도 들지 않아. 그건 슬픈 일이야! 네 머리칼은 금빛이지. 그래서 네가 나를 길들이면 정말 놀라운 일이 생기게 돼. 금빛 밀밭을 보면, 네가 생각날 거야. 나는 밀밭에 스치는 바람 소리를 사랑하게 될 거야…"

17 | 관계사

1. 관계대명사

영어는 목적격 관계 대명사를 생략하는 경우가 있지만, 스페인어에서는 생략이 불가능하다는 것을 먼저 기억해두어야 한다.

1-1. que

선행사의 종류나 절의 성격에 관계없이 두루 사용되며, 성·수의 변화를 하지 않는다. 그리고 'que'는 문장의 내용에 따라 전치사와 함께 쓰이는 경우가 있다.

> [예] El idioma *que* estudiamos es muy difícil.
> → The language which we study is very difficult.
> 우리가 공부하는 언어는 매우 어렵다.

(1) 'que'의 선행사가 사람인 경우에는 주격과 직접목적격에만 쓰인다.

> [예] El profesor que vimos ayer es mexicano.
> → The professor whom we saw yesterday me is Mexican.
> 어제 우리가 보았던 그 교수님은 멕시코 사람이다.

(2) 앞에 전치사와 함께 쓰이는 경우

> [예] El país *a que* me invitaron es España.
> → The nation to which they invited me is Spain.
> 나를 초대한 나라는 스페인이다.
>
> La pluma *con que* escribo es negro.
> → The pen with which I write is black.
> 내가 쓰고 있는 펜은 검은색이다.
>
> La escuela *en que* estudiamos es muy grande.
> → The school in which we study is very big.
> 우리가 공부하고 있는 학교는 매우 크다.

El asunto de que hablan no me interesa.

→ The problem they are talking about does not interest me.

나는 그들이 말하는 그 문제에 대해서 관심이 없다.

「Que + 3인칭 단·복수 접속법 현재」 사역의 의미를 가진다.

（예）Que vaya ella.

→ Have her go.

그녀를 가게 해라.

（예）Que me lo den.

→ Have them give it to me.

그들로 하여금 그것을 내게 주도록 시켜라.

1-2. quien / quienes

성에는 변화하지 않지만 단수와 복수형은 다르게 사용한다. 그리고 선행사가 사람이거나 의인화된 사물이었을 때 사용한다. 단 'quien'이 관계절의 주어가 되었을 때에 제한적 문장에서는 사용될 수 없다.

[비 제한적 용법]

（예）Voy a visitar a mi amiga, *quien* está en cama.

→ I'm going to visit my friend, who is in bed.

나는 나의 친구를 방문할 것이다. 그녀는 병상에 누워있다.

[제한적 용법]

（예）Voy a visitar a mi amiga *que* está en cama.

→ I'm going to visit my friend who is in bed.

난 병상에 누워있는 나의 친구를 방문할 것이다.

※ 'quien'은 전치사와 함께 쓰이기도 한다.

（예）Esta es la mujer a *quien* estoy buscando.

→ This is the woman for whom I'm looking.

이 사람이 내가 찾고 있는 여자이다.

'a quien'은 직접 목적격 임으로 'que'로 사용하는 것이 더 좋다. 스페인어에서 '주격과 직접 목적격 관계사'는 'que'를 사용한다.

Ellas son las señoritas *de quienes* yo te hablaba.

→ They are the ladies about whom I was telling you.

그녀들은 내가 너에게 말해주었던 아가씨들이다.

Quiere irse esa señora *con quien* has venido.
→ She whom you have come with likes to go.
너와 함께 오셨던 부인께서 가기를 원한다.

1-3. el que(la que, los que, las que)

앞에 붙은 정관사로 인해서 성·수 변화를 하며 선행사가 사람이나 사물인 경우에 모두 사용된다. 그리고 전치사와 함께 쓰여 전치격으로 사용되며 또한 이들 관계대명사 앞에 오는 명사가 두 개 이상인 경우 어떤 것이 선행사인지 확실히 나타내기 위해 사용한다. 또 'quien'과 마찬가지로 선행사의 의미가 내포되어서 사용할 수도 있다.

예 Sancho es *el que* estudia mucho.
→ Sancho is the man who studies much.
산초는 많이 공부하는 사람이다.

Los que no quieren ir pueden quedar aquí.
→ Anyone who doesn't like going can stay here.
가기 싫은 사람들은 여기에 남아있어도 된다.

Mi mamá es la única persona *a la que* puedo platicar.
→ My mom is the only person to whom I can talk.
엄마는 내가 그것을 말할 수 있는 유일한 사람이다.

1-4. el cual(la cual. los cuales, las cuales)

정관사로 성·수의 변화를 모두 하며 복수의 경우 'cual'도 복수형으로 바꾸어 주어야 한다. 그리고 전치사와 함께 쓰일 수도 있으나 선행사가 내포되어 있는 것으로 쓰일 수는 없다.

예 Llegan hoy Petra y Sancho, *el cual* va a casarse pronto.
→ Today Petra and Sancho, who will get married soon, will come here.
뻬뜨라와 산초가 오늘 오는데, 그(산초)는 곧 결혼할 것이다.

Esta es la pluma *con la cual* tienes que escribir.
→ This is the pen with which you have to write.
이것은 네가 가지고 써야할 펜이다.

1-5. lo que, lo cual

이것은 선행문 전체 또는 일부분을 받는 것인데 선행문 없이 독립용법으로 쓰일 때는 'lo que'를 사용해야 한다. ('lo cual'은 주어로 사용될 수 없음)

예 Los estudiantes llegaron a la clase muy tarde, *lo que* le enojó a su profesor.

→ The students arrived at the class too late, which made their teacher angry.

학생들이 수업에 너무 늦게 왔는데, 그런 사실이 그들의 교수를 화나게 했다.

예 Lo que me interesa es esto.

→ What I'm interested in is this one.

내 관심을 끄는 것은 이것이다.

2. 관계형용사

2-1. cuyo

선행사는 주로 사람이 오지만 사물이 올 때도 있다. 또 cuyo는 소유형용사의 의미를 가진 관계형용사로 선행사인 명사의 성·수에 관계없이 'cuyo' 뒤에 오는 명사의 성·수에 일치해야 한다.

예 Visitamos España, *cuya* historia es muy interesante.

→ We visited Spain, whose history is very interesting.

우리는 역사가 흥미진진한 스페인을 방문했다.

※ 이러한 'cuyo'는 전치사를 동반하기도 한다.

명사 + 전치사(a, de, en 등) + cuyo + 명사

예 La casa en cuyo jardín hay una fuente es grande.

→ The house, whose fountain is in the garden, is big.

정원에 분수가 있는 집은 넓다.

2-2. cuanto

수량의 의미를 지닌 것으로 다음에 오는 명사와 성·수 일치하여야 한다. 하지만 중성이나 독립 용법의 경우는 순수한 관계대명사가 된다.

예 Él vendió *cuantos* libros tenía.

→ He sold all the books he had.

그는 갖고 있던 책을 모두 팔았다.

잠깐! 'cuanto + 명사'는 'todo + 정관사 + 명사 + que'로 나타낼 수 있다. 그래서 위의 문장은 'Él vendió todos los libros que tenía.'로 고칠 수 있다.

3. 관계부사

관계부사는 접속사와 부사의 역할을 하며 부사, 부사구 또는 명사를 선행사로 하는데 선행사 없이 쓰이기도 한다.

3-1. cuando

시간의 관계어로서 시간을 나타내는 부사 · 부사구 또는 명사 등을 선행사로 한다.

[예] Era por enero *cuando* conocí a Sancho.
→ It was sometime in January when I met Sancho.
산초를 안[= 만난] 것은 1월경이었다.

3-2. donde

장소의 관계어로서 장소의 부사나 명사를 선행사로 한다.

[예] Le seguí a todos los sitios a *donde* iba.
→ I followed him to every place he went.
그가 가는 곳에는 어디라도 따라갔다.

3-3. como

방법의 관계어로서 방법을 의미하는 부사 · 부사구 또는 명사를 선행사로 한다.

[예] Ella sabrá la manera como estudiaste español.
→ She will know how you studied Spanish.
그녀는 네가 어떻게 스페인어를 공부했는지 알것이다.

3-4. porque

이유의 관계어로서 이유를 의미하는 부사 · 부사구 또는 명사를 선행사로 한다.

[예] Esto es la razón porque yo estoy en este asilo de ancianos.
→ This is why I stay in this nursing home.
이것이 내가 양로원에 머물러 있는 이유이다.

「~ quiera que + 주 + 동(접속법)」
- dondequiera   어디라도(형 wherever)
- cualquiera   무엇이라도(형 whatever / whichever)
- quienquiera   누구라도(형 whoever)
- quienesquiera   누구라도[복수형](형 whoever)

• cuandoquiera　언제라도(휑 whenever)

　예　Dondequiera que vayas, serás feliz.
　　→ Wherever you go, you'll be happy.
　　네가 어딜 가던지, 너는 행복할 것이다.

연습문제

1. Todo _______ oí ayer no es verdad.
　① que
　② la que
　③ lo que
　④ de

2. Los señores de _______ te hablo son extranjeros aquí.
　① que
　② cuyos
　③ cuales
　④ quienes

3. Elena, _______ hijo es ingeniero, vive en Buenos Aires.
　① quien
　② de quien
　③ cuya
　④ cuyo

4. ¿Conoces a los hombres con _______ el jefe acaba de hablar?
　① quien
　② las cuales
　③ quienes
　④ que

5. _______ estudia, aprende.
　① Quienes
　② El que
　③ Lo que
　④ Él que

6. La chica, _______ la madre cortó el pelo, es mi amiga.
　① a que
　② de quién
　③ a quien
　④ cuya

7. El padre de Anita, _______ es profesora, acaba de morir.
　① quien
　② el cual
　③ el que
　④ a quien

8. La puerta, por _______ entró la reina, es del siglo IX.
① quien   ② qué
③ cual   ④ la cual

9. Mi hija Anita juega bien al tenis, _______ es bueno.
① que   ② cual
③ lo cual   ④ quien

10. En este edificio hay una gran ventana, _______ se ve las montañas.
① por la cual   ② por que
③ por cual   ④ por el que

정답 1③   2④   3④   4③   5②   6③   7①   8④   9③   10①

■ 독해(Lectura) XVII

El zorro se calló y miró un buen rato al principito
– Por favor... domestícame – le dijo.
– Bien quisiera – le respondió el principito pero no tengo mucho tiempo. He de buscar amigos y conocer muchas cosas.
– Solo se conocen bien las cosas que se domestican – dijo el zorro –. Los hombres ya no tienen tiempo de conocer nada. Lo compran todo hecho en las tiendas. Y como no hay tiendas donde vendan amigos, los hombres no tienen ya amigos. ¡Si quieres un amigo, domestícame!
– ¿Qué debo hacer? – preguntó el principito.
– Debes tener mucha paciencia – respondió el zorro –. Te sentarás al principio un poco lejos de mí, así, en el suelo yo te miraré con el rabillo del ojo y tú no me dirás nada. El lenguaje es fuente de malos entendidos. Pero cada día podrás sentarte un poco más cerca...

– Capítulo 21, Parte 04 –
▶ 듣기 연습! 382 페이지로 이동!

- calló 통(영 keep quiet about) ~관해 침묵을 지키다[직설·부정과거 3인칭 단수]
- rato 명남(영 while, short time) 짧은 시간, 잠깐
  al poco rato (영 soon) 곧, 바로
- domestica 통(영 tames) 길들이다[직설·현재 3인칭 단수]
- respondió 통(영 responded) 대답했다, 응답했다[직설·부정과거 3인칭 단수]
- paciencia 명여(영 patience) 인내, 참을성
- lejos de 부(영 far from) ~로부터 멀리
- suelo 명남(영 floor) (실내의) 바닥
- rabillo 명남(영 little tail) 짧은 꼬리
- lenguaje 명남(영 language) 언어, 말
- fuente 명여(영 fountain) 분수, 분수지

The fox gazed at the little prince, for a long time.

"Please-- tame me!" he said.

"I want to, very much," the little prince replied. "But I have not much time. I have friends to discover, and a great many things to understand."

"One only understands the things that one tames," said the fox. "Men have no more time to understand anything. They buy things already made at the shops. But there is no shop anywhere where one can buy friendship, and so men have no friends any more. If you want a friend, tame me..."

"What must I do, to tame you?" asked the little prince.

"You must be very patient," replied the fox. "First you will sit down at a little distance from me-- like that-- in the grass. I shall look at you out of the corner of my eye, and you will say nothing. Words are the source of misunderstandings. But you will sit a little closer to me, every day..."

여우는 입을 다물고 오랫동안 어린 왕자를 바라보았다.

"제발… 나를 길들여 줘!" 여우가 말했다.

"그렇게 하고 싶은데… 나에겐 시간이 없어. 친구를 찾아야 하고 또 알아야 할 것도 많아." 어린 왕자가 대답했다.

"누구나 자기가 길들인 것밖에는 알 수 없어." 여우가 말했다. "사람들은 이제 아무 것도 알 시간이 없어. 그들은 가게에서 미리 다 만들어진 물건을 사지. 그러나 친구를 파는 가게는 없어. 그래서 사람들은 친구가 없어. 친구를 갖고 싶다면 나를 길들이렴!"

"어떻게 해야 하는데?" 어린 왕자가 물었다.

"참을성이 있어야 해." 여우가 대답했다. "처음에는 나한테서 조금 떨어져 그렇게 풀밭에 앉아 있어야 해. 내가 곁눈질로 너를 봐도, 너는 말을 하지 마. 말은 오해의 근원이지. 그러나 하루하루 조금씩 가까이 앉게 될 거야…"

18 | 의문대명사, 부정대명사

1. 의문사(Interrogativos)

의문사에는 의문대명사, 의문형용사, 의문부사 등이 있다. 이 의문사들은 문장 맨 앞에 두어야 한다. 단, 전치사와 의문사와의 결합이 의문의 내용을 이룰 때는 전치사가 의문사 앞에 온다.

의문사에는 「qué, cuál(es), quién(quiénes), cuánto/a(cuántos/as), cómo, cuándo, dónde」 등이 있다.

1-1. 의문 대명사

(1) ¿Qué? (⑲ What) 무엇, 무슨…

성·수 변화를 하지 않으며 의문대명사와 의문형용사로 쓰인다.

> 예 ¿Qué pregunta él?
> → What does he ask?
>   그는 무엇을 질문합니까?
>
> ¿Qué libros quieres comprar?
> → What books do you want to buy?
>   너는 어떤 책들을 사기를 원하니?

(2) ¿Cuál? (⑲ Which) 어떤 것, 어떤 사람, 어느…

수 변화만 한다. 의문대명사로도 쓰이고 구어체에서만 의문형용사로도 쓰인다. 실질적으로 문어체 또는 시험에서는 절대로 형용사로 사용할 수 없다.

> 예 ¿Cuál es el número?
> → Which is the number? (= Which number is it?)
>   어떤 번호입니까?
>
> ¿Cuál novela quiere leer Ud.? [구어체 표현]
> [= ¿Cuál de las novelas quiere leer Ud.?]
> → Which novel do you like to read?

당신은 어떤 소설을 읽고 싶습니까?

* 참조 : 'Qué' 와 'Cuál' 을 구별해서 사용할 때, 'Qué[영 What]' 는 좀더 포괄적인 범위에서 선택을 할 때 사용하며, 'Cuál[영 Which]' 은 한정된 범위에서 선택을 원할 때 사용한다.

(3) ¿Quién? (영 Who) 누구
수 변화만 한다. 사람에 한해서 의문대명사로만 사용되며 의문형용사로는 사용되지 않는다.

> 예 ¿Quiénes estudian español?
> → Who studies Spanish?
> 누가 스페인어를 공부합니까?

> ¿Con quién hablo?
> → Who is calling?
> 누구세요? (전화할때)

> ¿De quién es ese coche?
> → Whose car is that?
> 그 자동차는 누구의 것입니까?

1-2. 의문 형용사

(1) ¿Cuánto? (영 How many; How much) 얼마큼, 몇 개
성·수 변화를 한다. 의문형용사로고 쓰이고 의문대명사로도 쓰인다.

> 예 ¿Cuánto cuesta? (¿Cuánto vale? / ¿Cuánto es?)
> → How much is it?
> 얼마입니까?

> ¿Cuántas muchachas vienen aquí?
> → How many girls come here?
> 몇 명의 소녀가 여기에 옵니까?

1-3. 의문 부사

(1) ¿Cómo? (영 How) 어떻게
상태나 방법 등을 묻는 의문부사이다. 부사이므로 당연히 성·수 변화는 하지 않는다.

> 예 ¿Cómo está Ud.?
> → How are you?
> 안녕하세요? 어떠세요?

스페인어에서 'estar' 동사가 상태를 나타낼 때, 'encontrarse' 동사로 대체하여 사용이 가능하다.

예 ¿Cómo se encuentra Ud.?
　어떠세요?

¿Cómo habla Ud. tan bien el español?
→ How do you speak Spanish so well?
　어떻게 그렇게도 스페인어를 잘하십니까?

(2) ¿Cuándo? (영 When) 언제
때를 묻는 의문부사이다.

예 ¿Cuándo termina la clase?
→ When does the class finish?
　수업은 언제 끝납니까?

¿Desde cuándo vives aquí?
→ How long have you been living here?
　너는 언제부터 여기에서 살고 있느냐?

(3) ¿Dónde? (영 Where) 어디에
장소를 묻는 의문부사이다.

예 ¿Dónde viven ellos?
→ Where do they live?
　그들은 어디에 살고 있습니까?

¿A dónde van Uds. ahora?
→ Where are you going now?
　당신들은 지금 어디에 가십니까?

(4) ¿Por qué? (영 Why) 왜
이유를 묻는 의문 부사이다.

예 ¿Por qué no estudias las matemáticas?
→ Why don't you study the mathematics?
　왜 너는 수학을 공부하지 않니?

¿Por qué no te callas?
→ Why don't you shut up?
　입 좀 다물어라!

2. 부정어

부정어에는 다음의 종류가 있고, 각각의 긍정어와 대조해서 보면 다음과 같다.

스페인어에서 'no'가 오는 문장에 '부정어'가 나오게 되면 부정에 강조일 뿐, 다른 언어에서 처럼 이중부정처럼 사용되지 않는다.

	긍정어	부정어
부사	sí(영 yes) también(영 too) ~역시 (이다.) siempre(영 always) 항상 todavía(영 yet; already) 아직, 지금까지 algo(영 a little) 약간, 얼마간 casi(영 almost) 거의, 대략	no(영 no) tampoco(영 not ~either) ~역시 (아니다) nunca(영 never) 결코 (~않다) jamás(영 never) 한번도 (~하지 않다) nada(영 not) 전혀, 아무것도 (~않다) apenas(영 hardly) 거의 ~않다
형용사	alguno/a(영 some) 어느, 어떤	ninguno/a(영 not ~any) 어떤 ~도 않다

대명사	alguien(영 somebody)
	  누가, 누군지
	alguno/a(영 some[thing])
	  누군가, 어떤것
	algo(영 something)
	  어떤 것, 무엇인가
		nadie(영 nobody) 아무도 ~않다
		ninguno/a(영 no[thing])
		  어느것 하나, 무엇하나
		nada(영 nothing) 아무것, 아무일(도 없다)

전치사	con(영 with) ~과 함께	sin(영 without) ~ 없이
접속사	y(e)(영 and) 그리고, o(u)(영 or) 또	ni(영 neither) ~도, ~도 없이

※ 참고 : /e/는 뒤에 오는 어휘가 [i]로 시작될 때, 발음의 혼동을 피하기 위해 사용되며, /u/는 어휘가 [o]로 시작될 때, 발음의 혼동을 피하기 위해 사용된다.

예) Yo tampoco entendí.
  → I didn't understand either.
    나 역시 이해하지 못했다.

No te he mentido nunca.
  → I have never lied to you.
    난 결코 네게 거짓말을 하지 않았다.

Jamás había oído cosa igual.
  → I'd never heard anything like it.
    난 그와 같은 어떤 것도 들은 적이 없다.

Hace 2 días que él no come nada.
→ He hasn't eaten anything for two days.
그는 이틀동안 아무것도 먹지 못했다.

Apenas podíamos oír lo que decía.
→ We could hardly hear what he was saying.
우리는 그가 말하고 있던 것을 거의 들을 수 없었다.

'Apenas'는 동사 앞에 위치할 때 또는 부정의미로 '거의 ～않다'로 사용되지만, 동사 뒤에 위치할 때 또는 긍정 의미로 사용될 때는 '간신히'의 의미로 사용된다.

Ella no prestó ninguna atención.
→ She didn't pay any attention.
그녀는 어떤 관심도 보이지 않았다.

스페인어의 'ninguno와 alguno'
일반적으로 명사 앞에 'ninguno와 alguno'가 사용되면 '부정적의미'와 '긍정적의미' 라고 구분을 한다. 하지만 부정문장에서 명사 뒤에 'alguno'가 오게 되면 더욱 강조된 '부정의미' 라는 것을 명심한다.

예 Juan no tiene ninguna amiga.
→ Juan doesn't have any girlfriend.
후안은 어떠한 여자 친구도 없다.

Juan no tiene amiga alguna.
→ Juan doesn't have a girlfriend at all.
후안은 결코 여자 친구 하나 없다.

Nadie me ayudó.
→ Nobody helped me.
누구도 나를 도와주지 않았다.

Yo tomo café con leche y sin azúcar.
→ I take milk coffee without sugar.
난 설탕 없는 밀크커피를 마신다.

Ella venía sin gabardina ni paraguas.
→ She wasn't wearing a raincoat or carrying an umbrella.
그녀는 우의를 입지도 않았고, 우산도 없었다.

① 'nunca' 와 'jamás'의 비교
의미는 같지만, 일반적으로 'nunca'를 많이 사용하며, 'jamás'는 문학 작품 속에서 주로 등장하는데, 의미적으로 'nunca' 보다 더 강한 의미를 나타낼 때가 많다.

② fulano(a)
zutano(a)
mengano(a)
perengano(a)

위 4개의 단어들은 알지 못하거나, 기억할 수 없는 사람에 대해 대신 사용하는 어휘이다. 단수로만 쓰이며, 대문자로 시작하는 경우도 있고 'tal'과 함께 오기도 한다.

예 Don fulano de tal quería a doña zutana.
어느 모(某)씨가 모 아가씨를 사랑했었다.

연습문제

1. ¿_______ es tu número de teléfono?
　① Qué　　　　　　　　　　② Que
　③ Cual　　　　　　　　　　④ Cuál

2. ¿_______ día es hoy?
　① Cuál　　　　　　　　　　② Cómo
　③ Qué　　　　　　　　　　④ A cuál

3. ¿_______ de los libros es mejor?
　① Cuáles　　　　　　　　　② Qué
　③ Cuál　　　　　　　　　　④ Quiénes

4. Mamá, ¿_______ sirven los anteojos?
　① porque　　　　　　　　　② para qué
　③ por qué　　　　　　　　　④ para

5. ¿_______ vestidos quieres comprar?
　① Cuál　　　　　　　　　　② Cuáles
　③ Qué　　　　　　　　　　④ Cómo

6. El pueblo _______ vivo es viejo.
　① donde　　　　　　　　　② a donde
　③ dónde　　　　　　　　　④ que

7. No sé _______ es ese carro.
   ① quién   ② que
   ③ de quien   ④ de quién

8. ¿_______ son los meses del año?
   ① Cuál   ② Qué
   ③ Cuáles   ④ De quién

9. Viene a vernos _______.
   ① nunca   ② nadie
   ③ alguien   ④ jamás

10. _______ día voy a hacerme médico.
   ① Alguna   ② Ninguno
   ③ Algún   ④ Alguno

11. Nunca hace nada por nadie. No tiene _______.
   ① amigo alguno   ② algún amigo
   ③ ninguno amigos   ④ amigos alguno

12. Él juega mejor que _______.
   ① algo   ② alguien
   ③ ninguna   ④ nadie

정답 1④   2③   3③   4②   5③   6①   7④   8③   9③   10③
      11①   12④

독해(Lectura) XVIII

El principito volvió al día siguiente.

– Hubiera sido mejor – dijo el zorro – que vinieras a la misma hora. Si vienes, por ejemplo, a las cuatro de la tarde; desde las tres yo empezaría a ser dichoso. Cuanto más avance la hora, más feliz me sentiré. A las cuatro me sentiré agitado e inquieto, descubriré así lo que vale la felicidad. Pero si tú vienes a cualquier hora, nunca sabré cuándo preparar mi corazón... Los ritos son necesarios.

– ¿Qué es un rito? – inquirió el principito.

– Es también algo demasiado olvidado – dijo el zorro –. Es lo que hace que un día no se parezca a otro día y que una hora sea diferente a otra. Entre los cazadores, por ejemplo, hay un rito. Los jueves bailan con las muchachas del pueblo. Los jueves entonces son días maravillosos en los que puedo ir de paseo hasta la viña. Si los cazadores no bailaran en día fijo, todos los días se parecerían y yo no tendría vacaciones.

– Capítulo 21, Parte 05 –
▶ 듣기 연습! 383 페이지로 이동!

단어

- siguiente 형(영 following, next) 다음의, 뒤따라오는
- hora 명여(영 hour) (한) 시간
- ejemplo 명남(영 example) 예, 보기, 예증
- avance 동(영 advance) 나아가게 하다, 진척시키다[접속 · 현재 1/3인칭 단수]
- agitado 형(영 bumpy hectic) 울퉁불퉁한, 심하게 요동하는; 결핵성의
- inquieto 형(영 anxious, worried) 불안한, 걱정스러운
- felicidad 명여(영 happiness) 행복
- cualquier 형(영 any) 어떠한[단수 명사 앞에서만 사용, 복수명사 앞에서는 cualesquier]
  ※ cualquiera 형(영 any) 어떠한[명사의 뒤로 갈 때 만 사용. 복수명사 뒤에서는 cualesquiera]
  대(영 anybody; anything) 누구라도, 무엇이라도[복 cualesquiera]
- corazón 명남(영 heart) 심장, 마음
- rito 명남(영 rite) 의식, 의례 –복(영 rites) 성찬식, 예배식
- inquirió 동(영 inquired) 물었다, 심문했다[직설 · 부정과거 3인칭 단수]
- parezca 동(영 seems) ~처럼 보이다, ~와 같다[접속 · 현재 1/3인칭 단수]
- cazador 명남(영 hunter) 사냥꾼
- maravilloso 형(영 wonderful) 놀랄만한, 경이적인
- paseo 명남(영 walk) 걸음, 보폭, 산보
  ir de paseo (영 go for a walk) 산책하다
- viña 명여(영 vineyard) 포도밭

The next day the little prince came back.

"It would have been better to come back at the same hour," said the fox. "If, for example, you come at four o'clock in the afternoon, then at three o'clock I shall begin to be happy. I shall feel happier and happier as the hour advances. At four o'clock, I shall already be worrying and jumping about. I shall show you how happy I am! But if you come at just any time, I shall never know at what hour my heart is to be ready to greet you... One must observe the proper rites..."

"What is a rite?" asked the little prince.

"Those also are actions too often neglected," said the fox. "They are what make one day different from other days, one hour from other hours. There is a rite, for example, among my hunters. Every Thursday they dance with the village girls. So Thursday is a wonderful day for me! I can take a walk as far as the vineyards. But if the hunters danced at just any time, every day would be like every other day, and I should never have any vacation at all."

이튿날 어린 왕자는 다시 왔다.

"어제와 똑같은 시간에 왔으면 더 좋았을 거야." 여우가 말했다. "오후 네 시에 네가 온다면 나는 세 시부터 행복해질 거야. 시간이 갈수록 난 더 행복해지지. 네 시가 되면, 나는 안달이 나서 안절부절못하게 돼. 행복의 대가가 어떤 건지 알게 되는 거야! 그러나 네가 아무 때나 온다면, 몇 시에 마음을 다듬어야 하는지 알 수 없어… 의례가 필요해."

"의례가 뭐지?" 어린 왕자가 말했다.

"다들 그것도 잊고 있지." 여우가 말했다. "그건 어떤 날을 다른 날과 다르게, 어떤 시간을 다른 시간과 다르게 만드는 거야. 사냥꾼들에게도 의례가 있지. 그들은 목요일엔 마을 처녀들과 춤을 추지. 그래서 목요일은 무척 신나는 날이지! 그래서 나도 포도밭까지 산책을 나가. 만일 사냥꾼들이 아무 때나 춤을 춘다면 모든 날이 다 그게 그거고, 내게도 휴일이 없을 거야."

19 | 수사

1. 기수

기수는 1과 200~900의 숫자에만 여성, 남성을 가지며, 나머지는 성의 구별이 없다.

100(백)과 1,000(천)에서는 앞에 'un'을 붙이지 않으며, 1,000(천) 이상의 숫자에서 구별 천 단위 「,」는 마침표 「.」로 나타난다. 그리고, 오직 '백 명' 또는 '백 개'를 나타낼 때, 원래 형태 (ciento)와 표시를 다르게 한다.

예 Cien hombres
→ One hundred men
백 명의 남자

Cien casas
→ One hundred houses
백 채의 집

※ 천 단위 'mil'은 복수형태를 가지고 있지 않다.

예 Dos mil muchachas
→ Two thousand girls
2천명의 소녀들

Mil hombres
→ One thousand men
천 명의 남자들

※ 백만 'millón' 숫자만을 가지고 뒤에 수량 명사를 붙이게 될 때는 항상 전치사 'de'를 붙여야 하지만, 다른 숫자와 함께 올 때는 전치사를 사용하지 않는다.

예 Un millón de hormigas
→ One million ants
백만 마리의 개미

Un millón doscientos mil hormigas

→ One million two hundred thousand ants
백 2십만 마리의 개미

▶ 숫자(기수)

0	cero	80	ochenta
1	uno	90	noventa
2	dos	100	ciento (cien)
3	tres	101	ciento uno
4	cuatro	109	ciento nueve
5	cinco	110	ciento diez
6	seis	112	ciento doce
7	siete	119	ciento diecinueve
8	ocho	120	ciento veinte
9	nueve	130	ciento treinta
10	diez	200	doscientos
11	once	201	doscientos uno
12	doce	256	doscientos cincuenta y seis
13	trece	300	trescientos
14	catorce	400	cuatrocientos
15	quince	500	quinientos
16	dieciséis	600	seiscientos
17	diecisiete	700	setecientos
18	dieciocho	800	ochocientos
19	diecinueve	900	novecientos
20	veinte	1.000	mil
21	veintiuno	1.001	mil uno
22	veintidós	1.029	mil veintinueve
23	veintitrés	1.906	mil novecientos seis
24	veinticuatro	2.000	dos mil
25	veinticinco	9.000	nueve mil
26	veintiséis	10.000	diez mil

27	veintisiete	20.000	veinte mil
28	veintiocho	24.000	veinticuatro mil
29	veintinueve	30.000	treinta mil
30	treinta	31.000	treinta y un mil
31	treinta y uno	99.000	noventa y nueve mil
32	treinta y dos	1.000.000	un millón
39	treinta y nueve	1.100.000	un millón cien mil
40	cuarenta	9.000.000	nueve millones
50	cincuenta	1억	cien millones
51	cincuenta y uno	10억	mil millones
60	sesenta	1조	un billón
70	setenta		

※ 16부터 29까지는 괄호 안의 숫자가 축약되어 나타나게 되는데, 이때 강세표시가 달려있는 어휘에 유의한다. 일반적으로 '-s'로 끝나는 어휘에 강세가 붙는다.

※ 숫자 "0(cero)"와 스페인어 철자(o)를 사용할 때, 혼동을 회피하고자 '철자 o'에 강세를 붙여 'ó'로 사용하는 법이 있다.

[예] 5 ó 6

→ 5 or 6

5 또는 6

'숫자'를 지칭하는 다른 말

un par   한 쌍(명 a pair)
una docena   한다스(명 a dozen)
una quincena   15, 2주(명 fifteen, two weeks)
una veintena   20(명 twenty)
una centena   100(명 hundred)
un centenar   100(명 hundred)
un millar   1,000(명 thousand)

[예] Pagan cada quincena.

→ They pay every two weeks.

2주마다 급여를 준다.

2. 서수

여성명사 앞에서는 여성어미 /a/를 가진다.
1번째와 3번째의 어휘는 뒤에 명사가 남성 단수일 경우 '~o'가 탈락한다.

> 예 Ella compró el boleto del tren de tercer grado.
>   → She bought the ticket for the third class seat of the train.
>   그녀는 3등석의 기차표를 구매했다.

▶ 숫자(서수)

1	primero	6	sexto
2	segundo	7	séptimo
3	tercero	8	octavo
4	cuarto	9	noveno
5	quinto	10	décimo

*11부터는 기수를 주로 사용한다.

서수는 순서를 나타내거나, 세기(siglo) 그리고 왕이나 여왕의 후손을 나타낼 때 자주 사용된다.

> 예 El siglo segundo
>   → The second century
>   2 세기
>
>   Carlos Quinto(V)
>   → Charles the Fifth
>   까를로스 5세

잠깐!

관용어
de primero   최초로
a las primeras   돌연히
de buenas a primeras   돌연히
a la última   최신 유행의
por último   최후의
sin segundo   무적의

3. 시간 표현

(1) 시간만 나타낼 때

예 ¿Qué hora es? (¿Qué horas son?)
→ What time is it?
지금 몇 시입니까?

¿Qué hora tiene Ud.?
→ Do you have the time? (= What time is it.)
몇 시입니까?

Es la una.
→ It's one o'clock.
한 시입니다.

Son las diez.
→ It's ten o'clock.
열시입니다.

Son las dos y cinco.
→ It's two five.
두 시 5분이다.

Es la una y cuarto[= Es la una y quince].
→ It's one fifteen.
1시 15분이다.

Son las nueve y media[= Son las nueve y treinta].
→ It's nine thirty.
9시 반이다.

Son las once y media de la noche.
→ It's eleven thirty p.m.
저녁 11시 30분이다.

Son las cuatro menos veinte.
→ It's twenty to four.
4시 20분전이다.

Son las dos menos cuarto.
→ It's a quarter to two.
2시 15분전이다.

(2) 일반동사와 결합한 시간 표현

일반동사와 시간 표현을 함께 할 경우, 전치사 'a'를 사용해서 시간을 나타낸다.

예　Mi avión sale a las trece y media.
　　→ My plane leaves at one thirty p.m.
　　　우리 비행기는 오후 1시 반에 출발한다.

　　La película es a las veinte y cuarenta.
　　→ The film starts at eight forty p.m.
　　　영화는 저녁 8시 40분에 상영한다.

잠깐!　Hace와 Hacía
① 「Hace + 시간 + que + 주어 + (직설법현재) 동사」
　　예　Hace 3 meses que vivo en Seúl.
　　　　난 3달 전부터 서울에서 산다.
② 「Hace + 시간 + que + 주어 + (직설법 부정과거) 동사」
　　예　Hace dos años que fuimos allí.
　　　　우린 2년 전에 거기에 갔다.
③ 「Hacía + 시간 + que + 주어 + (직설법 불완료 또는 과거진행) 동사」
　　예　Hacía dos horas que yo cantaba[= estaba cantando].
　　　　난 2시간동안 노래를 하고 있었다.

4. 날짜 표현

　스페인어는 영어와 다르게 날짜를 기수로 사용하는데, '1일(el primero)'은 서수로 사용을 한다. 근래에 와서는 기수로 1일(uno)을 표기하는 경우도 자주 볼 수 있다.
　일반 동사와 함께 날짜를 표시할 때, 전치사를 사용하지 않고 남성 단수 정관사 'el'을 사용한다는 것에 주의를 해야 한다.

예　¿Qué fecha es hoy?
　　→ What is the date today?
　　　오늘 몇 일 이니?

※ 「오늘 몇 일이니?」의 다른 표현

예　¿Cuál es la fecha de hoy?
　　= ¿A cuántos estamos hoy?
　　= ¿A cómo estamos hoy?
　　= ¿A qué estamos hoy?

예 Es el veinticuatro de octubre.
→ It's the twenty forth of October.
10월 24일이야.

Ellos vienen el primero de diciembre.
→ They are coming December first.
그들은 12월 1일에 올 것이다.

Creía que tus primos llegaban el treinta de noviembre.
→ I thought your cousins were arriving on November thirtieth.
난 너의 사촌들이 11월 30일에 도착할 것이라고 생각했다.

5. 요일 표현

'요일'은 스페인어에서 철자가 소문자로 시작하는 것에 주의를 해야 한다. 그리고, 일반동사와 함께 올 때, 전치사를 사용하지 않고, 남성단수 정관사 'el'을 사용한다는 것에 주의를 한다.

▶ 요일

월요일	화요일	수요일	목요일	금요일	토요일	일요일
lunes	martes	miércoles	jueves	viernes	sábado	domingo

예 ¿Qué día (de la semana) es hoy?
→ What day is today?
오늘이 무슨 요일이지?

Hoy es domingo.
→ Today is Monday.
오늘은 일요일이다.

Nos vamos el lunes.
→ We're leaving on Monday
우리는 월요일에 떠난다.

잠깐! '요일'은 '월~금'까지는 복수형태를 띄며,
'토·일'요일은 단수형태를 가진다. '매주 …요일'을 표현할 때는 관사의 복수형을 확인해야 하며,
'토·일'요일의 경우는 형태 구분이 됨으로 신경쓰지 않아도 된다.

예 el lunes   월요일
los lunes   매주 월요일
el sábado   토요일
los sábados   매주 토요일

6. 달, 계절, 연도

일반동사와 달·계절·연도를 함께 쓸 때에는 반드시 '전치사 en'을 써야함을 기억해두자. 그리고 '달(mes)'의 경우 요일 표기법과 마찬가지로 반드시 소문자로 써야함에 주의한다.

(1) 달

1월	enero	2월	febrero	3월	marzo	4월	abril
5월	mayo	6월	junio	7월	julio	8월	agosto
9월	septiembre	10월	octubre	11월	noviembre	12월	diciembre

예 Ella volverá a España en septiembre.
→ She will return to Spain in September.
그녀는 9월에 스페인으로 되돌아 갈 것이다.

Hoy es el 2(dos) de agosto de 1999.
→ Today is August second, 1999.
오늘은 1999년 8월 2일입니다.

(2) 계절

봄	la primavera	여름	el verano
가을	el otoño	겨울	el invierno

예 La liga de béisbol empieza en primavera.
→ The baseball league starts in spring.
야구 리그는 봄에 시작한다.

(3) 연도

스페인어는 영어와 다르게 연도를 두 자리씩 읽지 않고, 모든 단위를 그대로 읽어야 한다.

예 1992 [mil novecientos noventa y dos]
→ nineteen ninety-two

1705 [mil setecientos cinco]
→ seventeen and five

7. 돈 거래 표현

예 ¿Cuánto cuesta?
→ How much is it?
얼마지요?

¿Cuánto paga por aquel sombrero?
→ How much does he pay for that hat?
저 모자 얼마죠?

※ "얼마입니까?"의 다른 표현

예 ¿Cuánto es?
¿Cuánto vale?

Es un dólar.
→ It's one dollar
1 달러입니다.

Son dos euros.
→ Those are two euros
2 유로입니다.

Son ochocientos cincuenta pesos.
→ Those are eight hundred fifty pesos
850 페소입니다.

※ 돈 액수 말하기(영어와 부호가 반대로 되어 있음에 주의).

예 $ 7,25 [siete dólares veinticinco centavos]
→ $ 7. 25[seven dollars (and) twenty–five cents]
7.25 달러

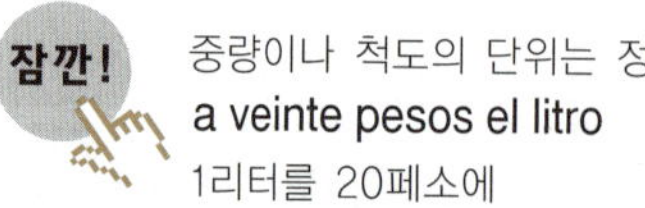

중량이나 척도의 단위는 정관사
a veinte pesos el litro
1리터를 20페소에

Trabajamos ocho horas al día.
우리는 하루에 8시간에 일한다.

8. 전화번호 읽기

스페인어 전화번호는 뒤에서부터 끊어 두 자리씩 읽어주거나, 또는 하나씩 읽어주기도 한다.

예 ¿Cuál es tu número de teléfono?
→ What is your telephone number?
전화번호 몇 번이니?

El número de teléfono es el 257-4725.
[~ el dos – cinco – siete – cuatro – siete – dos – cinco]
[~ el dos – cincuenta y siete – cuarenta y siete – veinticinco]
→ The telephone number is 257–4725. [~ two five seven four seven two five]
257국에 4725번입니다.

9. 수학의 수식

1/2	스페인어	un medio
	영어	a half(= one half)
0,5	스페인어	cero coma cinco (= cero con cinco)
	영어	point five
1/5	스페인어	un quinto (= una quinta parte)
	영어	a fifth (= one fifth)
1/10	스페인어	un décimo (= una décima parte)
	영어	a tenth (= one tenth)
2/3	스페인어	dos tercios (= dos terceras partes)
	영어	two thirds
3/5	스페인어	tres quintos (= tres quintas partes)
	영어	three fifths
6+2=8	스페인어	Seis más (y) dos son ocho.
	영어	Six and two are[= is / make(s)] eight.
9−3=6	스페인어	Nueve menos tres son seis.
	영어	Nine minus three leave(s)[=equal(s)] six.
4×5=20	스페인어	Cuatro por cinco son veinte.
	영어	Four times[= multiplied by] five is[= equals] twenty.

<table>
<tr><td rowspan="2">8÷2=4</td><td>스페인어</td><td>Ocho dividido por dos son cuatro.</td></tr>
<tr><td>영어</td><td>Eight into[= divided by] two goes[= equals] four.</td></tr>
</table>

※ 배수 표현하기

simple	단 하나의
doble 또는 duplicado	2배의, 2곱의
triple 또는 triplicado	3배의, 3곱의
cuádruplo 또는 cuadruplicado	4배의, 4곱의
quíntuplo	5배의, 5곱의
séxtuplo	6배의, 6곱의
séptuplo	7배의, 7곱의
óctuplo	8배의, 8곱의
nóncuplo	9배의, 9곱의
décuplo 또는 decuplado	10배의, 10곱의

① 배수에 '-mente'를 붙여 부사로 사용

예 Te lo pagaré doblemente.

→ I will pay you double for it.

난 그것을 네게 2배로 지불할 것이다.

② 기수에 'veces'를 붙여 사용

예 María es diez veces más hermosa que yo.

→ María is ten times more beautiful than I.

마리아는 나보다 10배는 더 아름답다.

※ 분수 표현하기

분수 표현하기는 「기수 + 서수」를 서술하는 방식은 위에서 본 것과 같다. 그런데, 10이 넘어가는 숫자에 대해서는 스페인어에서는 서수를 잘 사용하지 않기 때문에 서수 어미자리에 「기수어미 + ~avo」를 사용한다.

예 1/11 [un onceavo]

→ one eleventh

3/20 [tres veinteavos]

→ three twentieths

「un medio와 la mitad」의 차이
'Un medio' 는 수학적 수식에서만 사용되며, 형용사 'medio/a' 의 형태와 혼동해서는 안된다. 일반적인 '~의 반' 이란 말은 'la mitad' 으로 사용해야 한다.

예 La mitad del electorado no votó.
→ Half of the electorate did not vote.
유권자의 반이 투표하지 않았다.

Trabajamos solo medio día hoy.
→ Today we only worked half a day.
우린 오늘 단지 반나절만 일했다.

■ 연습문제

1. Había (231) ______________ mujeres en el estadio.

  ① doscientos treinta y uno   ② doscientas treinta y una

  ③ doscientas treinta y uno   ④ doscientas treinta y unas

2. Ganó (100 millones) ______________ dólares en la lotería.

  ① cien millón de   ② ciento millones de

  ③ ciento millón de   ④ cien millones de

3. __________ de mayo es mi cumpleaños.

  ① El primero   ② El uno

  ③ El primer   ④ Primero

4. Juan llegó un poco después de las cinco, o sea, __________ .

  ① a las cinco en punto   ② a las cinco y pico

  ③ a eso de las cinco   ④ hace las cinco

5. Había __________ de pájaros en San Capistrano.

  ① cien   ② centenaros

  ③ cientos   ④ un cien

6. Seleccione la expresión correcta como el número siguiente: __________ "1.555"

  ① un mil quiniento cincuenta y cinco

  ② uno punto quinientos cuarenta y cinco

③ mil quinientos cincuenta y cinco

④ uno coma quientos cincuento y cinco

7. Seleccione la expresión correcta.

① la primer lección　　　　　　② el postrero año

③ la primera lección　　　　　　④ el tercero hijo

8. Seleccione la expresión correcta.

① 1/3 → un medio

② 3/4 → tres cuarto

③ 3/5 → tercero cinco

④ 7/100 → siete centavos

9. Seleccione la expresión correcta como el ejemplo siguiente: "8 + 3 = 11"

① Ocho más tres es once.

② Ocho y tres son once.

③ Ocho menos tres es once.

④ Ocho por tres son once.

10. Seleccione la expresión correcta a la española como la hora siguiente: "11:45 A.M."

① Son las once menos quince de la mañana.

② Son las doce menos cuarto de la mañana.

③ Son las once y cuarenta y cinco por la mañana.

④ Son las once y media de la mañana.

정답 1② 　2④ 　3① 　4② 　5③ 　6③ 　7③ 　8④ 　9② 　10②

독해(Lectura) XIX

De esta manera el principito domesticó al zorro. Y cuando se fue acercando el día de la partida;

– ¡Ah! – dijo el zorro –, lloraré.

– Tuya es la culpa – le dijo el principito –, yo no quería hacerte daño, pero tú has querido que te domestique...

– Ciertamente – dijo el zorro.

– ¡Y vas a llorar!, – dijo el principito.

– ¡Seguro!

– No ganas nada.

– Ganó – dijo el zorro – he ganado a causa del color del trigo.

Y luego añadió;

– Vete a ver las rosas comprenderás que la tuya es única en el mundo. Volverás a decirme adiós y yo te regalaré un secreto.

El principito se fue a ver las rosas a las que dijo;

– No son nada, ni en nada se parecen a mi rosa. Nadie las ha domesticado ni ustedes han domesticado a nadie. Son como el zorro era antes, que en nada se diferenciaba de otros cien mil zorros. Pero yo le hice mi amigo y ahora es único en el mundo.

– Capítulo 21, Parte 06 –

▶ 듣기 연습! 383 페이지로 이동!

단어

- acercando 형(영 moving nearer) 더 가까이 다가가는
- partida 명여(영 departure) 출발, 떠남, 이탈
- ciertamente 부(영 clearly) 명확하게, 분명하게
- llorar 동(영 cry) 울다, 울부짖다
- causa 명여(영 cause) 원인, 이유, 근원
  a causa de (영 because of) ~때문에
- trigo 명남(영 wheat) 밀, 소맥
- añadió 동(영 added) 덧붙였다, 보탰다[직설 · 부정과거 3인칭 단수]
- mundo 명남(영 world) 세계, 세상
- regalaré 동(영 will give as a gift) 선물을 줄 것이다[직설 · 미래 1인칭 단수]
- secreto 명남(영 secret) 비밀, 신비
- diferenciaba 동(영 distinguish) 구별하다, 구분하다
- único 형(영 unique) 유일한, 독특한

영어

So the little prince tamed the fox. And when the hour of his departure drew near

"Ah," said the fox, "I shall cry."

"It is your own fault," said the little prince. "I never wished you any sort of harm; but you wanted me to tame you..."

"Yes, that is so," said the fox.

"But now you are going to cry!" said the little prince.

"Yes, that is so," said the fox.

"Then it has done you no good at all!"

"It has done me good," said the fox, "because of the color of the wheat fields." And then he added:

"Go and look again at the roses. You will understand now that yours is unique in all the world. Then come back to say goodbye to me, and I will make you a present of a secret."

The little prince went away, to look again at the roses.

"You are not at all like my rose," he said. "As yet you are nothing. No one has tamed you, and you have tamed no one. You are like my fox when I first knew him. He was only a fox like a hundred thousand other foxes. But I have made him my friend, and now he is unique in all the world."

이렇게 어린 왕자는 여우를 길들였다. 작별의 시간이 다가왔을 때 여우가 말했다.

"난, 울 것만 같아."

"그건 네 잘못이야. 난 너를 전혀 괴롭히고 싶지 않았어. 그런데 네가 길들여 달라고 해서…" 어린 왕자가 말했다.

"그렇지." 여우가 말했다.

"그런데 넌 울려고 하잖아!" 어린 왕자가 말했다.

"맞아, 정말 그래." 여우가 말했다.

"그럼 넌 도대체 뭘 얻은 거지?"

"얻은 게 있어. 저 밀밭의 색깔 말이야." 여우가 말했다.

그리고 그는 덧붙였다. "다시 장미들을 보러 가렴. 네 꽃이 이 세상에 단 하나 뿐이란 걸 알게 될 거야. 그리고 다시 작별 인사를 하러 와 줘. 선물로 비밀을 하나 알려 줄게."

어린 왕자는 장미들을 다시 보러 갔다. 그는 꽃들에게 말했다.

"너희는 내 장미와 전혀 비슷하지 않아. 너희들은 아직 아무것도 아니야. 아무도 너희를 길들이지 않았고, 너희도 누구를 길들이지 않았어. 너희들은 옛날 내 여우와 같아. 그 여우는 세상의 수많은 다른 여우들과 다를 게 없었지. 그러나 나와 친구가 되면서, 그 여우는 이제 내게 세상에 단 하나 뿐인 여우가 됐어."

20 | 시제일치와 화법

1. 시제 일치

(1) 주절의 동사가 현재 · 미래 · 현재완료이면 종속절의 시제는 제한이 없다.

예 Él dice que él puede conducir un coche.
→ He says that he can drive a car.
  그는 차를 운전할 수 있다고 말한다.

Él dirá que él podría conducir un coche.
→ He will say that he could drive a car.
  그는 그가 운전을 할 수 있을 것이라고 말할 것이다.

Él ha dicho que él podrá conducir un coche.
→ He has said that he will be able to drive a car.
  그는 그가 운전을 할 수 있을 것이라고 말해왔다.

(2) 주절의 동사가 과거이면 종속절은 과거나 과거완료가 된다.

예 Yo pienso que él es honrado. 〉 Yo pensaba que él era honrado.
→ I think that he is honest. 〉 I thought that he was honest.
  난 그가 정직하다고 생각한다. 〉 난 그가 정직했다고 생각했다.

Él dice que él ha leído el libro. 〉 Él dijo que él había leído el libro.
→ He says that he has read the book. 〉 He said that he had read the book.
  그는 그가 책을 읽었다고 말한다. 〉 그는 그가 책을 읽었었다고 말했다.

잠깐! 시제는 역전될 수 없다. 주절의 현재를 과거로 바꾸면 종속절이 어떻게 되는지 보도록 하자.
일반적으로 'ser+주어'를 평서문에 사용하는 것은 주어를 강조하기 위한 것이다.

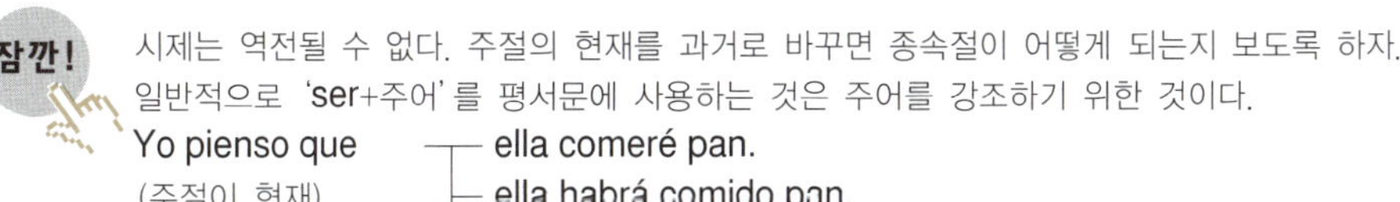

$$\begin{array}{l} \quad\;\; \text{ella comió pan.} \\ \quad\;\; \text{ella había comido pan.} \end{array}$$

$$\Rightarrow \text{Yo pensaba que} \left\{ \begin{array}{l} \text{ella comería pan.} \\ \text{ella habría comido pan.} \\ \text{ella comió pan.} \\ \text{ella había comido pan.} \end{array} \right.$$

(주절이 과거)

(3) 시제 일치에 대한 예외

주절의 시제가 변해도 종속절의 시제가 변하지 않는 경우는 다음과 같다.

① 일반적 진리 : 동사는 항상 현재

> 예 Aprendimos : "La práctica hace al maestro" 〉 Aprendimos que la práctica hace al maestro.
> → We learned, "Practice makes perfect." 〉 We learned that practice makes perfect.
> 우리는 "노력이 명인을 만든다"라고 배웠다.

② 현재의 습관 : 동사는 항상 현재

> 예 Él dice que él va a la iglesia todos los domingos. 〉 Él decía que él va a la iglesia todos los domingos.
> → He says that he goes to church every Sunday. 〉 He said that he goes to church every Sunday.
> 그는 그가 매주 일요일에 교회에 간다고 말한다. 〉 그는 그가 매주 일요일에 교회에 간다고 말했다.

③ 역사적 사실 : 동사는 항상 과거

> 예 Mi maestro dice: "La Guerra Mundial II estalló en 1939." 〉 Mi maestro dice que la Guerra Mundial II estalló en 1939.
> → My teacher says, "World War II broke out in 1939." 〉 My teacher said that World War II broke out in 1939.
> 우리 선생님은 1939년에 2차 세계대전이 일어났었다고 말씀하신다. 〉 우리 선생님은 1939년에 2차 세계대전이 일어났었다고 말씀하셨다.

④ 가정법 : 그대로 시제를 승계하지만, 인칭 · 시간부사 등은 변화함에 주의.

> 예 Él dijo: "Si yo fuera tú, no iría." 〉 Él dijo que si él fuera yo, no iría.
> → He said, "If I were you, I would not go." 〉 He said that if he were I, he would not go.

그는 말했다. "만약 내가 너라면 난 가지 않을 것이다." 〉 그는 그가 나라면 그는 가지
않을 것이라고 말했다.

2. 화법

▶ 화법전환

스페인어	Ella me dijo: "Yo estoy muy feliz ahora." → Ella me dijo que ella estaba muy feliz entonces.
영어	She said to me, "I am very happy now." → She told me that she was very happy then.
한국어	그녀는 나에게 말했다. "난 지금 매우 행복하다." → 그녀는 나에게 그때 아주 행복했다고 말했다.

▶ 화법 전환 순서와 방법

① 직접화법의 콜론(:)과 따옴표("~")를 없앤다.
② 'que' 를 붙인다.
③ 전달하는 입장에서 피 전달문의 인칭을 바꾼다. (예 Yo → Ella)
④ 피 전달문의 시제를 바꾼다. (예 estoy → estaba)
⑤ 형용사나 부사를 전달하는 입장에 맞도록 고친다.
  예 hoy 오늘 → aquel día, ese día
      ayer 어제 → el día anterior
      mañana 내일 → el día siguiente (= al día siguiente)
      ahora 지금 → entonces
      anoche 어제 밤 → la noche anterior
      pasado mañana 모레 → dos días después
      la semana que viene 다음 주 → la semana que venía

2-1. 평서문

예 Ella me dijo: "Yo encontré a tu padre." 〉 Ella me dijo que ella había encontrado a
  mi padre.
   → She said to me, "I met your father." 〉 She told me that she had met my father.
      그녀가 나에게 말했다. "난 너의 아버지를 만났어." → 그녀는 그녀가 나의 아버지를 만
      났다고 말했다.

2-2. 의문문

(1) 의문사가 있는 의문문

의문사가 있을 때는 평서문처럼 'que'를 사용할 필요가 없다. 하지만 강조하기 위해 'que'를 중복으로 붙여주는 경우도 있으니 주의해야 한다.

> 예) Yo dije al niño: ¿Cuántos años tienes tú? 〉 Yo le pregunté al niño cuántos años él tenía.
> → I said to the boy, "How old are you?" 〉 I asked the boy how old he was.
> 난 그 소년에게 말했다. "너 몇 살이니? 〉 난 그 소년이 몇 살인지 물어봤다.

(2) 의문사가 없는 의문문

의문사가 없는 의문사의 경우 'si'를 써서 '~인지 아닌지'의 선택적 의문문의 성격을 가질 수 있게 한다. 평서문의 'que'를 사용할 필요는 없지만, 강조하는 문장에서는 사용하는 경우도 있다.

> 예) Ella me dijo: ¿Tienes sueño? 〉 Ella me preguntó si yo tenía sueño.
> → She said to me, "Are you taking a nap?" 〉 She asked me if I was taking a nap.
> 그녀는 내게 말했다. "너는 졸고 있니?" 〉 그녀는 내가 졸고 있는지 물었다.

2-3. 명령문

영어는 명령의 전달 내용을 부정사를 이용해 연결하지만, 스페인어에서는 「que + 접속법」의 형태를 나타낸다.

> 예) Él me dijo: "¡Pase!" 〉 Él me dijo que yo pasara.
> → He said to me, "Come in!" 〉 He told me to come in.
> 그는 내게 말했다. "들어오세요!" 〉 그는 내게 들어오라고 말했다.

> Ella me dice: "¡Díselo tú mismo!" → Ella me dice que se lo diga yo mismo.
> → She says to me, "Say it to him yourself." 〉 She tells me to say it to him.
> 그녀는 나에게 말한다. "네 스스로가 그것을 그에게 말해!" 〉 그녀는 내가 그에게 그것을 말하라고 말한다.

2-4. 감탄문

감탄문은 'que'를 가지고 반드시 연결해야 한다. 'decir' 동사를 'exclamar' 동사로 바꾸어도 무방하다. 간접화법으로 바꿀 때는 감탄문을 시제와 상황에 맞는 어휘로 변형한 뒤, 어순을 바꾸지 않고 그대로 사용할 수도 있고, 감탄문을 평서문으로 고쳐 문장을 사용할 수도 있다.

> 예) Ella dijo: "¡Qué sorpresa tiene el concierto!" → Ella exclamó que el concierto tenía

mucha sorpresa. [= Ella exclamó que qué sorpresa tenía el concierto.]
→ She said, "What a surprising concert it is!" 〉 She cried out that it is a very surprising concert. [= She cried out what a surprising concert it was.]
그녀는 말했다. "얼마나 놀라운 콘서트냐!" 〉 그녀는 콘서트가 너무 놀라웠다고 말했다.

■ 연습문제

1. Mamá, prepáreme la comida. Ella me dice, __________.
   ① "Te lo estoy preparado."
   ② "Estoy preparándotela."
   ③ "La te preparo."
   ④ "Prepárotela."

2. La profesora me dijo, - ¡__________ la tarea para mañana!
   ① quédese con   ② salve
   ③ guarde   ④ gaste

3. __________ tres horas que regresó de su viaje.
   ① Hacen   ② Hace
   ③ Ha   ④ Desde

4. Yo __________ el colegio a los 10 años.
   ① dejé   ② dejara
   ③ dejaba   ④ dejase

5. Yo __________ dormido cuando me llamaste.
   ① estaba   ② estoy
   ③ estuve   ④ estaré

6. Es evidente que los chicos no __________ en sus cuartos.
   ① están   ② son
   ③ estén   ④ sean

7. Mi mamá quería que _________ nuestra tarea a tiempo.

  ① hagamos   ② hiciéramos

  ③ hacemos   ④ hicimos

8. Los deportistas _________ débiles porque no han comido desde hace tres días.

  ① son   ② eran

  ③ están   ④ habían sido

9. Me prometió que me _________ pero no lo hizo.

  ① ayudará   ② ayudaría

  ③ ayuda   ④ había ayudado

10. - ¿A qué hora sucedió?

    - Me imagino que ______ las 10 de la noche.

  ① era   ② serán

  ③ fuera   ④ serían

11. Dijo que pasado mañana ______ al médico.

  ① había ido   ② fue

  ③ iría   ④ haya ido

12. Me preguntó si ______ llegar a tiempo.

  ① habrían podido   ② hayan podido

  ③ hubieran podido   ④ pudieran

정답   1 ②   2 ①   3 ②   4 ①   5 ①   6 ①   7 ②   8 ③   9 ②   10 ④
       11 ③   12 ①

■ 독해(Lectura) XX

Las rosas se sentían molestas oyendo al principito, que continuó diciéndoles
– Son muy bellas, pero están vacías y nadie daría la vida por ustedes. Cualquiera
que las vea podrá creer indudablemente que mi rosa es igual que cualquiera de

ustedes. Pero ella se sabe más importante que todas, porque yo la he regado, porque ha sido a ella a la que abrigué con el fanal, porque yo le maté los gusanos (salvo dos o tres que se hicieron mariposas) y es a ella a la que yo he oído quejarse, alabarse y algunas veces hasta callarse. Porque es mi rosa, en fin.

Y volvió con el zorro.

– Adiós – le dijo.

– Adiós – dijo el zorro –. He aquí mi secreto, que no puede ser más simple Sólo con el corazón se puede ver bien. Lo esencial es invisible para los ojos.

– Lo esencial es invisible para los ojos – repitió el principito para acordarse.

– Lo que hace más importante a tu rosa, es el tiempo que tú has perdido con ella.

– Es el tiempo que yo he perdido con ella... – repitió el principito para recordarlo.

– Los hombres han olvidado esta verdad – dijo el zorro –, pero tú no debes olvidarla. Eres responsable para siempre de lo que has domesticado. Tú eres responsable de tu rosa...

– Yo soy responsable de mi rosa... – repitió el principito a fin de recordarlo.

– Capítulo 21, Parte 07 –

▶ 듣기 연습! 384 페이지로 이동!

단 어

- molesto 형(영 annoying) 분노한, 화난, 노한; 귀찮은
- bello 형(영 pretty) 이쁜, 아름다운
- vacío 형(영 vacant) (텅)빈, 공허한
- indudablemente 부(영 unquestionably) 의심할 여지없는
- regado 형(영 watered) 물을 준, 물을 뿌린
- abrigué 동(영 sheltered, kept warm) 숨겼다, 감추었다; 따뜻하게 했다
  [직설 · 부정과거 1인칭 단수]
- fanal 명남(영 lantern) 초롱, 각등; (항구 · 선박 등의) 표지등
- gusano 명남(영 worm) 벌레, 구더기, 지렁이
- salvo 부(영 except) ~을 제외하고
- mariposa 명여(영 butterfly) 나비
- alabarse 동(영 praise oneself) (자신을) 칭찬하다, 용기를 내다
- callarse 동(영 keep quiet) 조용히 하다
- esencial 형(영 special) 특별한, 특이한

- invisible 형(영 invisible) 보이지 않는
- acordarse 동(영 remember) 기억하다[+ de]
- perdido 형(영 lost) 잃은, 없어진, 손해를 본
- recordar 동(영 remember) 기억하다
- responsable 형(영 responsible) 책임을 져야할, 책임을 진
- fin 명(영 end, aim) 끝, 목적; 표적
  a fin de (영 in order to) ~를 위해서

And the roses were very much embarassed.

"You are beautiful, but you are empty," he went on. "One could not die for you. To be sure, an ordinary passerby would think that my rose looked just like you-- the rose that belongs to me. But in herself alone she is more important than all the hundreds of you other roses: because it is she that I have watered; because it is she that I have put under the glass globe; because it is she that I have sheltered behind the screen; because it is for her that I have killed the caterpillars (except the two or three that we saved to become butterflies); because it is she that I have listened to, when she grumbled, or boasted, or ever sometimes when she said nothing. Because she is my rose."

And he went back to meet the fox.

"Goodbye," he said.

"Goodbye," said the fox. "And now here is my secret, a very simple secret: It is only with the heart that one can see rightly; what is essential is invisible to the eye."

"What is essential is invisible to the eye," the little prince repeated, so that he would be sure to remember.

"It is the time you have wasted for your rose that makes your rose so important."

"It is the time I have wasted for my rose--" said the little prince, so that he would be sure to remember.

"Men have forgotten this truth," said the fox. "But you must not forget it. You become responsible, forever, for what you have tamed. You are responsible for your rose..."

"I am responsible for my rose," the little prince repeated, so that he would be sure to remember.

장미꽃들은 당황했다.

"너희는 아름다워, 그러나 너희는 비어 있어." 어린 왕자는 다시 말했다. "아무도 너희를 위해 죽지는 않을 거야. 물론 내 장미도 멋모르고 지나가는 사람에겐 너희와 비슷하겠지. 그러나 그 꽃 하나가 너희들 전부보다 소중해.

그건 내가 물을 준 꽃이니까. 내가 바람막이를 세워준 꽃이니까. 내가 벌레를 잡아 준 꽃이니까(나비가 되라고 두세 마리는 남겨 놓았어). 내가 불평을 들어 주고, 허풍을 들어 주고, 어쩔 때는 침묵까지 들어 준 꽃이니까. 그건 내 장미란 말이야."

그는 여우에게 돌아왔다.

"잘 있어." 그가 말했다.

"잘 가." 여우가 말했다. "내 비밀은 이거야. 아주 간단해. 마음으로 보아야 잘 보인다. 중요한 것은 눈에 보이지 않는다."

"중요한 것은 눈에 보이지 않는다." 어린 왕자는 기억하려고 했다.

"네 장미가 그렇게 소중해진 건 네가 장미에게 바친 시간 때문이야."

"나의 장미에게 바친 시간 때문이야." 어린 왕자는 기억해 두려고 따라 말했다.

"사람들은 이 진실을 잊어버렸어." 여우가 말했다. "그러나 너는 잊으면 안 돼. 넌 네가 길들인 것에 대해 언제까지나 책임이 있어. 너는 네 장미한테 책임이 있어…"

"나는 내 장미한테 책임이 있어…" 어린 왕자는 기억해 두려고 따라 말했다.

21 | 가정법, 현재·과거분사

1. 가정법

1-1. 가정법 현재

미래에 일어날 수 있는 것을 가정할 때 사용됨

Si + 직설법 현재	직설법 미래
조건문	귀결문

예 Si yo tengo mucho dinero, lo compraré.
  → If I have much money, I will buy it.
    만약 돈이 많이 있다면, 그것을 살 것이다.

 잠깐! 가정법 현재의 조건문은 「cuando + 주어 + 접속법현재 + ∼」의 형태로 바꿀 수 있으며, 귀결문의 경우는 미래형(직설법) 이외에 명령법의 형태를 띄는 경우도 많이 있다.

1-2. 가정법 과거

현재의 사실에 반대되는 가정문에 쓰이는 접속법 불완료과거

Si + 접속법 불완료 과거	직설법 조건
조건문	귀결문

예 Si yo tuviera dinero, lo compraría.
  → If I had much money, I would buy it.
    만약 돈이 많이 있었다면, 그것을 샀을 텐데.

 잠깐! 귀결문의 '직설법 조건'은 조건법의 형태를 일컫는다.

1-3. 가정법 과거완료

과거 사실에 반대되는 가정문에서 사용된다.

Si + 접속법 대과거	직설법 완료조건
조건문	귀결문

예 Si yo hubiera tenido mucho dinero, lo habría comprado.
→ If I had had much money, I would have bought it.
내가 돈을 많이 갖고 있었더라면, 그것을 샀을 텐데.

잠깐! '접속법 대과거' 형은 「haber + -ado/-ido」 형태에서 'haber' 동사를 접속법 과거형으로 바꾸어 놓은 것이며, 귀결문의 '완료 조건형' 은 마찬가지로 「haber + -ado/-ido」 형태에서 'haber' 동사를 가능법 형태로 사용한 것이다.

2. 현재분사(Gerundio)

2-1. 현재 분사의 형태

'-ar' 동사는 '어미 -ar' 를 떼고 '-ando' 를, 제 '-er, -ir 동사' 는 '어미 -er 및 -ir' 를 떼고 '-iendo' 를 붙여 현재 분사를 만든다.

▶ 규칙 동사

동사원형		현재분사형	
스페인어	영 어	스페인어	영 어
hablar	speak	hablando	speaking
comer	eat	comiendo	eating
vivir	live	viviendo	living

▶ 불규칙 동사

동사원형		현재분사형	
스페인어	영 어	스페인어	영 어
decir	say	diciendo	saying
ir	go	yendo	going
poder	be able to	pudiendo	being able to
venir	come	viniendo	coming

동사원형		현재분사형	
스페인어	영　어	스페인어	영　어
creer	believe	creyendo	believing
leer	read	leyendo	reading
oír	hear	oyendo	hearing
traer	bring	trayendo	bringing

예) Los estudiantes que están estudiando el español.
　　→ The students studying Spanish.
　　　스페인어를 공부하고 있는 학생들.

　　Un hombre que está leyendo una novela.
　　→ A man reading a novel.
　　　소설을 읽고 있는 한 남자.

※ 영어의 현재분사 '~ing형태'는 형용사적 역할이 있지만 스페인어에서는 형용사적 용법이 없다. 문법적으로 틀린 형태이지만, 현대 스페인어 신문에서는 자주 볼 수 있는 형태이기 때문에 착각을 일으킬 수도 있다. 스페인어 문법에서는 부사적 성격만을 가지고 있다고 알아두어야 한다. 아래의 두 어휘에서는 예외적으로 사용된다.

예) El agua hirviendo
　　→ Boiling water
　　　끓고 있는 물

　　La casa ardiendo
　　→ Burning house
　　　타고 있는 집

2-2. 분사구문

현재분사는 「동시성 · 직전(直前)성」을 가지는 것에 유념해야 한다.

(1) 때

"~하자; ~할때"의 의미를 가지고 있다.

예) Yendo hacia tu casa, me encontré con un amigo.
　　→ Going toward your house, I met a friend.
　　　너의 집으로 향해 갈 때, 난 한 친구를 만났다.

(2) 원인, 이유

"~때문에"의 의미를 가지고 있다.

> (예) Corriendo mucho, pudo alcanzar el tren.
> → Running hard, I could arrive at the train.
> 열심히 달렸기 때문에, 난 기차에 닿을 수 있었다.

(3) 조건

"~라면; ~하면"이라는 의미를 가지고 있다.

> (예) Estudiando un poco más, podrás aprobar el examen de inglés.
> → Studying a little more, you can pass the English exam.
> 조금 더 열심히 공부하면, 넌 영어시험에 통과할 수 있다.

(4) 양보

"~이기는 하지만; ~일지라도"의 의미를 가지고 있다.

> (예) Siendo inteligente, a veces parece tonto.
> → Being intelligent, he seems to be stupid at times.
> 그는 유능함에도 가끔은 멍청해 보인다.

(5) 연속 동작

"~하고서"의 의미를 가지고 있다.

> (예) Saludando a las tres personas, volví a mi pueblo.
> → Saying goodbye to three persons, I returned to my hometown.
> 난 세 명의 사람들에게 인사를 하고, 고향으로 돌아왔다.

(6) 동시 동작

"~하면서"의 의미를 가지고 있다.

> (예) Desoyendo la orden, los chicos siguieron con sus juegos.
> → Disregarding the rule, the boys continued to play their games.
> 규칙을 무시하면서, 그 소년들은 계속 게임을 했다.

(7) 특이 형태

① en + ~ando/ ~iendo (영 on + ~ing) ~하자마자

 En acabando de dar la clase, iré al cine.

    → On finishing giving the class, I will go to the movie theater.

       수업하는 것이 끝나자마자, 난 영화관에 갈 것이다.

② como + ~ando/ ~iendo (형 as if + 주어 + 동사) 마치 ~처럼

예 El buey lo miraba como interrogándole.

    → The cow watched him as if it were asking a question to him.

       그 소는 마치 그에게 질문을 하는 것처럼 그를 바라보고 있었다.

3. 과거분사(Participio)

3-1. 과거 분사의 형태

'-ar 동사'는 '어미 -ar'를 떼고 '-ado'를, '-er, -ir 동사'는 '어미 -er 및 -ir'를 떼고 '-ido'를 붙이어 과거 분사를 만든다.

▶ 규칙 동사

동사원형		과거분사형	
스페인어	영 어	스페인어	영 어
hablar	speak	hablado	spoken
comer	eat	comido	eaten
vivir	live	vivido	lived

▶ 불규칙 동사

동사원형		과거분사형	
스페인어	영 어	스페인어	영 어
escribir	write	escrito	written
volver	come back	vuelto	come back
hacer	make; do	hecho	made; done
satisfacer	satisfy	satisfecho	satisfied
ver	see	visto	seen
cubrir	cover	cubierto	covered

<table>
<tr><td colspan="2" align="center">동사원형</td><td colspan="2" align="center">과거분사형</td></tr>
<tr><td align="center">스페인어</td><td align="center">영　어</td><td align="center">스페인어</td><td align="center">영　어</td></tr>
<tr><td align="center">abrir</td><td align="center">open</td><td align="center">abierto</td><td align="center">opened</td></tr>
<tr><td align="center">decir</td><td align="center">say</td><td align="center">dicho</td><td align="center">said</td></tr>
<tr><td align="center">poner</td><td align="center">put</td><td align="center">puesto</td><td align="center">put</td></tr>
<tr><td align="center">romper</td><td align="center">break</td><td align="center">roto</td><td align="center">broken</td></tr>
<tr><td align="center">resolver</td><td align="center">solve</td><td align="center">resuelto</td><td align="center">solved</td></tr>
</table>

3-2. 분사구문

과거분사용법의 경우, '과거'와 '수동'의 성격을 가지고 있지만, 독립분사구문의 형태를 만들 때는 영어의 「Being + 과거분사」, 「Having been + 과거분사」와 같은 성격을 가지고 있다.

(1) 때

"~하자; ~하고"라는 의미를 가지고 있다.

(예) Leída la carta, la hizo mil pedazos.
→ The letter being read, he tore it to pieces.
편지를 읽고, 그것을 길기길기 찢었나.

(2) 원인

"~이므로"라는 뜻을 가진다.

(예) Declarada la guerra, las comunicaciones eran inseguras.
→ The war having been declared, the communications were insecure.
전쟁이 선포되었기 때문에 통신은 불안정했다.

(3) 양태

"~해서"라는 뜻을 가진다.

(예) La casa, puertas y ventanas cerradas, parecía abandonada.
→ The house, doors and windows being shut, seemed to be abandoned.
문과 창문이 닫혀있어서, 그 집은 버려진 것처럼 보였다.

(4) 가정 조건

"~하면"이란 뜻을 가지고 있다.

> 예 Una vez impuesta la pena, es difícil modificarla.
> → The punishment having been imposed once, it is difficult to modify.
> 한차례 형벌이 부과되면, 그것을 수정하는 것은 어렵다.

(5) 양보

"~이지만"이라는 의미를 가지고 있다.

> 예 Escrito de prisa, el libro no tiene ninguna falta.
> → Written in haste, the book has no fault.
> 서둘러 쓰긴 했지만, 그 책에는 아무런 실수가 없다.

■ 연습문제 

1. Si tengo el tiempo, _______ el museo.
   ① visitaría
   ② visitaré
   ③ visite
   ④ visitaba

2. Los alumnos están _______ la composición.
   ① escrito
   ② analizando
   ③ leen
   ④ escriben

3. _______ el trabajo, pudo salir a tiempo.
   ① Haber terminado
   ② Al terminado
   ③ Estar terminando
   ④ Habiendo terminado

4. Los problemas _______, cerró el libro y salió.
   ① resueltos
   ② resolvidos
   ③ resueltas
   ④ resuelven

5. Para este viernes ellos _______ la película.
   ① habían visto
   ② habrán visto

③ habrían visto   ④ han visto

6. Ellos vinieron _______ por la calle.
① andando   ② andado
③ andar   ④ andados

7. _______, salió del cuarto.
① Decírmelo   ② Diciéndomelo
③ Me lo decir   ④ Deciéndomelo

8. Un niño _______ me causa pena.
① que llora   ② llorar
③ llorando   ④ a llorar

9. Si yo hubiera sabido la respuesta, se la _______.
① diría   ② había dicho
③ habría dicho   ④ diga

10. Si estuviera aquí, _______ hablar con ella.
① me gustará   ② trataría de
③ podemos   ④ me negué a

11. Si yo fuera al centro, te _______ algo.
① compraría   ② compre
③ compré   ④ compraré

12. Si _______ dinero, iría a Bolivia.
① tenía   ② tengo
③ tuviera   ④ tuve

13. Por bien que _______ Elena, no quiero jugar con ella.
① juega   ② está jugando
③ juegue   ④ jugara

정답   1 ②   2 ②   3 ④   4 ①   5 ②   6 ①   7 ②   8 ①   9 ③   10 ②
       11 ①   12 ③   13 ③

–¡Buenos días! –dijo el principito.

–¡Buenos días! –respondió el guardavías.

–¿Qué haces aquí? –le preguntó el principito.

–Formo con los viajeros paquetes de mil y despacho los trenes que los llevan, ya a la derecha, ya a la izquierda.

Y un tren rápido iluminado, rugiendo como el trueno, hizo temblar la caseta del guardavías.

–Tienen mucha prisa –dijo el principito–. ¿Qué buscan?

–Ni siquiera el conductor de la locomotora lo sabe –dijo el guardavías.

Un segundo rápido iluminado rugió en sentido inverso.

–¿Ya vuelve? –preguntó el principito.

–No son los mismos –contestó el guardavías–. Es un cambio.

–¿No se sentían contentos donde estaban?

–Nunca se siente uno contento donde está –respondió el guardavías.

Y rugió el trueno de un tercer rápido iluminado.

–¿Van persiguiendo a los primeros viajeros? –preguntó el principito.

–No persiguen absolutamente nada –le dijo el guardavías– duermen o bostezan allí dentro. Únicamente los niños aplastan su nariz contra los vidrios.

–¿Solamente los niños saben lo que buscan? –dijo el principito. Pierden el tiempo con una muñeca de trapo que viene a ser lo más importante para ellos y si se la quitan, lloran...

–¡Qué suerte tienen! –dijo el guardavías.

–Capítulo 22–

▶ 듣기 연습! 384 페이지로 이동!

단어

- guardavía 명여복(영 railway switchman) (철도의) 전철원
- paquete 명남(영 packet; parcel) 묶음, 소포, 수하물
- despacho 동타(영 send) 보내다
- derecha 명여(영 right) 오른쪽

a la derecha (영 to the right) 오른쪽으로

• izquierda 명여(영 left) 왼쪽

a la izquierda (영 to the left) 왼쪽으로

• iluminado 형(영 illuminated) 비추인, 조명한; 설명한, 해명한

• rugiendo 형(영 roaring) 으르렁대고 있는, 왁자지껄하고 있는

• trueno 명남(영 thunder) 천둥

• temblar 동(영 shake) 흔들다, 휘두르다, 떨리다, 동요시키다

• caseta 명여(영 hut, cubicle) 오두막, 막사; 작은 침실, 개인용 열람실

• siquiera 접(영 even if) 비록 ~할지라도

ni siquiera (영 not even) ~조차 않다

• locomotora 남여(영 engine) 엔진, 기관

• rugió 동(영 roared) 으르렁대고 있었다, 왁자지껄하고 있었다[직설 · 부정과거 3인칭단수]

• contento 형(영 pleased) 만족스러운, 기분 좋은

• persiguiendo 형(영 pursuing) 쫓고 있는, 추구하고 있는

• bostezan 동(영 yawn) 하품하다[직설 · 현재 3인칭 복수]

• aplastan 동(영 crush) 눌러 터트리다, 압착하다, 으깨다

• vidrio 명남(영 glass) 유리

• trapo 명남(영 rag) 걸레, 누더기, 조각

• quitan 동(영 remove) 제거하다[직설 · 현재 3인칭 복수]

• suerte 명여(영 luck) 행운, 운

"Good morning," said the little prince.

"Good morning," said the railway switchman.

"What do you do here?" the little prince asked.

"I sort out travelers, in bundles of a thousand," said the switchman. "I send off the trains that carry them; now to the right, now to the left."

And a brilliantly lighted express train shook the switchman's cabin as it rushed by with a roar like thunder.

"They are in a great hurry," said the little prince. "What are they looking for?"

"Not even the locomotive engineer knows that," said the switchman.

And a second brilliantly lighted express thundered by, in the opposite direction.

"Are they coming back already?" demanded the little prince.

"These are not the same ones," said the switchman. "It is an exchange."

"Were they not satisfied where they were?" asked the little prince.

"No one is ever satisfied where he is," said the switchman.

And they heard the roaring thunder of a third brilliantly lighted express.

"Are they pursuing the first travelers?" demanded the little prince.

"They are pursuing nothing at all," said the switchman. "They are asleep in there, or if they are not asleep they are yawning. Only the children are flattening their noses against the windowpanes."

"Only the children know what they are looking for," said the little prince. "They waste their time over a rag doll and it becomes very important to them; and if anybody takes it away from them, they cry..."

"They are lucky," the switchman said.

"안녕하세요?" 어린 왕자가 말했다.

"안녕." 철도 선로를 조정하는 사람이 말했다.

"아저씬 여기서 뭐하세요?" 어린 왕자가 물었다.

"나는 여행자들을 가르고 있지, 천 명씩 묶어서." 선로를 조정하는 사람이 말했다. "사람들을 실은 기차를 어느 때는 오른쪽, 어느 때는 왼쪽으로 보낸단다."

불을 환하게 켠 급행열차가 천둥처럼 우릉거리며 조종실을 흔들고 지나갔다.

"저 사람들은 아주 바쁘군요." 어린 왕자가 말했다. "그들은 뭘 찾는 거죠?"

"기관사도 잘 모른단다." 선로 조정원이 말했다.

이번에는 반대편에서 오는 급행열차가 불을 환하게 켜고 요란하게 지나갔다.

"그들이 벌써 돌아오는 건가요?" 어린 왕자가 물었다.

"같은 사람들이 아니란다." 선로 조정원이 말했다. "서로 자리를 바꾸고 있는 거야."

"살던 곳이 싫었나 보죠?"

"사람들은 사는 곳에서 만족하는 법이 없지." 선로 조정원이 말했다.

세 번째 급행열차가 불을 환하게 켜고 천둥소리를 냈다.

"이 사람들은 먼젓번 여행자들을 쫓아가는 건가요?"

"그들은 아무것도 쫓지 않아." 선로 조정원이 말했다. "그 안에서 잠을 자거나 잔뜩 하품을 하지. 어린아이들만 유리창에 코를 대고 밖을 쳐다 봐."

"어린아이들만 자기들이 뭘 찾는지 알고 있네. 어린아이들은 헝겊 인형에 시간을 바치고, 그래서 인형이 아주 중요해지지. 그걸 빼앗기면 소리 내 울고…" 어린 왕자가 말했다.

"어린아이들은 행복해." 선로 조정원이 말했다.

22 | 부사

1. 부사 만들기

(1) 형용사의 어미에 '-o'로 끝나는 것은 '-o'를 '-a'로 바꾸고 '-mente'를 붙인다.

> 예 directo (영 direct) → directamente (영 directly) 직접적으로
> claro (영 clear) → claramente (영 clearly) 분명히

(2) 그밖에 것은 그대로의 형에 '-mente'를 붙이면 된다. 강세의 위치는 바꾸지 않는다.

> 예 alegre (영 cheerful) → alegremente (영 cheerfully) 즐겁게
> fácil (영 easy) → fácilmente (영 easily) 손쉽게

> **잠깐!** 부사를 여러개 나열할 때, 맨 마지막 어휘에만 '~mente'를 붙이고, 나머지 어휘에서는 붙이지 않는다. 단, '~mente'를 붙여 만들 때의 형태는 계속 유지한다.
> 예 clara y rápidamente
> 깨끗하고 빠르게
> rápida, correcta y honradamente
> 빠르고 정확하고 정직하게

2. 단독 부사

부사의 종류는 다음과 같은 종류가 있다.

(1) 때

> 예 cuándo (영 when) 언제
> ahora (영 now) 지금
> antes (영 before) 전에
> hoy (영 today) 오늘

ayer   (영 yesterday) 어제
temprano   (영 early) 일찍
tarde   (영 late) 늦게

(2) 장소

예 dónde   (영 where) 어디
aquí   (영 here) 여기
dentro   (영 inside) 내부에 안쪽에
cerca   (영 near) 가까이
ahí   (영 there) 거기
allí   (영 over there) 저기

(3) 상황 · 방법

예 cómo   (영 how) 어떻게
así   (영 like that) 그렇게
bien   (영 well) 잘
mal   (영 badly) 나쁘게
pronto   (영 fast) 급하게
despacio   (영 slowly) 천천히

(4) 수량 · 정도

예 cuánto   (영 how many; how much) 얼마나
tanto   (영 so) 그렇게
mucho   (영 hard) 열심히
poco   (영 little; not ~very) 거의 없게
bastante   (영 sufficiently) 충분하게
demasiado   (영 too) 너무
muy   (영 very) 매우

(5) 긍정 · 부정 · 의문

예 sí   (영 yes) 예
no   (영 no) 아니오
nunca   (영 never) 결코 ~아닌
quizás   (영 perhaps) 아마도
acaso   (영 maybe) 아마도
tal vez   (영 maybe) 아마도

 recién과 recientemente

'recién'은 단독부사로 'recientemente'의 의미와 같다. 하지만, 'recién'은 항상 「과거분사형(−ado/−ido)」의 앞에서 사용이 된다.

예 los recién llegados
→ the recent arrivals
최근 도착(들)

los recién casados
→ the newlyweds
최근에 결혼커플들

3. 부사의 위치

(1) 부사 + 형용사

형용사 앞에 부사가 온다.

예 El edificio muy alto
→ the very tall building
매우 높은 빌딩

(2) 부사를 강조할 때는 동사보다 앞에 온다. 특히 「장소 · 방법 · 때」의 부사일 경우에 해당한다.

예 Allí te espero.
→ Here I wait for you.
여기서 내가 너를 기다리겠다.

Entonces lo sabremos.
→ Then we will know it.
그때 우리가 그것을 알게 될 것이다.

(3) 부사가 문 두에서 강조가 되면, 주어와 동사가 자주 도치된다.

예 Bien lo sabe Ud.
→ You know it well.
당신은 그것을 잘 압니다.

Siempre le reñía su madre cuando le veía con su novia.
→ His mother always scolded him when she saw him with his girlfriend.
그의 어머니는 항상 그가 여자친구와 함께 있는 것을 보았을 때, 그를 혼내셨다.

(4) 영어에서는 복합시제를 구성하는 동사구의 사이에 부사가 들어갈 수 있지만, 스페
   인어에서는 불가능하다.

> 예 He estado allí frecuentemente.
>   → I have been there frequently.
>   나는 빈번히 거기에 갔었다.
>
>   Ella siempre está comiendo algo.
>   → She is always eating something.
>   그녀는 항상 무엇인가 먹고 있다.

4. 형용사로도 사용되는 부사

부사는 형태가 변화하지 않지만, 형용사는 수와 성에 따라 변함으로 주의를 해야 한다.

(1) bastante

> 예 • 형용사로 사용될 때
>   ¿Tenemos bastantes vasos?
>   → Do we have enough glasses?
>   우리가 잔을 충분히 가지고 있니?
>
>   • 부사로 사용될 때
>   El río no es bastante profundo.
>   → The river isn't deep enough.
>   강은 너무 깊지 않다.

(2) mucho, poco

> 예 • 형용사로 사용될 때
>   Esta galleta tiene mucha[poca] vitamina C.
>   → This snack has a lot of[little] vitamin C.
>   이 과자는 많은 비타민 C를 가지고 있다[있지 않다].
>
>   • 부사로 사용될 때
>   Ella trabaja mucho[poco].
>   → She works hard[little].
>   그녀는 열심히 일한다[거의 일하지 않는다].

(3) tanto

[예] • 형용사로 사용될 때

¡Tanto tiempo sin verte!
→ It's been such a long time!.
[너를 못 본지] 그렇게 오랜 시간이 되었구나!

• 부사로 사용될 때

Es tan difícil de describir.
→ It's so difficult to describe!.
묘사하기가 그렇게 어렵다.

(4) junto

[예] • 형용사로 사용될 때

¿Se los envuelvo todos juntos?
→ Shall I wrap them all up together?
제가 그것들을 모두 포장해드릴까요?

※ 스페인어에서는 형용사이지만, 영어 · 한국어에서는 부사이다.

• 부사로 사용될 때

Ella se sentó junto a mí.
→ She sat down beside me.
그녀는 내 옆에 앉았다.

※ 스페인어는 전치사와 합성어가 되면서 부사가 된다.

[예] junto a (영 beside) ~ 옆에
junto con (영 with) ~와 함께

'의심' 의 부사

acaso	아마
difícilmente	힘들게
por si acaso	만일의 경우
quizás	아마도
tal vez	아마도
por ventura	아마도

※ 「acaso와 por ventura」는 '놀람 · 분개' 등을 뜻하며 부정적이 대답을 예기하며 사용된다.
[예] Acaso no sé lo que he visto por mis propios ojos.
어떻게(아마) 내 눈으로 본것을 모르겠는가…

5. 동사의 의미를 풍부하게 만드는 부사

a la vez	(영 at the same time) 동시에
a menudo	(영 often) 종종
a veces	(영 sometimes) 때때로
abiertamente(= francasamente)	(영 frankly) 솔직히; 개방적으로
absolutamente	(영 absolutely) 절대적으로
al mismo tiempo	(영 at the same time) 동시에
al revés (= al contrario)	(영 conversely) 반대로
alternativamente	(영 alternatively) 번갈아
aproximadamente	(영 approximately) 거의, 다소
atentamente	(영 attentively) 주의 깊게
atrevidamente	(영 boldly) 대담하게
burlonamente	(영 ridiculously) 우롱하듯이
cansadamente	(영 tiredly) 피곤하게, 맥없이
cautelosamente	(영 attentively) 조심스럽게
claramente	(영 clearly) 뚜렷하게, 명백하게
corrientemente	(영 fluently) 쉽게, 유창하게
de nuevo (= otra vez)	(영 newly) 새로이, 다시
de repente	(영 suddenly) 갑자기
debidamente	(영 correctly) 정확히, 분명히
deliberadamente	(영 deliberately) 신중하게 생각한 끝에, 고의로
diferente de	(영 different from) ~와 달리
equivocadamente	(영 by mistake) 실수로, 잘못하여
evidentemente	(영 evidently) 명백하게, 정확하게
felizmente	(영 happily) 행복하게
finalmente	(영 finally) 마침내
frecuentemente	(영 frequently) 자주
fácilmente	(영 easily) 수월하게, 쉽게
generalmente (=en general)	(영 generally) 일반적으로
gradualmente	(영 gradually) 점점, 차례로
hábilmente	(영 skillfully) 솜씨 있게
igualmente	(영 equally) 똑같이
lealmente	(영 faithfully) 충실하게
lentamente (= despacio)	(영 slowly) 천천히
menos	(영 less) 보다 덜
muchas veces	(영 many times) 여러 번
más	(영 more) 더 많이, 보다 더

más bien	(옝 rather) 오히려
más o menos	(옝 somewhat) 다소
nerviosamente	(옝 nervously) 신경질적으로
perfectamente	(옝 perfectly) 완벽하게
solamente (= solo)	(옝 only) 오직, 단지
súbitamente	(옝 suddenly) 별안간
tal vez (= quizás)	(옝 perhaps) 아마도
tenazmente	(옝 with tenacity) 완강하게, 끈질기게

■ 연습문제

1. Elena lavó los platos ____________
  ① rápidamente y cuidadosamente   ② rápida y cuidadosamente
  ③ rápida y cuidadosa   ④ rápidamente y cuidadosa

2. Ellos corren _______ y hábilmente.
  ① rápida   ② rápidamente
  ③ rápido   ④ rápidos

3. Estas películas son _______ interesantes como ésas.
  ① tan   ② tantas
  ③ tantos   ④ como

4. No vive _______ bien como dice.
  ① tan   ② nada
  ③ jamás   ④ nunca

5. Se encontraría tan mal que _______ salió a despedirse de nosotros.
  ① ni solo   ② ni siquiera
  ③ ni más   ④ ni cualquier

6. Este pan sabe _________.
  ① bien   ② mucho
  ③ bueno   ④ demasiado

7. No me encuentro _______ ; tengo _______ dolor de cabeza.

① bien / muy   ② bueno / mucho

③ bien / mucho   ④ bueno / bien

8. Ese médico no sabe __________ aquél.

① tan como   ② tanto que

③ tanto como   ④ tanta que

9. ¿_______ se ven los coches de caballos por las calles de Madrid?

① Ya   ② Aún

③ Antes   ④ Menos

10. _______ más le oigo, más me duele la cabeza.

① Cuanto   ② Como

③ Según   ④ Cuando

정답 1② 2① 3① 4① 5② 6① 7③ 8③ 9② 10①

독해(Lectura) XXⅡ

–¡Buenos días! –dijo el principito.

–¡Buenos días! –respondió el comerciante.

Era un comerciante de píldoras perfeccionadas que quitan la sed. Se toma una por semana y ya no se sienten ganas de beber.

–¿Por qué vendes esto? –preguntó el principito.

–Porque con esto se economiza mucho tiempo. Según el cálculo hecho por los expertos, se ahorran cincuenta y tres minutos por semana.

–¿Y qué se hace con esos cincuenta y tres minutos?

–Lo que cada uno quiere...

"Si yo dispusiera de cincuenta y tres minutos –pensó el principito- caminaría suavemente hacia una fuente..."

–Capítulo 23–

▶ 듣기 연습! 385 페이지로 이동!

- píldora 명여(영 pill) 약, 환약
- perfeccionado 형(영 perfected) 완벽한, 완전한
- gana 명여(영 desire) 바램, 욕구, 욕망
- economiza 통(영 saves) 절약하다, 덜다[직설 · 현재 3인칭 단수]
- cálculo 명남(영 calculation) 계산, 계획, 작정
- experto 명남(영 expert) 전문가, 숙련가, 대가
- ahorran 통(영 save) 아끼다, 저축하다[직설 · 현재 3인칭 복수]
- dispusiera 통(영 arranged) 정돈하다, 배열하다, 준비하다[접속 · 과거 3인칭 단수]
- hacia 전(영 towards) ~쪽으로, ~무렵

"Good morning," said the little prince.

"Good morning," said the merchant.

This was a merchant who sold pills that had been invented to quench thirst. You need only swallow one pill a week, and you would feel no need of anything to drink.

"Why are you selling those?" asked the little prince.

"Because they save a tremendous amount of time," said the merchant. "Computations have been made by experts. With these pills, you save fifty-three minutes in every week."

"And what do I do with those fifty-three minutes?"

"Anything you like..."

"As for me," said the little prince to himself, "if I had fifty-three minutes to spend as I liked, I should walk at my leisure toward a spring of fresh water."

"안녕하세요?" 어린 왕자가 말했다.

"안녕." 장사꾼이 말했다.

그는 갈증을 달래 주는 최신 알약 장수였다. 일 주일에 한 알만 먹으면 다시는 목이 마르지 않는다는 것이다.

"아저씨는 왜 이런 걸 팔아요?" 어린 왕자가 물었다.

"시간을 절약할 수 있지." 장사꾼이 말했다. "전문가들이 계산했어. 일 주일에 오십 삼 분이 절약된다는 거야."

"그럼 그 오십 삼 분에는 뭘 하지요?"

"자기가 하고 싶은 걸 하지…"
　어린 왕자는 혼자 생각했다. '나라면… 내가 그 오십 삼 분을 써야 한다면, 아주 천천히 샘터로 걸어갈 텐데…'

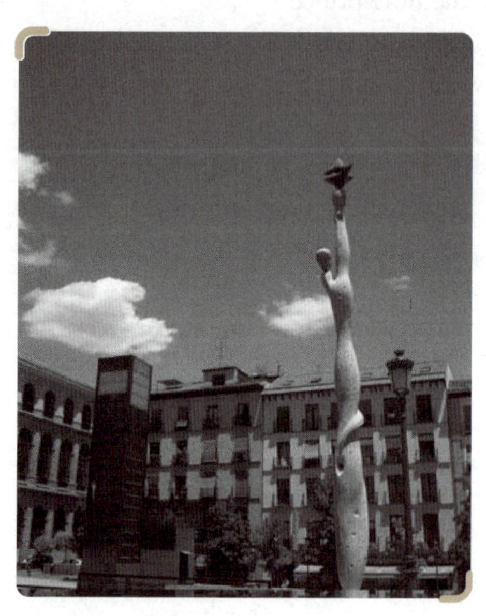

1. 부정문

(1) 부정문을 만들기 위해서는 긍정문의 동사 앞에 'no'를 놓으면 된다. 만일 동사 앞에 인칭대명사 목적격이 있으면, 그 앞에 놓인다.

※ 주의 : 한 문장에 부정어 2개가 들어간다고 해서 이중 부정이 되는 것이 아니라 부정이 강조됨을 명심하자.

[예] Él no es estudiante.
→ He isn't a student.
그는 학생이 아니다.

No teníamos hijo.; No lo teníamos.
→ We had no son.
우리들에게는 아들이 없었다.

La ficción nunca es preferible a la verdad.
→ The fiction is never preferable to the truth.
꾸며낸 것은 결코 진실보다 바람직하지 않다.

No tengo nada en mi bolsillo.
→ I don't have anything in my pocket.
내주머니에는 아무것도 없다.

(2) 부정어는 부정문과 부정의 어구 중이나, 부정을 예상하여 부정이 잠재하는 표현에서도 쓰인다.

[예] Si no hacemos mal a nadie, nada debemos temer.
→ If we aren't bad for anybody, we need not fear anything.
우리들이 누구에게도 나쁜 짓을 하지 않는다면, 아무것도 무서워 할 일이 없다.

2. 의문문

(1) 스페인어는 어순에 있어 매우 자유롭다. 그래서 의문문은 주어와 동사의 위치를 바꾸어 놓거나 평서문을 의문문의 억양으로 나타내기도 한다. 그리고 부호(¿~?)를 앞뒤에 반드시 붙여야 한다.

> 예 Juan viene.
> → Juan is coming.
> 후안이 온다.
>
> ¿Viene Juan? (= ¿Juan viene?)
> → Is Juan coming?
> 후안이 옵니까?
>
> ¿Son tuyas esas plumas?
> → Are those pens yours?
> 그 펜들은 너의 것이냐?

(2) 때때로 평서문 끝에 「¿verdad?, ¿no?, ¿No es verdad?」등을 붙여서 의문문을 만들기도 한다. 이러한 의문문은 상대방의 동의를 구할 때 쓰인다. (참조: 중남미에서 '¿Es verdad?'이란 말은 '이해하니?'라는 뜻으로 많이 쓰임)

> 예 Ud. es coreano, ¿verdad?
> → You are Korean, right[= aren't you]?
> 당신은 한국인입니다. 그렇지요?
>
> Diana es muy bonita, ¿no?
> → Diana is very beautiful, no[= isn't she]?
> 디아나가 매우 예쁘네요. 안 그래요?
>
> Esta carta es para mí, ¿no es verdad?
> → This letter is for me, isn't it?
> 이 편지는 내 것이죠, 그렇지 않아요?

(3) 부가 의문문

자신이 말하는 것에 대해 상대의 동의를 구하거나 확인하는 의도가 내포된 문장으로 평서문의 뒤에 덧붙인 의문문을 말한다. 부가의문문은 부정의 부가의문문과 긍정의 부가의문문이 있다.

① 부정의 부가 의문문
▶ 앞의 문장이 긍정일 때에는 다음과 같은 형식으로 부정의 부가의문문을 붙인다.

《영어》에서 「주어 + be동사 ~, be동사의 부정 단축형 + 대명사 주어?」의 형태를 사용하며, 《스페인어》에서 「주어 + Ser · Estar 동사 ~, no + lo + Ser · Estar 동사 + 대명사 주어」형태를 사용한다.

예) María es amable, ¿no lo es ella?
　　→ María is kind, isn't she?
　　　마리아는 친절해요, 안 그래요?

María es amable, ¿no lo es ella? → 생략

Ellos son estudiantes, ¿no lo son ellos?
→ They are students, aren't they?
　그들은 학생이에요, 안 그래요?

Bob estaba durmiendo, ¿no lo estaba él?
→ Bob was sleeping, wasn't he?
　밥은 자고 있었죠, 안 그런가요?

▶ 《영어》에서 「주어+일반동사 ~, don't / doesn't / didn't+대명사 주어」, 《스페인어》에서는 대동사 형태가 없으며, 일반동사를 그대로 사용한다.

예) Ud. la quiere a María, ¿no quiere Ud.?
→ You love María, don't you?
　당신은 마리아를 사랑하죠, 안 그런가요?

Su hermana desea leer novelas, ¿no desea ella?
→ Your sister likes reading novels, doesn't she?
　당신의 여동생은 소설 읽는 것을 좋아하죠, 안 그래요?

Bill dijo a Ud. sobre eso, ¿no dijo él?
→ Bill told you about it, didn't he?
　빌이 당신에게 그것에 대해 말했죠, 안 그래요?

▶ 「주어+조동사 ~, 조동사의 부정 단축형+대명사 주어」

예) Ud. puede tocar el violín, ¿no puede Ud.?
→ You can play the violin, can't you?
　당신은 바이올린을 연주할 수 있죠, 안 그래요?
Mike podría hacer el trabajo, ¿no podría él?
→ Mike could do the job, couldn't he?
　미이그는 그 일을 할 수 있었죠, 안 그래요?

 《영어》에서는 주어가 'this, that'일 때는 'it'로 받고, 'these나 those'일 때는 'they'로 받는다. 《스페인어》에서는 대명사 형태는 그대로 똑같은 대명사 형태로 사용한다.

예) Este es su coche, ¿no es este?
→ This is your car, isn't it?
　이것은 당신의 차죠, 안 그래요?

Estos son los cuadernos de Joan, ¿no son estos?
→ Those are Joan's notebooks, aren't they?
　그것들은 조안의 공책이죠, 안 그래요?

② 긍정의 부가 의문문
앞의 문장이 부정일 때에는 다음과 같은 형식으로 긍정의 부가의문문을 붙인다.

▶ 《영어》에서는 「주어 + be동사의 부정형 ~, be동사 + 대명사 주어?」이며, 《스페인어》에서는 「주어 + Ser · Estar 동사의 부정형 ~, ¿lo + Ser · Estar 동사 + 대명사 주어?」형태로 사용한다.

예) María no es amable, ¿lo es ella?
→ María isn't kind, is she?
　마리아는 친절하지 않죠, 그렇죠?

Ellos no son estudiantes, ¿lo son ellos?
→ They aren't students, are they?
　그들은 학생이 아니죠, 그렇죠?

Bob no estaba durmiendo, ¿lo estaba él?
→ Bob wasn't sleeping, was he?
　밥은 자고 있지 않았죠, 그렇죠?

▶ 《영어》에서 「주어+일반동사의 부정형 ~, do/does/did+대명사 주어」를 사용하지만, 《스페인어》에서는 대동사를 사용하지 않고, 그대로 동사를 사용한다.

예) Ud. no la quiere a María, ¿quiere Ud.?
→ You don't love María, do you?
　당신은 마리아를 사랑하지 않죠, 그렇죠?

Su hermana no desea leer novelas, ¿desea ella?
→ Your sister doesn't like reading novels, does she?
　당신의 여동생은 소설책 읽는 것을 좋아하지 않죠, 그렇죠?

Bill no dijo a Ud. sobre eso, ¿dijo él?

→ Bill didn't tell you about it, did he?

빌은 그것에 대해 당신에게 말하지 않았죠, 그렇죠?

(4) 의문사를 사용하여 의문문을 만든다.

예 ¿Qué estudia Ud.?
→ What do you study?

당신은 무엇을 공부합니까?

¿Quién es Carmen?
→ Who is Carmen?

누가 까르멘입니까?

3. 감탄문

감탄문은 감탄부호(¡~!)를 문장의 앞뒤에 찍어야 한다. 기본적인 감탄문의 구성은 「¡Qué + 명사 + tan(혹은 más) + 형용사!」의 순서로 한다.

예 ¡Qué muchacha tan bonita!
→ What a pretty girl she is!

얼마나 예쁜 소녀인가!

¡Qué comida tan sabrosa!
→ What a delicious food it is!

얼마나 맛있는 음식인가!

※ 「¡Qué(Cuán) + 형용사 + 동사 + 명사!」일 경우

예 ¡Qué bravo es ese toro!
→ How brave that cow is!

그 황소는 얼마나 힘이 센가!

¡Qué bonita es la señorita!
→ How pretty the lady is!

그 아가씨는 얼마나 예쁜가!

¡Cuán(=Qué) difícil es el chino!
→ How difficult Chinese is!

중국어는 얼마나 어려운지!

※ 《영어》에서 'What' 으로 시작하는 감탄문에서 What 뒤에 오는 명사가 복수명사이거나 셀 수

없는 명사인 경우에는 'a/an'은 붙이지 않는다. 《스페인어》에서는 상관없이 관사를 붙이지 않는다.

예 ¡Qué bonitas flores estas son!
→ What beautiful flowers these are!
이것은 얼마나 아름다운 꽃인가!

¡Qué encantador tiempo hace!
→ What lovely weather we have!
얼마나 화창한 날씨인가!

¡Qué bien ella habla inglés!
→ What good English she speaks!
그녀는 정말 영어를 잘하는구나!

※ 감탄문에서 「주어+동사」는 생략되는 경우가 많다.

예 ¡Qué amable (ella es)!
→ How kind (she is)!
얼마나 친절한가!

¡Qué interesante (el partido es)!
→ How exciting (the game is)!
얼마나 흥미진진한가!

¡Qué hermoso pájaro (ése es)!
→ What a pretty bird (that is)!
얼마나 아름다운 새인가!

4. 접속사

(1) y (옝 and) [긍정] 그리고

예 Ella habla inglés, francés y alemán.
→ She speaks English, French and German.
그녀는 영어, 프랑스어 그리고 독일어를 말한다.

※ 주의 : '접속사 y'는 다음의 단어가 'i 혹은 hi'로 시작되면 'e'로 바뀐다. 이유는 발음의 혼돈을 피하기 위한 것이다.

예 padre e hijo
→ Father and son
아버지와 아들

(2) ni (옝 not + and; neither~ nor) [부정] 역시 ~ 아니다

예 No vino él ni su mujer.
→ Neither he nor his wife came.
그도 그의 아내도 오지 않았다.

※ ni siquiera (옝 not even)

예 ¿Ni siquiera piensas llamarlo?
→ Aren't you even going to call him?
넌 그에게조차도 전화하려 하지 않았니?

(3) bien......bien (옝 either~ or) 역시~또한

예 Puede abonarse bien al contado bien en 12 cuotas mensuales.
→ Payment may be made either in cash or in twelve month installments.
현금 또는 12개월 할부로 지불 될 것이다.

(4) ora......ora (옝 now~ now) 때로는, 때로는

예 Cae ora en la tierra, ora en la roca.
→ It falls now on the soil, now among the stones.
그것이 때로는 토양위로, 때로는 돌 사이로 떨어졌다.

(5) ya......ya (옝 whether~ or) ~든지

예 Ya por tierra, ya por mar
→ Whether by land or by sea
육지든지, 바다로든지

(6) o (옝 or) 또는; 그렇지 않으면

예 Dámelo o se lo digo a la maestra.
→ Give it to me or I'll tell the teacher.
나에게 그것을 쥐라, 그렇지 않으면 내가 그것을 선생님께 말하겠다.

※ o... o... (옝 either~ or) ~든지

[예] Tiene que ser o mañana o el jueves.
   → It has to be either tomorrow or Thursday.
   그게 내일이든지 목요일이 되어야 한다.

(7) pero (영 but) 그러나

[예] Me gustaría ir, pero creo que no voy a poder.
   → I would like to go, but I think I won't be able to.
   난 가고 싶다, 그러나 난 내가 할 수 없을 것이라 생각한다.

(8) mas (영 but) 그러나

[예] No lo vi, mas le escribí.
   → I didn't see him, but I wrote a letter to him.
   나는 그를 만나보지는 못하였다. 그러나 그에게 편지를 썼다.

※ 주의 : 'mas' 는 때에 따라서는 'pero' 와 같이 쓰이나 주로 고어 적이며, 문학적인 표현에 많이 쓰인다.

(9) aunque (영 although) 비록 ～할지라도

[예] Aunque llegamos tarde, conseguimos entradas.
   → Although we got there late, we managed to get tickets.
   비록 우리가 늦게 도착했지만, 우리는 표를 구매할 수 있었다.

(10) no obstante (영 nevertheless) 그럼에도 불구하고

[예] No obstante, se negó a recibirlos.
   → Nevertheless, she refused to see them.
   그럼에도 불구하고, 그녀는 그들을 보길 거부했다.

(11) con todo (영 even so) 비록 그렇다해도

[예] Con todo, sigo pensando que ella me ama.
   → Even so I still think that she loves me.
   비록 그렇다해도, 난 그녀가 나를 사랑할 것이라 계속 생각하고 있다.

(12) sino (que) (영 but) ～아닌,

[예] Ella no vino, sino que llamó.
   → She didn't come, but she telephoned.

그녀는 오지 않았고, 그녀는 전화를 했다.

(13) antes bien [= más bien] (접 on the contrary) 오히려

예 Antes bien tienes una buena oportunidad.
　　→ On the contrary, you have a good chance.
　　　오히려 넌 좋은 기회를 가지게 되었다.

(14) que (접 because) 왜냐하면

예 No te rías, que no tengo gana de bromas.
　　→ Don't laugh at me, because I don't like exchanging jokes.
　　　비웃지 말아라. 나는 농담할 생각이 없으니까.

(15) pues (혹은 pues que) (접 so; as; since) 그래서; 때문에

예 No pudo asistir pues tenía un compromiso anterior.
　　→ He was unable to attend since he had a prior engagement.
　　　그는 참여할 수 없었다. 왜냐하면 그는 선약을 가지고 있었다.

(16) porque (접 because) 왜냐하면

예 No lo hice porque no quise.
　　→ I didn't do it, because I didn't want to.
　　　나는 싫었기 때문에 그것을 하지 않았다.

(17) puesto que (접 because; as) 왜냐하면

예 Verdad será puesto que tú lo dices.
　　→ It will be true as what you say.
　　　네가 그렇게 말하니 사실이겠지.

(18) como, como que (접 as) 때문에; 처럼

예 Como ella no vino aquí, no puedo darle la nota.
　　→ As she didn't come here, I can't give her the grade.
　　　그녀가 여기에 오지 않았기 때문에, 난 성적을 그녀에게 줄 수 없다.

(19) ya que (접 as; while) 때문에; 이상

예 Ya que estoy, lo limpio por dentro también.

→ While I'm at it, I may as well clean the inside too.
내가 그곳에 있는 이상, 난 역시나 안쪽을 깨끗하게 할 것이다.

(20) luego (영 therefore) 고로, 그럼으로

[예] Pienso, luego existo.
→ I think therefore I exist.
나는 생각한다. 고로 존재한다.

(21) conque (영 so) 그래서

[예] Conque ya lo sabes.
→ So now you know it.
그래서 이제 네가 안다.

(22) por consiguiente, por lo tanto (영 consequently) 결과로

[예] Él no estudia nada. Por consiguiente, él no podrá tener buen puesto.
→ He doesn't study anything. Consequently, he can't have good position.
그는 어떤 것도 공부하지 않는다. 결국 그는 좋은 보직을 잡을 수 없다.

연습문제

1. ¡ ________ día más hermoso!
① Qué un   ② Qué
③ Cuál   ④ de quién

2. ¡ ________ es la astronomía!
① Qué   ② Quién
③ Cuál   ④ A quién

3. No me dijo ________ sobre el asunto.
① nadie   ② algo
③ nada   ④ ninguno

4. ¿Tienes algunos amigos íntimos? No, no tengo __________,
① ningunos   ② ningún
③ nadie   ④ ninguno

5. Ella no es alta __________ baja.
① pero   ② también
③ sino   ④ sino que

6. Yo no conozco al niño __________ me gusta su coche nuevo.
① pero   ② pero que
③ sino   ④ sino que

7. ¡Ojalá que me __________ un recuerdo de París!
① traen   ② enviarán
③ han comprado   ④ den

8. Nadie va con ellos, ni con Juan __________ .
① ni   ② nadie
③ tampoco   ④ también

9. __________ dc las camisas me queda bien.
① Nada   ② Ningún
③ Ninguna   ④ Ningunas

10. __________ veo en el estadio.
① Nadie   ② A nada
③ Ningún   ④ A nadie

11. Sin decirme __________, se fue para siempre.
① algo   ② nada
③ alguna cosa   ④ ninguno

정답 1② 2① 3③ 4④ 5③ 6① 7④ 8③ 9③ 10④ 11②

Ahora hace ya seis años de esto. Jamás he contado esta historia y los compañeros que me vuelven a ver se alegran de encontrarme vivo. Estaba triste, pero yo les decía "Es el cansancio".

Al correr del tiempo me he consolado un poco, pero no completamente. Sé que ha vuelto a su planeta, pues al amanecer no encontré su cuerpo, que no era en realidad tan pesado... Y me gusta por la noche escuchar a las estrellas, que suenan como quinientos millones de cascabeles...

Pero sucede algo extraordinario. Al bozal que dibujé para el principito se me olvidó añadirle la correa de cuero, no habrá podido atárselo al cordero. Entonces me preguntó:

"¿Qué habrá sucedido en su planeta? Quizás el cordero se ha comido la flor..."

A veces me digo: "¡Seguro que no! El principito cubre la flor con su fanal todas las noches y vigila a su cordero". Entonces me siento dichoso y todas las estrellas ríen dulcemente.

Pero otras veces pienso: "Alguna que otra vez se distrae uno y eso basta. Si una noche ha olvidado poner el fanal o el cordero ha salido sin hacer ruido, durante la noche...". Y entonces los cascabeles se convierten en lágrimas...

Y ahí está el gran misterio. Para ustedes que quieren al principito, lo mismo que para mí, nada en el universo habrá cambiado si en cualquier parte, quien sabe dónde, un cordero desconocido (se) ha comido o no (se) ha comido una rosa...

Pero miren al cielo y pregúntense: el cordero ¿se ha comido la flor? Y veréis cómo todo cambia...

¡Ninguna persona mayor comprenderá jamás que esto sea verdaderamente importante!

Este es para mí el paisaje más hermoso y el más triste del mundo. Es el mismo paisaje de la página anterior que he dibujado una vez más para que lo vean bien. Fue aquí donde el principito apareció sobre la Tierra, desapareciendo luego.

Mírenlo atentamente para que sepan reconocerlo, si algún día, viajando por África cruzan el desierto. Si por casualidad pasan por allí, no se apresuren, se los ruego, y deténganse un poco, precisamente bajo la estrella. Si un niño llega hasta ustedes, si este niño ríe y tiene cabellos de oro y nunca responde a sus preguntas, adivinarán en seguida quién es. ¡Sean amables con él! Y comuníquenme rápidamente que ha regresado. ¡No me dejen tan triste!

–Capítulo 27–

▶ 듣기 연습! 386 페이지로 이동!

단어

- alegrarse de 동(영 be glad about) ~에 즐거워하다.
- cansancio 명남(영 tiredness) 피곤, 싫증
- correr 동(영 run) 달리다, 뛰다
- consolado 형(영 consoled) 위로하는
- amanecer 동(영 dawn) (밤이) 새다, 밝아지다, 동이 트다
- estrella 명여(영 star) 별
- fanal 명남(영 beacon light) (항구 · 선박 등의) 표지등, 선미등
- suenan 동(영 ring) 울(리)다, 벨을 울리다
- cascabel 명남(영 bell) 벨, 종, 방울
- sucede 동(영 occur) 생기다, 일어나다, 나타나다
- bozal 명남(영 muzzle) (마 · 소의) 재갈
- dibujé 동(영 drew) 그렸다, 작성했다[직설 · 부정과거 1인칭 단수]
- correa 명여(영 strap) 끈, 가죽 끈
- atar 동(영 tie) 묶다, 매다
- cordero 명남(영 lamb) 새끼 양, 양고기
- cubre 동(영 covers) 덮다, 닫다[직설 · 현재 3인칭 단수]
- vigila 동(영 watches) 경계하다, 감시하다, 불침번을 서다[직설 · 현재 3인칭 단수]
- distrae 동(영 distracts) (기분 따위를) 딴 데로 돌리다, 흩어지게 하다[직설 · 현재 3인칭 단수]
- basta 동(영 is enough) 충분하다[직설 · 현재 3인칭 단수]
- convierten 동(영 convert) 전환하다, 바꾸다[직설 · 현재 3인칭 복수]
- lágrima 명여(영 tear) 눈물
- paisaje 명남(영 landscape) 풍경화, 경치, 전망
- página 명여(영 page) 페이지
- casualidad 명여(영 chance, accident) 기회, 호기; 우연한 일, 사고
  por casualidad (영 by accident) 우연히
- apresuren 동(영 hurry) 서두르다, 재촉하다[직설 · 현재 3인칭 복수]
- ruego 동(영 ask for, beg) 요구하다, 청하다[직설 · 현재 1인칭 단수]
- ríe 동(영 laughs) 웃다, 웃음 짓다
- regresado 형(영 returned) 되돌아간, 되돌아 온

And now six years have already gone by...

I have never yet told this story. The companions who met me on my return were well content to see me alive. I was sad, but I told them: "I am tired."

Now my sorrow is comforted a little. That is to say-- not entirely. But I know that he did go back to his planet, because I did not find his body at daybreak. It was not such a heavy body... and at night I love to listen to the stars. It is like five hundred million little bells...

But there is one extraordinary thing... when I drew the muzzle for the little prince, I forgot to add the leather strap to it. He will never have been able to fasten it on his sheep. So now I keep wondering: what is happening on his planet? Perhaps the sheep has eaten the flower...

At one time I say to myself: "Surely not! The little prince shuts his flower under her glass globe every night, and he watches over his sheep very carefully..." Then I am happy. And there is sweetness in the laughter of all the stars.

But at another time I say to myself: "At some moment or other one is absent-minded, and that is enough! On some one evening he forgot the glass globe, or the sheep got out, without making any noise, in the night..." And then the little bells are changed to tears...

Here, then, is a great mystery. For you who also love the little prince, and for me, nothing in the universe can be the same if somewhere, we do not know where, a sheep that we never saw has-- yes or no?-- eaten a rose...

Look up at the sky. Ask yourselves: is it yes or no? Has the sheep eaten the flower? And you will see how everything changes...

And no grown-up will ever understand that this is a matter of so much importance!

This is, to me, the loveliest and saddest landscape in the world. It is the same as that on the preceding page, but I have drawn it again to impress it on your memory. It is here that the little prince appeared on Earth, and disappeared.

Look at it carefully so that you will be sure to recognize it in case you travel some day to the African desert. And, if you should come upon this spot, please do not hurry on. Wait for a time, exactly under the star. Then, if a little man appears who laughs, who has golden hair and who refuses to answer questions, you will know who he is. If this should happen, please comfort me. Send me word that he has come back.

그러니까 그게 벌써 육 년 전 일이다… 나는 아직 이 이야기를 한 적이 없다. 나를 만난 친구들은 내가 살아 돌아온 것을 보고 몹시 기뻐했다. 나는 슬펐지만 그들에겐 "피곤해서…"라고만 말했다.

이제는 슬픔이 다소 가라앉았다. 다시 말해서… 완전히 가라앉은 게 아니다. 그러나 나는 그가 자기 별로 돌아갔다는 걸 잘 알고 있다. 해 뜰 무렵에 보니 그의 몸은 사라지고 없었다. 그렇게 몸이 무겁지 않았나 보다… 그래서 나는 밤마다 별들에게 귀 기울이기를 좋아한다. 별들은 오억 개 방울 같다…

그런데 큰일이 생겼다. 어린 왕자에게 그려 준 입 가리개에 난 잊어버리고 가죽끈을 달아 주지 않은 것이다! 그래서 그걸 양에게 씌우지 못했을 것이다. 그래서 나는 속으로 생각한다. 그의 별에 무슨 일이 생긴 것 아닐까? 양이 꽃을 먹어 버리지나 않았을까?'

때로는 이렇게 생각한다. 그럴 리가 없어! 어린 왕자는 밤마다 꽃을 유리 덮개로 잘 덮어 주고, 양을 단단히 감시할 거야… 그러면 나는 행복하다. 그리고 모든 별은 조용히 웃는다.

때로는 이렇게 생각한다. 어쩌다 방심을 할 수도 있어. 그럼 그만이야! 어느날 저녁 유리 덮개를 잊거나 밤중에 양이 소리없이 빠져나간다면… 그러면 방울들은 모두 눈물로 변한다!

이것은 커다란 수수께끼다. 역시 어린 왕자를 사랑하는 여러분들이나 나에게 다 그렇다. 알지 못하는 어떤 양이 알지 못할 어디선가 장미 한 송이를 먹었느냐 그렇지 않으냐에 따라 세상이 온통 달라지는 것이나…

하늘을 보라. 그리고 마음 속으로 물어 보라. 양이 그 꽃을 먹었을까, 먹지 않았을까? 그러면 모든 것이 얼마나 달라지는지 알게 될 것이다…

이게 이토록 중요하다는 것을 어른들은 결코 이해하지 못하리라!

이것은 내게 이 세상에서 가장 아름답고 가장 슬픈 풍경이다. 앞면의 풍경과 똑같지만, 여러분에게 똑똑히 보여주기 위해 다시 한 번 그렸다. 어린 왕자가 나타났다가 사라진 곳이 바로 여기다. 어느 날 아프리카 사막을 여행할 때 이곳을 확실히 알아보려면 자세히 봐 두어야 한다. 이곳을 지나가게 되면 제발 서두르지 말고 별 아래서 잠시 기다려라!

그때 한 아이가 다가오면, 그 애가 웃고 그 애 머리가 금발이면, 물어도 대답하지 않으면, 그 애가 누군지 여러분은 알게 되리라. 그러면 내게 친절을 베풀어 다오. 내가 이렇게 슬퍼하는 것을 버려 두지 말고, 빨리 편지를 보내 달라. 그 애가 돌아왔노라고…

- 부록 -

Spanish

1. 교통

① 버스

• ~가는 버스 정류장은 어디죠?

스페인어	¿Dónde está la parada del autobús para ~?
영어	Where's the bus stop for ~?

• 이 버스는 ~까지 갑니까?

스페인어	¿Va este autobús hasta ~?
영어	Does this bus go to ~?

• ~까지 얼마입니까?

스페인어	¿Cuánto cuesta hasta ~?
영어	How much is it to ~?

• 다음 정거장에서 내립니다.

스페인어	¿Voy a bajar en la próxima parada?
영어	Do I get off at the next stop?

• 여기서 내려주세요.

스페인어	Por favor, déjeme bajar aquí.
영어	Let me off here, please.

② 지하철/기차

• 가장 가까운 지하철 역은 어디죠?

스페인어	¿Dónde está la estación de metro más cercana?
영어	Where is the nearest subway station?

• 이등(급)표를 두 장 주세요.

스페인어	Por favor, déme dos billetes de segunda clase.
영어	Give me two second class tickets, please.

• ~까지 (가는 기차는) 얼마입니까?

스페인어	¿Cuánto cuesta hasta~?
영어	How much is it to ~?

• ~까지 가는 이등 편도표 1장 주세요.

스페인어	Deme un billete de ida de segunda clase para ~.
영어	A second-class one-way ticket to ~, please.

• 급행 열차가 있습니까?

스페인어	¿Hay tren expreso?
영어	Is there any express?

• 이 열차 ~에서 정차합니까?

스페인어	¿Para este tren en ~?
영어	Does this train stop at ~?

• 이 열차는 ~까지 직행입니까?

스페인어	¿Va este tren directamente a ~?
영어	Does this train go directly to ~?

• 어디서 갈아탑니까?

스페인어	¿Dónde tengo que cambiar de tren?
영어	Where can I transfer?

• 몇 번 플렛폼에서 떠납니까?

스페인어	¿De qué andén sale el tren para ~?
영어	Which platform does it leave from?

• 이 열차가 ~가는 것입니까?

스페인어	¿Este tren va a ~?
영어	Is this the train to ~?

• 이 자리 비었습니까?(자리의 주인이 있습니까?)

스페인어	¿Está ocupado este asiento?
영어	Is this seat taken?

• 여기는 제 자리입니다.

스페인어	Creo que este asiento es el mío.
영어	I think, this is my seat.

• 지금 어디를 지나고 있죠?

스페인어	¿Por dónde estamos pasando ahora?
영어	Where are we passing now?

• 다음 역은 어디입니까?

스페인어	¿Cuál es la estación siguiente?
영어	Where is the next stop?

• 얼마간 정차합니까?

스페인어	¿Cuánto tiempo para el tren aquí?
영어	How long does the train stop here?

③ 배

• ~가는 배를 타는 곳은 어디입니까?

스페인어	¿Dónde está el muelle del barco para ~?
영어	Where can I board the ship to ~?

• 승선 시간은 몇 시입니까?

스페인어	¿A qué hora embarcamos?
영어	What time do we board?

• 언제 떠납니까?

스페인어	¿Cuándo sale este barco?
영어	When does it sail?

2. 예약

• 이 열차의 좌석을 예약하고 싶습니다.

스페인어	Quisiera reservar un asiento en este tren.
영어	I'd like to reserve a seat on this train.

• (서울)에서 예약했습니다.

스페인어	La reservación fue hecha en (Seúl).
영어	I made a reservation in (Seoul).

• 가능한 빠른 비행기편을 예약해 주십시오.

스페인어	Por favor, quisera tomar el vuelo más rápido posible.
영어	Reserve the next flight I can catch to ~, please.

• 비행기 예약을 재확인하고 싶습니다.

스페인어	Deseo reconfirmar la reservación del vuelo.
영어	I'd like to reconfirm the reservation.

• 이 예약을 취소해 주십시오.

스페인어	Por favor, anule la reservación de este vuelo.
영어	Cancel this reservation, please.

• 예약을 변경하고 싶습니다.

스페인어	Quiero cambiar la reservación.
영어	I want to change my reservation.

• (1월 6일)의 (KAL 28편)입니다.

스페인어	Es el vuelo Número 28 de Kal, del 6 de enero.
영어	KAL flight No. 28 on January 6th.

• (마드리드)까지 이등석 두 명입니다.

스페인어	Son dos personas en la clase económica hasta Madrid.
영어	Two economy class tickets for Madrid.

• 이름은 ~입니다.

스페인어	Mi nombre es ~.
영어	My name is ~.

• 다른 항공회사 편을 알아봐 주세요.

스페인어	Hágame el favor de ver los vuelos de salida de otras líneas.
영어	Please check other airlines.

3. 관광

① 길묻기

• 미안합니다만, ~가는 길을 가르쳐 주세요.

스페인어	Perdón. enséñeme el camino para ~.
영어	Excuse me. How can I get to ~?

• 이 근처에 (우체국)이 있습니까?

스페인어	¿Hay (una oficina de Correos) cerca de aquí?
영어	Is there (a post office) near here?

• ~호스텔은 여기서 멉니까?

스페인어	¿Está el Hostel ~ lejos de aquí?
영어	Is the ~ Hostel far from here?

• 얼마나 걸립니까?

스페인어	¿Cuánto tiempo se tarda en llegar?
영어	How long does it take?

• 여기는 어디입니까?

스페인어	¿Dónde estamos ahora?
영어	Where are we now?

• 이 거리를 뭐라고 부르죠?

스페인어	¿Cómo se llama esta calle?
영어	What street is this?

• 현재 위치를 가르쳐 주세요.

스페인어	Por favor, indíqueme dónde estamos ahora.
영어	Please point out where I am on this map.

• 여기에 약도를 그려주시겠습니까?

스페인어	Por favor, dibújeme aquí un pequeño plano.
영어	Please draw a map here.

• 저것은 무슨 건물이죠?

스페인어	¿Qué es ese edificio?
영어	What is that building?

• 똑바로 가면 됩니까?

스페인어	¿Tengo que ir todo derecho?
영어	Should I go straight?

• 이 근처에 공중 화장실이 있습니까?

스페인어	¿Hay cerca de aquí algún servicio público?
영어	Is there a public toilet near here?

• 화장실은 어디입니까?

스페인어	¿Dónde está el servicio?
영어	Where is the toilet?

② 구경

• 저는 ~을 보고 싶습니다.

스페인어	Me gusta ver ~.
영어	I want to see ~.

• 저는 ~에 가보고 싶습니다.

스페인어	Me gusta ir a ~.
영어	I want to go to ~.

• 표는 어디서 구입하죠?

스페인어	¿Dónde puedo comprar el boleto?
영어	Where can I buy a ticket?

4. 쇼핑

• 이 동네의 상점가는 어디입니까?

스페인어	¿Dónde está el centro comercial de esta ciudad?
영어	Where is the shopping district in this town?

• 이 동네 특산물은 무엇입니까?

스페인어	¿Cuál es el producto especial de esta ciudad?
영어	What are some special products of this town?

• 면세점은 있습니까?

스페인어	¿Hay tienda libre de impuesto?
영어	Is there a tax-free shop?

• 가게 영업시간은 몇 시부터입니까?

스페인어	¿Cuál es el horario de los negocios?
영어	What are the store's open hours?

• (그것)을 어디서 살 수 있습니까?

스페인어	¿Dónde puedo comprar (eso)?
영어	Where can I buy (that)?

• ~파는 곳은 어디입니까?

스페인어	¿Dónde venden ~?
영어	Where do they sell ~?

• ~을 사고 싶어요.

스페인어	Me gusta comprar ~.
영어	I want to buy ~.

• ~을 보여 주세요.

스페인어	Por favor, enséñeme ~.
영어	Please show me ~.

• 이것과 같은 것이 있습니까?

스페인어	¿No tiene otro igual a este?
영어	Do you have one like this?

• 다른 것을 보여주십시오.

스페인어	Enséñeme otro, por favor.
영어	Show me another one, please.

• 그저 구경만 하는 것뿐입니다.

스페인어	Estoy solamente mirando.
영어	I'm just looking.

• 좀더 싼 것이 있습니까?

스페인어	¿Enséñeme algo más barato?
영어	Do you have a cheaper one?

• 제게는 너무 비쌉니다.

스페인어	Está demasiado caro para mí.
영어	It's too expensive for me.

• 싸게 할 수 없습니까?

스페인어	¿Puede rebajarlo un poco?
영어	Can't you make it cheaper?

• 이것을 사겠습니다.

스페인어	Me quedo con esto.
영어	I'll take this.

• 전부 얼마입니까?

스페인어	¿Cuánto cuesta en total?
영어	How much is it all together?

• 계산이 틀리지 않나요?

스페인어	¿No está equivocada la cuenta?
영어	Isn't there a mistake tin to bill?

• 거스름돈이 잘못되었습니다.

스페인어	El cambio está equivocado.
영어	You gave me the wrong change.

• 여행자 수표로 지불해도 됩니까?

스페인어	¿Podría pagar con cheque de viajero?
영어	Can I pay with a traveler's check?

• 돈은 이미 지불했습니다.

스페인어	La cuenta ya está pagada.
영어	I already paid.

5. 사진

• 여기서 사진을 찍어도 됩니까?

스페인어	¿Puedo sacar fotos aquí?
영어	May I take pictures here?

• 사진 좀 찍어 주시겠어요?

스페인어	¿Podría sacar una foto para mí?
영어	Would you mind taking a picture for me?

• 저와 함께 사진을 찍어 주시겠습니까?

스페인어	¿Tendría inconveniente en sacarse una foto conmigo?
영어	Please, pose with me.

• 당신 사진을 찍어도 됩니까

스페인어	¿Me permite tomarle una foto?
영어	May I take your picture?

• 사진을 보내 드리겠습니다.

스페인어	Le enviaré la foto?
영어	I'll send you a copy.

• 집 주소를 여기에 써 주세요.

스페인어	Por favor, escriba aquí su dirección.
영어	Please write your address here.

• 이메일을 여기에 써주세요.

스페인어	Por favor, escriba aquí su correo electrónico.
영어	Please write your E-mail address here.

6. 식사

• 이것을 먹겠습니다.

스페인어	Deme esto.
영어	I'll have this.

• 저것과 같은 것을 주세요.

스페인어	Deme ese mismo plato.
영어	Give me the same order as that.

• 이것은 제가 주문한 것이 아닙니다.

스페인어	Esto no es lo que he pedido.
영어	This is not my order.

• 주문한 요리가 아직 안 나오네요.

스페인어	Todavía no ha venido mi plato.
영어	My order hasn't come yet.

• 물 좀 주세요.

스페인어	Agua, por favor.
영어	Water, please.

• 빵을 좀 더 주세요.

스페인어	Un poco más de pan, por favor.
영어	Some more bread, please.

• 그다지 비싸지 않은 음식점이 좋습니다.

스페인어	Prefiero un restaurante no muy caro.
영어	Some place not too expensive.

• 영어가 통하는 레스토랑이 좋습니다.

스페인어	Prefiero un restaurante en donde se hable inglés.
영어	I'd like a restaurant where English is spoken.

• 이 동네의 명물 요리는 무엇입니까?

스페인어	Me gusta tomar la comida famosa de este lugar.
영어	What dish is this area known for?

• 맛있었습니다.

스페인어	Estuvo rico.
영어	It was delicious.

7. 쇼 관람

• 지금 뭐가 인기 있습니까?

스페인어	¿Cuál es la obra teatral de mayor suceso en este momento?
영어	What is the popular show now?

• ~을 보고 싶어요.

스페인어	Me gusta ver ~.
영어	I want to see ~.

• (쇼)는 어디서 볼 수 있습니까?

스페인어	¿Dónde puedo ver (espectáculos)?
영어	Where can I see (a show)?

• 연극이나 축제를 볼 수 있는 코스가 있습니까?

스페인어	¿Tiene alguna excursión en la que pueda ver obras teatrales o fiesta?
영어	Is there a tour of some theaters or festival?

• 누가 출연하고 있습니까?

스페인어	¿Quiénes son los actores [= las estrellas]?
영어	Who are the actors[= the stars]?

• 입장료는 얼마입니까?

스페인어	¿Cuánto cuesta la entrada?
영어	How much is the admission fee?

• 입장료는 포함돼 있습니까?

스페인어	¿Están incluidas las entradas en el precio de este recorrido?
영어	Are the admission fees included?

• 개막(종막)은 몇 시입니까?

스페인어	¿A qué hora empieza(termina) la función?
영어	What time does the performance begin(end)?

• 지금 뭘 하고 있습니까?

스페인어	¿Qué obra teatral están dando ahora?
영어	What is showing now?

8. 숙소

① 체크인

• 예약했습니다.

스페인어	La reservación fue hecha.
영어	I made a reservation.

• 오늘밤부터 (3)일간 머물겠습니다.

스페인어	Voy a hospedarme (3) noches.
영어	I'll stay (3) nights.

• 오늘밤 머무를 수 있습니까?

스페인어	¿Puedo hospedarme esta noche?
영어	Can I get a room for tonight?

• 객실 비용은 얼마입니까?

스페인어	¿Cuál es el precio de la habitación?
영어	What is the rate for the room?

• 요금은 아침식사 포함입니까?

스페인어	¿Está incluido el desayuno en este precio?
영어	Is breakfast included?

• 좀 더 싼 방은 없습니까?

스페인어	¿No hay otra habitación más barata?
영어	Is there anything cheeper?

• 지금 곧 방에 들어갈 수 있습니까?

스페인어	¿Puedo entrar ahora mismo a la habitación?
영어	Can I enter the room now?

• 체크아웃 시간은 몇 시입니까?

스페인어	¿A qué hora tengo que dejar la habitación?
영어	When is check-out time?

• 하루 더 묵고 싶습니다.

스페인어	Me gusta quedarme un día más.
영어	I want to stay one day longer.

② 호(스)텔

• 식당은 어디에 있습니까?

스페인어	¿Dónde está el comedor?
영어	Where is the dining room?

• 식당은 몇 시부터입니까?

스페인어	¿A qué hora abre el comedor?
영어	What time does the dining room open?

• 비상구는 어디에 있습니까?

스페인어	¿Dónde está la salida de emergencia?
영어	Where is the emergency exit?

• 이 짐을 맡아 주실 수 있습니까?

스페인어	¿Podría depositar este equipaje?
영어	Can you keep this baggage for me?

• 맡긴 짐을 찾고 싶습니다.

스페인어	Entrégueme el equipaje depositado.
영어	I'd like to have my baggage back.

• 방을 바꿨으면 좋겠습니다.

스페인어	Deseo cambiar de habitación.
영어	I'd like to change my room.

• 뜨거운 물이 안 나옵니다.

스페인어	No sale agua caliente.
영어	There's no hot running water.

• 화장실 물이 안 나옵니다.

스페인어	No vierte el agua del excusado.
영어	The toilet doesn't flush.

③ 체크아웃

• 지금 체크아웃 하겠습니다.

스페인어	Ahora, voy a dejar la habitación.
영어	I'm checking out.

• 계산서 부탁합니다.

스페인어	La cuenta, por favor.
영어	My bill, please.

• 여행자 수표를 받습니까?

스페인어	¿Aceptan cheques de viajero?
영어	Do you take traveler's checks?

• 잘 지냈습니다.

스페인어	El servicio de este hotel ha sido excelente.
영어	I've enjoyed my stay.

9. 친구 사귀기

• 실례합니다[= 저기요].

스페인어	Perdón. Oiga Ud.
영어	Excuse me.

• 처음 뵙겠습니다.

스페인어	Mucho gusto.
영어	How do you do?

• 만나서 반갑습니다.

스페인어	Me alegro mucho de verle.
영어	Nice to meet you.

• 안녕하세요(아침)

스페인어	Buenos días.
영어	Good morning.

• 안녕하세요(점심)

스페인어	Buenas tardes.
영어	Good afternoon.

• 안녕하세요(저녁)

스페인어	Buenas noches.
영어	Good evening.

• 안녕히 주무세요.

스페인어	Que duerma bien.
영어	Good night.

• 좋은 날씨입니다.

스페인어	¿Hace buen tiempo, no?
영어	Lovely weather, isn't it?

• 덥습니다.

스페인어	¡Qué calor!
영어	It's hot!

• 춥습니다.

스페인어	¡Qué frío!
영어	It's cold!

• 나의 이름은 ~입니다.

스페인어	Me llamo ~.
영어	My name is ~.

• 당신의 이름은?

스페인어	¿Cómo se llama Ud.?
영어	May I have your name?

• 저는 한국 사람입니다.

스페인어	Soy coreano(a).
영어	I'm Korean.

• 좀 더 천천히 말해 주십시오.

스페인어	Hable más despacio, por favor.
영어	Please speak more slowly.

• 여기에 [글씨] 써주세요.

스페인어	Escriba aquí, por favor.
영어	Please write it here.

• 다시 한번 말씀해 주세요.

스페인어	Otra vez, por favor.
영어	Pardon me?

• 이것은 무슨 뜻입니까?

스페인어	¿Qué significa esto?
영어	What does this mean?

• 이것은 무엇입니까?

스페인어	¿Qué es esto?
영어	What is this?

• 고맙습니다.

스페인어	Muchas gracias.
영어	Thank you.

• 별말씀을[천만에].

스페인어	De nada.
영어	You're welcome.

• 괜찮아요.

스페인어	Está bien.
영어	It's all right.

• 실례했습니다.

스페인어	Discúlpeme.
영어	I'm sorry.

• 안녕히 가세요.

스페인어	Adiós.
영어	Good bye.

• 좋은 여행되세요.

스페인어	¡Buen viaje!
영어	Have a good trip!

• 또 만납시다.

스페인어	Hasta luego.
영어	Let's meet again.

10. 분실 / 도난

• ~을 잃어 버렸어요.

스페인어	He perdido ~.
영어	I lost ~.

• ~을 도난 당했어요.

스페인어	Me han robado ~.
영어	My ~ was stolen.

• (버스)에 ~을 두고 내렸습니다.

스페인어	Deje ~ en el autobús.
영어	I left ~ in the bus.

• 누구에게 알리는 것이 좋습니까?

스페인어	¿A quién tengo que comunicar?
영어	Whom should I inform?

• 분실물센터는 어디입니까?

스페인어	¿Dónde está la oficina de objetos perdidos?
영어	Where is the lost-and-found?

• 도난 증명서를 만들어 주세요.

스페인어	Por favor, hágame un certificado de robo.
영어	Please make out a theft report.

• 여행자 수표를 잃어 버렸습니다.

스페인어	He perdido los cheques de viajero.
영어	I lost my traveler's checks.

• 재 발행해 주시겠습니까?

스페인어	¿Podría emitirlos de nuevo?
영어	Can I have them reissued?

• 사고 증명서를 만들어 주세요.

스페인어	Por favor, déme el certificado de accidente.
영어	May I have a copy of the accident report?

11. 부상

① 병원

• 병원에 데려다 주세요.

스페인어	Lléveme al hospital, por favor.
영어	Please take me to the hospital.

• 의사를 불러 주세요.

스페인어	Llame a un médico, por favor.
영어	Call a doctor, please.

• 기분[컨디션이] 안 좋습니다.

스페인어	Me siento mal.
영어	I feel sick.

• 머리가 아픕니다.

스페인어	Tengo dolor de cabeza.
영어	I have a headache.

• 배가 아픕니다.

스페인어	Tengo dolor de estómago.
영어	I have a stomachache.

• 이가 아픕니다.

스페인어	Tengo dolor de dientes.
영어	I have a toothache.

• 여기가 아파요.

스페인어	Me duele aquí.
영어	I have a pain here.

• 오한이 나요.

스페인어	Siento escalofrío.
영어	I have chills.

• 설사를 합니다.

스페인어	Tengo diarrea.
영어	I have a diarrhea.

• 감기에 걸렸어요.

스페인어	Estoy resfriado(a).
영어	I have a cold.

• 제 혈액형은 ~입니다.

스페인어	Mi grupo sanguíneo es ~.
영어	My blood type is ~.

• 몇 일 정도면 완쾌하겠습니까?

스페인어	¿Cuánto tardaré en curarme?
영어	How long will it take to recover?

• 여행을 계속해도 됩니까?

스페인어	¿Puedo continuar mi viaje?
영어	Can I continue my trip?

• 조금 좋아졌습니다.

스페인어	Me encuentro un poco mejor.
영어	I feel a little better.

• 상당히 좋아졌습니다.

스페인어	Me encuentro mucho mejor.
영어	I feel much better.

• 여전히 좋지 않습니다.

스페인어	No me encuentro bien todavía.
영어	I still don't feel well.

② 약국

• 이 처방전으로 약을 주십시오.

스페인어	Por favor, déme la medicina de esta receta.
영어	Please fill this prescription.

• 처방전은 없습니다만, 감기 약을 주세요.

스페인어	Deme un remedio para el resfriado aunque no tenga receta.
영어	I don't have a prescription. Some cold medicine, Please.

12. 은행

• 은행은 몇 시까지 엽니까?

스페인어	¿Hasta qué hora está abierto el banco?
영어	How late is the bank open?

• 환전소는 어디에 있습니까?

스페인어	¿Dónde puedo cambiar el dinero?
영어	Where can I change money?

• (100유로) 바꿔 주십시오.

스페인어	Por favor, cámbieme (cien euros).
영어	I'd like to change (100 euros).

• 달러로 바꿔 주십시오.

스페인어	Por favor, cambie esto en dólares.
영어	Change this to dollars, please.

• 이 여행 수표를 현금으로 바꿔 주십시오.

스페인어	Por favor, cambie este cheque de viajero por dinero en efectivo.
영어	I'd like to cash this traveler's check.

• 잔돈도 섞어 주십시오.

스페인어	Quisiera también monedas pequeñas.
영어	I'd like some small change.

13. 전화

• 한국으로 전화하고 싶습니다.

스페인어	Quisiera una conferencia telefónica con Corea.
영어	I want to call Korea.

• 이 번호로 전화 거는 방법을 알려주십시오.

스페인어	Por favor, indíqueme cómo llamar a este número.
영어	Please, tell me how to call this number.

• 요금은 수취인 지불로 해주세요.

스페인어	Por favor, cobre esta llamada al destinatario.
영어	Make this a collect call.

• 요금은 제가 지불하겠습니다.

스페인어	Pagaré yo la tarifa.
영어	I'll pay for it here.

• 긴급입니다.

스페인어	Esta es una llamada urgente.
영어	This is an emergency.

• 저는 ～입니다.

스페인어	Aquí habla ～.
영어	This is ～.

• ～씨를 바꿔주세요.

스페인어	Quisiera hablar con el señor ～.
영어	Mr. ～, please.

• 여보세요. ～씨입니까?

스페인어	¡Óigame! ¿Estoy hablando con el señor ～?
영어	Hello! Is this Mr. ～?

• 영어로 말해도 좋습니까?

스페인어	¿Podría hablar en inglés?
영어	May I speak in English?

• 영어를 할 줄 아는 분 없습니까?

스페인어	Quisiera hablar con alguien que hable inglés.
영어	Please, give me someone who can speak English.

• 좀 더 천천히 말해 주세요.

스페인어	Por favor, hable más despacio.
영어	Please speak more slowly.

• 그에게 전화가 왔었다고 전해주세요.

스페인어	Por favor, dígale que yo telefoneé.
영어	Please tell him that I called.

14. 우체국

• 우체국은 어디입니까?

스페인어	¿Dónde está la oficina de Correos?
영어	Where is the post office?

• 이 편지(소포)를 등기로 부쳐 주세요.

스페인어	Por favor, envíe esta carta(este paquete) por correo certificado.
영어	Please register this letter (parcel).

• 한국에 도착하는데 몇 일 걸립니까?

스페인어	¿Cuánto tiempo tardará en llegar a Corea?
영어	How long will it take to reach Korea?

• 얼마입니까?

스페인어	¿Cuánto cuesta?
영어	How much is it?

15. 출국 · 환승

① 출국

• 탑승 수속은 어디서 합니까?

스페인어	¿Dónde puedo tramitar el embarque?
영어	Where do I check in?

• ~항공 카운터는 어디입니까?

스페인어	¿Dónde está el mostrador de la línea aérea ~?
영어	Where is the ~ Airline counter?

• 창 쪽 자리로 해주십시오.

스페인어	Del lado de la ventanilla por favor.
영어	Window seat, please.

• 통로 쪽 자리로 해주십시오.

스페인어	Del lado del pasillo por favor.
영어	Aisle seat, please.

• 탑승 개시는 몇 시입니까?

스페인어	¿A qué hora empieza el embarque?
영어	When is boarding time?

• 짐은 전부 (3)개입니다.

스페인어	Son (3) bultos en total.
영어	I have (3) pieces of baggage.

• 게이트 번호를 가르쳐 주세요.

스페인어	Enséñeme el número de la puerta.
영어	What gate number?

• (7)번 게이트는 어디입니까?

스페인어	¿Dónde está la puerta No. (7)?
영어	Where is gate (7)?

② 환승

• 저는 ~로 가는 편으로 갈아타려 합니다.

스페인어	Soy un pasajero en tránsito y me dirijo hacia ~.
영어	I'm to transit to ~ .

• ~항공의 …편을 탑니다.

스페인어	Tomaré el vuelo No. … de la línea aérea ~.
영어	I'm on ~ Airlines filight No. ….

• 예약은 마드리드에서 확인했습니다.

스페인어	La reservación está confirmada en (Madrid).
영어	The reservation was confirmed in (Madrid).

• 수하물 보관소는 어디입니까?

스페인어	¿Dónde está la consigna?
영어	Where can I check my bags?

16. 안내표시[표지판]

한국어	스페인어	영어
위험	PELIGRO	DANGER
출입금지	PROHIBIDA LA ENTRADA	KEEP OUT / OFF LIMITS
침입금지	PROHIBIDO PASAR	NO TRESPASSING
~금지	PROHIBIDO	PROHIBITED / NO ~
경고	ADVERTENCIA / AVISO	WARNING
비상구	SALIDA DE EMERGENCIA	EMERGENCY EXIT
계단을 이용하세요	USE LA ESCALERA	USE STAIRWAYS
고장	ROTO / DESCOMPUESTO	OUT OF ORDER
공사중	EN CONSTRUCCIÓN	UNDER CONSTRUCTION
입구	ENTRADA	ENTRANCE
출구	SALIDA	EXIT / WAY OUT
영업중	ABIERTO	OPEN
폐점	CERRADO	CLOSED

02 | 국명 형용사, 명사

한국어	스페인어 명사	스페인어 형용사
독일	Alemamia	alemán
사우디 아라비아	Arabia Saudita (= Saudí)	saudí / saudita
알제리	Argelia	argelino
아르헨티나	(la) Argentina	argentino
오스트레일리아	Australia	australiano

한국어	스페인어 명사	스페인어 형용사
오스트리아	Austria	austríaco
벨기에	Bélgica	belga
볼리비아	Bolivia	boliviano
브라질	(el) Brasil	brasileño
캄보디아	Camboya	camboyano

한국어	스페인어 명사	스페인어 형용사
캐나다	(el) Canadá	canadiense
칠레	Chile	chileno
중국	China	chino
콜롬비아	Colombia	colombiano
한국	Corea	coreano

한국어	스페인어 명사	스페인어 형용사
코스타리카	Costa Rica	costarricense
쿠바	Cuba	cubano
덴마크	Dinamarca	danés
에콰도르	(el) Ecuador	ecuatoriano
이집트	Egipto	egipcio

한국어	스페인어 명사	스페인어 형용사
스코틀랜드	Escocia	escocés
스페인	España	español
미국	(los) Estados Unidos	estadounidense
핀란드	Finlandia	finlandés
프랑스	Francia	francés

한국어	스페인어 명사	스페인어 형용사
그리스	Grecia	griego
과테말라	Guatemala	guatemalteco
아이티	Haití	haitiano
네덜란드	Holanda	holandés
온두라스	Honduras	hondureño

한국어	스페인어 명사	스페인어 형용사
헝가리	Hungría	húngaro
인도	(la) India	indio / hindú
영국	Inglaterra	inglés
이라크	Irak / Iraq	iraquí
아일랜드	Irlanda	irlandés

한국어	스페인어 명사	스페인어 형용사
이스라엘	Israel	israelí
자메이카	Jamaica	jamaicano
요르단	Jordania	jordano
일본	(el) Japón	japonés
쿠웨이트	Kuwait / Kuweit	kuwaití

한국어	스페인어 명사	스페인어 형용사
레바논	Líbano	libanés
룩셈부르크	Luxemburgo	luxemburgués
말가체공화국	Madagascar	malgache
모로코	Marruecos	marroquí
멕시코	México	mexicano

한국어	스페인어 명사	스페인어 형용사
니카라과	Nicaragua	nicaragüense
노르웨이	Noruega	noruego
뉴질랜드	Nueva Zelanda	neocelandés
파나마	Panamá	panameño
파라과이	(el) Paraguay	paraguayo

한국어	스페인어 명사	스페인어 형용사
페루	(el) Perú	peruano
폴란드	Polania	polaco
포르투갈	Portugal	portugués
푸에르토리코	Puerto Rico	puertorriqueño
도미니카 공화국	(la) República Dominicana	dominicano

한국어	스페인어 명사	스페인어 형용사
러시아	Rusia	ruso
엘살바도르	El Salvador	salvadoreño
시리아	Siria	sirio
수단	Sudán	sudanés
스웨덴	Suecia	sueco

한국어	스페인어 명사	스페인어 형용사
스위스	(la) Suiza	suizo
태국	Tailandia	tailandés
대만	Taiwán	taiwanés
튀니스	Túnez	tunecino
터키	Turquía	turco

한국어	스페인어 명사	스페이어 형용사
우루과이	Uruguay	uruguayo
베네수엘라	Venezuela	venezolano
베트남	Vietnám	vietnamita
예멘	Yemen	yemení

▶ 세계 여러 지역에서 시험을 보는 관계로 두 가지 날짜의 버전이 있습니다.
▶▶ DELE 신유형과는 형태와 난이도가 다르기 때문에 문법공부에 활용하세요.

1. 2008년 5월 23일 [Escolar]

Instrucciones

En las frases que vas a leer a continuación hay una palabra que no es correctay que está en **negrita**. Debes sustituirla por otra palabra de la columna de la derecha. Señala la

6. Ya te he dicho que **estoy** estudiando español cuatro años.	a) es
7. Ayer estaba viendo la televisión y de **momento** se fue la luz.	b) más
8. Pasado mañana **fui** a una conferencia sobre cultura criolla.	c) nadie
9. Ada dijo que quizá **ha salido** tarde esta noche.	d) por
10. El avión llegó a Quito **hasta** las seis de la tarde.	e) asistiré
11. No quedan frijoles **ya que** comeremos enchiladas.	f) llegaría
12. El concierto **está** en el Palacio de Congresos.	g) repente
13. Deberís comprarte una corbata para ir **tan** elegante a la entrevista de mañana.	h) así
14. El año pasado hicimos un recorrido **hacia** toda Europa.	i) llevo
15. Mañana no iré a la fiesta porque no conozco a **ninguno**.	j) sobre

정답 6 I   7 G   8 E   9 F   10 J   11 H   12 A   13 B   14 D   15 C

A la izquierda tiene usted 10 frases. En cada frase hay en letra **negrita** una o dos palabras que no son adecuadas. Sustitúyala por alguna de las palabras de la lista que aparecen en el cuadro de la derecha. Puede utilizar esta hoja como borrador. Marque la opción correcta en la **Hoja de Respuestas Número 4.**

6. A Juan eso no **me** gusta nada.	a) lo
7. Si **estudiarás**, aprobarás el examen.	b) cada
8. Mi hijo es el más listo **en** la clase.	c) estarás
9. Ese comentarista sabe **nada** de fútbol.	d) le
10. ¿A **cuáles** personas has invitado a cenar?	e) por
11. Vino a verme ayer **en** la tarde.	f) cómo
12. **Todo** niño llevaba su cuaderno.	g) practicas
13. Creía que era verdad, pero no **la** es.	h) de
14. Dentro de unos días **hablarías** mucho mejor.	i) qué
15. ¡No sé **cuánto** ha ganado tanto dinero!	j) poco

정답 6 D   7 G   8 H   9 J   10 I   11 E   12 B   13 A   14 C   15 F

Instrucciones

A la izquierda tiene usted 10 frases. En cada frase hay en letra **negrita** una o dos palabras que no son adecuadas. Sustitúyala por alguna de las palabras de la lista que aparecen en el cuadro de la derecha. Puede utilizar esta hoja como borrador. Marque la opción correcta en la **Hoja de Respuestas Número 4.**

6. Por favor, ¿dónde **está** un hotel?	a) hay
7. He llegado **hasta** dos días.	b) de
8. Me ha comprado una camisa **con** cuadros muy bonita.	c) nadie
9. Oye, Elena, ¿sabes que el sobre está **soso**?	d) en
10. Lo siento muchísimo, pero creo que no **tengas** razón.	e) hace
11. Puedes pasar, todavía no hay **alguno**.	f) alguien
12. Las llaves están **desde** el cajón de mi mesilla, en el dormitorio.	g) vacío
13. ¿Estas llaves son de **cualquiera?**	h) tienes
14. Cuando lo **haces** tráemelo enseguida, es muy urgente.	i) mojado
15. Todavía no puedo ponerme el jersey porque está **arreglado**.	j) hagas

정답 6 A 7 E 8 B 9 G 10 H 11 C 12 D 13 F 14 J 15 I

Instrucciones

A la izquierda tiene usted 10 frases. En cada frase hay en letra **negrita** una o dos palabras que no son adecuadas. Sustitúyala por alguna de las palabras de la lista que aparecen en el cuadro de la derecha. Puede utilizar esta hoja como borrador. Marque la opción correcta en la **Hoja de Respuestas Número 4.**

6. Ayer la mayoría de la gente **salieron** al teatro.

7. **Desde** tres días que no veo a Raquel.

8. ¡Qué amable eres! No tenías que **parecer** molestado.

9. **Así que** no quedaban entradas para el concierto. dieron un paseo.

10. La semana que viene mi padre **me visitó** con mi hermano.

11. Si te gustan los museos tienes que ver la **película** Solas.

12. ¿Has probado ya el guacamole? **Está** muy bueno para la salud.

13. ¿**En** verdad que estás embarazada? ¡Enhorabuena!

14. No estoy seguro pero **quedaremos** a tu casa sobre las ocho.

15. ¡Son las once de la noche, no sé **qué** llamará a estas horas!

a) vendrá

b) de

c) exposición

d) es

e) hace

f) como

g) fue

h) haberte

i) quién

j) iremos

정답 6 G   7 E   8 H   9 F   10 A   11 C   12 D   13 B   14 J   15 I

Instrucciones

A la izquierda tiene usted 10 frases. En cada frase hay en letra **negrita** una o dos palabras que no son adecuadas. Sustitúyala por alguna de las palabras de la lista que aparecen en el cuadro de la derecha. Puede utilizar esta hoja como borrador. Marque la opción correcta en la **Hoja de Respuestas Número 4.**

6. Todas las noches **son** conciertos en las calles de la ciudad.

7. **Ustedes** decís que este libro es muy interesante.

8. Selena, ya se **mucho** tarde para volver a casa a pie.

9. ¿A vosotros **les** molesta el ruido de los coches de la calle?

10. Este jarrón **con** cerámica es muy bonito para regalar a Charito.

11. **Llevo** cinco días que no veo a tu hermano, ¿qué tal está?

12. No hace **bastante** calor como yo creía.

13. Tenemos clase **de** las cuatro de la tarde hasta las siete y media.

14. ¡Niño, **es** bueno y no molestes con la flauta!

15. Voy a tomar un refresco porque tengo mucha **hambre**.

a) muy

b) hay

c) vosotros

d) hace

e) de

f) os

g) sé

h) desde

i) tanto

j) sed

정답 6 B   7 C   8 A   9 F   10 E   11 D   12 I   13 H   14 G   15 J

Instrucciones

A la izquierda tiene usted 10 frases. En cada frase hay en letra **negrita** una o dos palabras que no son adecuadas. Sustitúyala por alguna de las palabras de la lista que aparecen en el cuadro de la derecha. Puede utilizar esta hoja como borrador. Marque la opción correcta en la **Hoja de Respuestas Número 4.**

6. ¿Cuándo **lleva** el autobús número 3?

7. **Saque** su tarjeta y marque su número personal.

8. **Desde** ver a Isabel me di cuenta de que ya la conocía.

9. Por favor, **baja** la televisión que no oigo nada.

10. ¿Me puede decir cómo **le** escribe su nombre?

11. Un niño pequeño no **tiene** ir solo en un ascensor.

12. ¿Qué tal tus padres? Hace mucho tiempo que no **les** veo.

13. ¡Qué pena! Has tardado tanto que el té **es** frío.

14. **Cuando** niño tocaba el piano y el violín.

15. Hace **muy** frío, ponte un abrigo.

a) mucho
b) debe
c) se
d) pasa
e) al
f) está
g) introduzca
h) sube
i) de
j) los

정답 6 D   7 G   8 E   9 H   10 C   11 B   12 J   13 F   14 I   15 A

Instrucciones

A la izquierda tiene usted 10 frases. En cada frase hay en letra **negrita** una o dos palabras que no son adecuadas. Sustitúyala por alguna de las palabras de la lista que aparecen en el cuadro de la derecha. Puede utilizar esta hoja como borrador. Marque la opción correcta en la **Hoja de Respuestas Número 4.**

6. ¡Qué **lástima** verte! Quería hablar contigo.	a) a
7. Las llaves están **con** el cajón de la mesilla.	b) alegre
8. Quería **pedir** una pregunta, ¿le importa?	c) hacer
9. La hija de mi hermana, mi **prima**, es muy alta.	d) está
10. ¿Me pasas la sal, por favor? La sopa está muy **salada**.	e) alegría
11. El concierto **hay** en el Palacio de la Música.	f) dentro de
12. Es una chica muy **aburrida**, siempre está sonriendo.	g) es
13. Me iré **hace** tres meses.	h) sobrina
14. **Parece** bien que ayudes a tu hermana.	i) en
15. Oye, Carmen, ¿**de** qué hora abren las tiendas?	j) sosa

정답 6 E 7 I 8 C 9 H 10 J 11 G 12 B 13 F 14 D 15 A

Instrucciones

A la izquierda tiene usted 10 frases. En cada frase hay en letra **negrita** una o dos palabras que no son adecuadas. Sustitúyala por alguna de las palabras de la lista que aparecen en el cuadro de la derecha. Puede utilizar esta hoja como borrador. Marque la opción correcta en la **Hoja de Respuestas Número 4.**

6. Ayer me levanté **de** las seis de la mañana.

7. Ha ganado la carrera porque es el más **lento**.

8. Me gusta **jugar** deportes al aire libre.

9. Todavía no **sabe** los ejercicios de clase.

10. No creo que **tome** más de diez minutos porque salió de casa hace un rato.

11. Me parece que el concierto **está** a las nueve en la plaza del pueblo.

12. ¡Ya sé! Perdí el móvil al **estaba** del taxi.

13. Voy a mandar esa carta **en** correo urgente.

14. Aunque era muy rico **alguna vez** tuvo suerte.

15. ¿Por qué te pones el abrigo? ¡Si hace **frío**!

a) es

b) nunca

c) por

d) rápido

e) calor

f) salir

g) a

h) practicar

i) tarde

j) ha hecho

정답 6 G   7 D   8 H   9 J   10 I   11 A   12 F   13 C   14 B   15 E

> **Instrucciones**

A la izquierda tiene usted 10 frases. En cada frase hay en letra **negrita** una o dos palabras que no son adecuadas. Sustitúyala por alguna de las palabras de la lista que aparecen en el cuadro de la derecha. Puede utilizar esta hoja como borrador. Marque la opción correcta en la **Hoja de Respuestas Número 4.**

6. ¿Por qué no le **ordena** Teresa un té al camarero?

7. Hemos quedado a las doce **ante** del reloj de la plaza.

8. No le prestes la radio porque no te **lo** devolverá.

9. La fiesta **fue** pasado mañana.

10. ¿Dónde **está** un supermercado por aquí cerca?

11. Cuando llegué **en** Buenos Aires eran las diez.

12. Fueron al cine **como** no quedaban entradas para el teatro.

13. Ayer estuve estudiando desde las cinco **a** las diez.

14. A Adriana **se** duele la cabeza.

15. Antes en el nuevo Museo Modernista había **muy** gente.

a) le

b) será

c) a

d) pide

e) porque

f) bastante

g) debajo

h) hasta

i) la

j) hay

정답 6 D 7 G 8 I 9 B 10 J 11 C 12 E 13 H 14 A 15 F

Instrucciones

A la izquierda tiene usted 10 frases. En cada frase hay en letra **negrita** una o dos palabras que no son adecuadas. Sustitúyala por alguna de las palabras de la lista que aparecen en el cuadro de la derecha. Puede utilizar esta hoja como borrador. Marque la opción correcta en la **Hoja de Respuestas Número 4.**

6. Al lado de mi casa **está** un supermercado.

7. Toma, María, este regalito es para **tú**.

8. Ya soy más alto **como** mi padre.

9. ¿Dónde **hay** el taller de coches de Artemio?

10. Me voy a comprar esa mochila. ¡Es **mucho** barata!

11. Por favor, ¿me pasas el libro que está **entre** la mesa?

12. ¿Tu coche gasta **alguna** gasolina?

13. Esta balada es la **mayor** canción del disco.

14. Al final ayer no me compré el abrigo **mientras** era muy caro.

15. Se ve un parque precioso **de** mi ventana.

a) está

b) mucha

c) desde

d) que

e) hay

f) porque

g) ti

h) sobre

i) muy

j) mejor

정답 6 E　7 G　8 D　9 A　10 I　11 H　12 B　13 J　14 F　15 C

Instrucciones

A la izquierda tiene usted 10 frases. En cada frase hay en letra **negrita** una o dos palabras que no son adecuadas. Sustitúyala por alguna de las palabras de la lista que aparecen en el cuadro de la derecha. Puede utilizar esta hoja como borrador. Marque la opción correcta en la **Hoja de Respuestas Número 4.**

6. Mira bien **hacia** el cajón. tiene que estar ahí.

7. En mi clase **están** dos chicas australianas.

8. Antes de ir a la oficina **se** encanta desayunar fuerte.

9. Ya es **poco**, gracias, no tengo mucha hambre.

10. Niño, no es **bien** señalar con el dedo.

11. No me gusta salir **desde** noche, prefiero la mañana.

12. Se conocieron en 2003 y al año **después** se casaron.

13. Este libro **me** compré en una tienda de segunda mano.

14. Ha dicho el dentista que te limpies **tus** dientes con hilo dental.

15. Me encanta, con el nuevo corte de pelo está muy **bajo**.

a) de

b) bien

c) correcto

d) siguiente

e) por

f) los

g) hay

h) me

i) suficiente

j) lo

정답 6 E   7 G   8 H   9 I   10 C   11 A   12 D   13 J   14 F   15 B

Instrucciones

A la izquierda tiene usted 10 frases. En cada frase hay en letra **negrita** una o dos palabras que no son adecuadas. Sustitúyala por alguna de las palabras de la lista que aparecen en el cuadro de la derecha. Puede utilizar esta hoja como borrador. Marque la opción correcta en la **Hoja de Respuestas Número 4.**

6. Suelo **beber** un café con leche y un bollo para desayunar.

7. Patricia era **tan** alta que su padre.

8. Cuando llegaste a casa no había **nada**.

9. Ayer no pudo **ir** la película de la noche.

10. Pasado mañana salimos **por** Venezuela para visitarte.

11. Ella vive en esa casa **hace** los tres años.

12. A Luis no **me** interesan las películas románticas.

13. Ello, **porque** están cansados, van a acostarse.

14. Por favor, usted **me** queda un momento aquí.

15. Es buenísima, siempre piensa **con** ayudar a los demás.

a) más
b) nadie
c) hacia
d) desde
e) tomar
f) le
g) en
h) ver
i) como
j) se

정답 6 E 7 A 8 B 9 H 10 C 11 D 12 F 13 I 14 J 15 G

> **Instrucciones**

A la izquierda tiene usted 10 frases. En cada frase hay en letra **negrita** una o dos palabras que no son adecuadas. Sustitúyala por alguna de las palabras de la lista que aparecen en el cuadro de la derecha. Puede utilizar esta hoja como borrador. Marque la opción correcta en la **Hoja de Respuestas Número 4.**

6. En esta ciudad **está** dos farmacias de guardia.

7. Creo que pasado mañana mamá **fue** a visitarte.

8. No tengo **ninguno** de dinero para dejarte.

9. Ayer **la** envié a mi hermana unas flores.

10. Durante estas fechas los niños siempre **son** muy contentos.

11. En la fiesta, ellos tenían un puesto **por** bocadillos.

12. Y al día **próximo** pasearon por el campo.

13. Sí, él es un poco **mejor** que yo, tiene un año más.

14. En ese edificio **alguien** venden dos pisos.

15. ¿María? No sé, seguramente **tendrá** enferma.

a) irá
b) de
c) mayor
d) estará
e) hay
f) nada
g) se
h) están
i) le
j) siguiente

정답 6 E   7 A   8 F   9 I   10 H   11 B   12 J   13 C   14 G   15 D

4 | Práctica del Dictado

독해 Lectura I

- Hay (   ) grandes al lado de la biblioteca.
- La casa está dentro de la zona de educación.
- Las flores (   ) en el jardín.
- La gente mira las flores.
- El hospital está allí.
- Los jóvenes van via el (   ) al colegio.
- La calle está (   ) y ancha.
- El niño va al mercado para comprar el queso.
- La rata (   ) rápidamente.
- El estudiante estudia español en la universidad.
- El valle está en las montañas.
- 'El (   ) es el sandwich a la española.
- El examen ya se acabó.
- El (   ) está en el centro de la ciudad.

독해 Lectura II

A LEÓN WERTH

Pido perdón a los niños por haber (   ) este libro a una persona mayor. Tengo una seria excusa: esta persona mayor es el mejor amigo que tengo en el mundo. Pero tengo otra excusa: esta persona mayor es (   ) de comprenderlo todo, (   ) los libros para niños.

Tengo una tercera excusa todavía esta persona mayor vive en Francia, donde pasa hambre y frío. Tiene, por (   ), una gran necesidad de ser consolada. Si no (   ) suficientes todas esas razones, quizás entonces dedicar este libro al niño que fue hace tiempo esta persona mayor. Todas las personas mayores antes han sido niños. (Pero pocas de ellas lo recuerdan).

(   ), por consiguiente, mi dedicatoria:
A LEÓN WERTH
cuando era niño

■ 독해 Lectura Ⅲ

Cuando yo tenía seis años vi en un libro sobre la selva (   ) que se titulaba "Historias vividas", una magnífica (   ). Representaba una serpiente boa que se tragaba a una fiera. Esta es la copia del dibujo.

En el libro decía: "Las serpientes boas se (   ) sus presas enteras, sin (   ). Luego no pueden moverse y duermen durante los (   ) meses que dura su digestión".

Reflexioné mucho en ese momento sobre las aventuras de la (   ) y a mi vez logré (   ) con un lápiz de colores mi primer dibujo.

– Capítulo 01, Parte 01 –

■ 독해 Lectura Ⅳ

Mi dibujo número 1. Era así:

Enseñé mi (   ) de arte a las personas mayores y les pregunté si mi (   ) les asustaba.

–¿Por qué habría de asustar un (   )? – me respondieron.

Mi dibujo no representaba un sombrero. Representaba una serpiente boa que (   ) un elefante. Dibujé entonces el interior de la serpiente boa a fin de que las personas grandes pudieran (   ). Siempre necesitan explicaciones.

– Capítulo 01, Parte 02 –

■ 독해 Lectura Ⅴ

Mi dibujo número 2 era así:

Las personas grandes me (　　　　　　) que dejara a un lado los dibujos de serpientes boas abiertas o cerradas, y que me (　　　　　　) un poco más en la geografía, la historia, el cálculo y la gramática. Así fue cómo, a la edad de seis años (　　　　　) una magnífica carrera de pintor. Había quedado desilusionado por el fracaso de mis dibujos número 1 y número 2.

Las personas grandes nunca (　　　　　) nada por sí solas y es muy aburrido para los niños tener que darles una y otra vez (　　　　).

–Capítulo 01, Parte 03–

■ 독해 Lectura Ⅵ

Tuve, pues, que (　　　　　) otro oficio y aprendí a (　　　　　) aviones. He volado un poco por todo el mundo y la geografía, en efecto, me ha servido de mucho; al primer (　　　　) podía distinguir perfectamente la China de Arizona. Esto es muy útil, sobre todo si se (　　　　) uno durante la noche.

A lo largo de mi vida he tenido multitud de contactos con multitud de gente seria. Viví mucho con personas grandes. Las he (　　　　) muy de cerca; pero esto no ha (　　　　) demasiado mi opinión sobre ellas.

–Capítulo 01, Parte 04–

■ 독해 Lectura Ⅶ

Cuando me he (　　　　) con alguien que me parecía un poco (　　　　), lo he sometido a la experiencia de mi dibujo número 1 que he (　　　　) siempre. Quería saber si verdaderamente era un ser comprensivo. Pero siempre me (　　　　): "Es un sombrero". Entonces no le hablaba ni de serpientes boas, ni de la selva virgen y ni de estrellas. (　　　　) a su altura, les hablaba del bridge, del golf, de política y de corbatas. Y la persona grande se (　　　　) muy contento de (　　　　) a un hombre tan razonable.

Capítulo 01, Parte 05–

El séptimo planeta fue, por consiguiente, la Tierra.

¡La Tierra no es un (   ) (como) cualquiera! Se cuentan en él ciento once reyes (sin olvidar, naturalmente, los reyes negros), siete mil geógrafos, (   ) mil hombres de negocios, (   ) millones y medio de borrachos, trescientos once millones de vanidosos, es decir, alrededor de (   ) mil millones de personas mayores.

Para darles una idea de las (   ) de la Tierra yo les diría que antes de la invención de la electricidad (   ) que mantener sobre el conjunto de los (   ) continentes un verdadero ejército de (   ) sesenta y dos mil (   ) once faroleros.

– Capítulo 16, Parte01 –

Vistos desde lejos, hacían un (   ) efecto. Los movimientos de este ejército estaban regulados como los de un (   ) de ópera. Primero venía el turno de los faroleros de Nueva Zelandia y de Australia. Encendían sus faroles y se iban a dormir. Después (   ) el turno en la danza a los faroleros de China y Siberia, que a su vez se perdían entre bastidores. Luego (   ) los faroleros de Rusia y la India, después los de Africa y Europa y finalmente, los de América del Sur y América del Norte. Nunca se (   ) en su orden de entrada en (   ). Era grandioso.

Solamente el farolero del nico farol del (   ) norte y su colega del nico farol del polo sur, (   ) una vida de ociosidad y descanso. No (   ) más que dos veces al año.

– Capítulo 16, Parte 02 –

El principito atravesó el desierto en el que sólo (   ) una flor de tres (   ), una flor de nada.

– ¡Buenos días! – dijo el principito.
– ¡Buenos días! – dijo la flor.

– ¿Dónde están los hombres? – preguntó (   ) el principito.

La flor, un día, había visto pasar una caravana.

– ¿Los hombres? No (   ) más que seis o siete, me parece. Los he visto hace ya
años y nunca se sabe dónde (   ). El viento los pasea. Les faltan las (   ).
Esto les molesta.

– Adiós – dijo el principito.

– Adiós – dijo la flor.

– Capítulo 18 –

■독해 Lectura XI

El principito (   ) hasta la cima de una alta montaña. Las únicas montañas que él
había conocido eran los tres (   ) que le llegaban a la rodilla. El volcán extinguido
lo (   ) como taburete.

"Desde una montaña tan alta como esta, se había dicho, podré ver todo el planeta y a
todos los hombres..." Pero no (   ) a ver más que algunas puntas de rocas.

–¡Buenos días! –(   ) el principito al azar.

–¡Buenos días! ¡Buenos días! ¡Buenos días! – respondió el eco.

– ¿Quién eres tú? – (   ) el principito.

– ¿Quién eres tú?... ¿Quién eres tú?... ¿Quién eres tú?... – contestó el eco.

– (   ) mis amigos, estoy solo – dijo el principito.

– Estoy solo... estoy solo... estoy solo... – (   ) el eco.

"¡Qué planeta más raro! – pensó entonces el principito –, es seco, (   ) y salado.
Y los hombres (   ) de imaginación; no hacen más que repetir lo que se les
dice... En mi tierra tenía una flor: hablaba siempre la primera..."

– Capítulo 19 –

■독해 Lectura XⅡ

Pero (   ) que el principito, habiendo (   ) arenas, rocas y nieves,
descubrió finalmente un camino. Y los caminos llevan siempre a la (   ) de los
hombres.

– ¡Buenos días!   dijo.

Era un jardín (   ) de rosas.
– ¡Buenos días! – dijeran las rosas.
El principito las miró. ¡Todas se (   ) tanto a su flor!
– ¿Quiénes son ustedes? – les preguntó (   ).
– Somos las rosas – respondieron éstas.

– Capítulo 20, Parte 01 –

■ 독해 Lectura X Ⅲ

Y se sintió muy (   ). Su flor le había dicho que era la única de su (   ) en todo el universo. ¡Y ahora tenía ante sus ojos más de cinco mil todas (   ), en un solo jardín!

"Si ella viese todo esto, se decía el principito, se (   ) vejada, (   ) muchísimo y (   ) morir para escapar al ridículo. Y yo tendría que (   ) cuidados, pues sería capaz de dejarse morir verdaderamente para (   ) a mí también..."

Y luego (   ) diciéndose: "Me (   ) rico con una flor única y resulta que no tengo más que una rosa ordinaria. Eso y mis tres volcanes que (   ) me llegan a la rodilla y uno de los cuales acaso esté (   ) para siempre.

Realmente no soy un gran príncipe..." Y echándose sobre la hierba, el principito lloró.

– Capítulo 20, Parte 02 –

■ 독해 Lectura X Ⅳ

ENTONCES (   ) el zorro:
– ¡Buenos días! – dijo el zorro.
– ¡Buenos días! – respondió (   ) el principito que se (   ) pero no vio nada.
– Estoy aquí, bajo el manzano – dijo la voz.
– ¿Quién eres tú? – preguntó el principito –. ¡Qué bonito eres!
– Soy un zorro – dijo el zorro.
– Ven a jugar conmigo – le (   ) el principito –, ¡estoy tan triste!
– No puedo jugar contigo – dijo el zorro –, no estoy domesticado.

– ¡Ah, perdón! – dijo el principito.

Pero después de una breve reflexión, añadio:

– ¿Qué significa "(   )"?

– Tú no eres de aquí – dijo el zorro – ¿qué buscas?

– Busco a los hombres – le respondió el principito –. ¿Qué significa "domesticar"?

– Los hombres – dijo el zorro – tienen (   ) y cazan. ¡Es muy molesto! Pero también crían (   ). Es lo único que les interesa. ¿Tú buscas gallinas?

– No – díjo el principito –. Busco amigos. ¿Qué significa "domesticar"? – volvió a preguntar el principito.

– Es una cosa ya olvidada – dijo el zorro – , significa "crear (   )"

– Capítulo 21, Parte 01 –

■독해 Lectura ⅩⅤ

– ¿Crear lazos?

– Efectivamente, verás – dijo el zorro –. Tú no eres para mí todavía más que un (   ) igual a otros cien mil muchachitos. Y no te necesito. Tampoco tú tienes (   ) de mí. No soy para ti más que un zorro entre otros cien mil zorros semejantes. Pero si me domesticas, entonces (   ) necesidad el uno del otro. Tú serás para mí único en el mundo, yo seré para ti único en el mundo...

– (   ) a comprender – dijo el principito –. Hay una flor... creo que ella me ha domesticado...

– Es posible – (   ) el zorro –, en la Tierra se ven todo tipo de cosas.

– ¡Oh, no es en la Tierra! – exclamó el principito.

El zorro (   ) intrigado:

– ¿En otro planeta?

– Sí.

– Capítulo 21, Parte 02 –

■독해 Lectura ⅩⅥ

– ¿Hay (   ) en ese planeta?

– No

– ¡Qué interesante! ¿Y gallinas?

– No.

– Nada es perfecto -(   ) el zorro.

Y después volviendo a su idea:

– Mi vida es muy (   ). Cazo gallinas y los hombres me (   ) a mí. Todas las gallinas se parecen y todos los hombres son iguales por consiguiente me (   ) un poco. Si tú me domesticas, mi vida estará llena de sol. (   ) el rumor de unos pasos diferentes a todos los demás. Los otros pasos me hacen (   ) bajo la tierra los tuyos me llamarán fuera de la madriguera como una música. Y además, ¡mira! ¿Ves allá abajo los campos de (   )? Yo no como pan y por lo tanto el trigo es para mí algo inútil. Los campos de trigo no me recuerdan nada y eso me pone triste. ¡Pero tú tienes los (   ) dorados y será algo maravilloso cuando me (   )! El trigo, que es dorado también, será un recuerdo de ti. Y amaré el (   ) del viento en el trigo.

– Capítulo 21, Parte 03 –

■ 독해 Lectura XVII

El zorro se (   ) y (   ) un buen rato al principito

– Por favor... domestícame – le dijo.

– Bien quisiera – le (   ) el principito pero no tengo mucho tiempo. He de buscar amigos y conocer muchas cosas.

– Solo se conocen bien las cosas que se domestican – dijo el zorro –. Los hombres ya no tienen tiempo de conocer nada. Lo compran todo (   ) en las tiendas. Y como no hay (   ) donde vendan amigos, los hombres no tienen ya amigos. ¡Si quieres un amigo, domestícame!

– ¿Qué debo hacer? – preguntó el principito.

– Debes tener mucha paciencia – respondió el zorro –. Te sentarás al principio un poco (   ) de mí, así, en el suelo yo te miraré con el (   ) del ojo y tú no me (   ) nada. El lenguaje es fuente de malos entendidos. Pero cada día podrás (   ) un poco más cerca...

– Capítulo 21, Parte 04 –

El principito (   ) al día siguiente.

– Hubiera sido mejor – dijo el zorro – que (   ) a la misma hora. Si vienes, por ejemplo, a las cuatro de la tarde; desde las tres yo (   ) a ser dichoso. (   ) (   ) avance la hora, (   ) feliz me sentiré. A las cuatro me (   ) agitado e inquieto, (   ) así lo que vale la felicidad. Pero si tú vienes a cualquier hora, nunca (   ) cuándo preparar mi corazón... Los ritos son necesarios.

– ¿Qué es un rito? – inquirió el principito.

– Es también algo demasiado olvidado – dijo el zorro –. Es lo que hace que un día no se (   ) a otro día y que una hora sea diferente a otra. Entre los cazadores, por ejemplo, hay un rito. Los jueves (   ) con las muchachas del pueblo. Los jueves entonces son días maravillosos en los que puedo ir de (   ) hasta la (   ). Si los cazadores no bailaran en día fijo, todos los días se (   ) y yo no (   ) vacaciones.

– Capítulo 21, Parte 05 –

De esta manera el principito (   ) al zorro. Y cuando se fue (   ) el día de la partida;

– ¡Ah! – dijo el zorro –, lloraré.

– Tuya es la (   ) – le dijo el principito –, yo no (   ) hacerte daño, pero tú has querido que te domestique...

– (   ) – dijo el zorro.

– ¡Y vas a llorar!, – dijo el principito.

– ¡Seguro!

– No ganas nada.

– Ganó – dijo el zorro – he ganado a (   ) del color del trigo.

Y luego añadió;

– Vete a ver las rosas (   ) que la tuya es única en el mundo. Volverás a decirme adiós y yo te regalaré un secreto.

El principito se fue a ver las rosas a las que dijo;

– No son nada, ni en nada se (   ) a mi rosa. Nadie las ha domesticado ni ustedes han domesticado a (   ). Son como el zorro era antes, que en nada se diferenciaba de otros cien mil zorros. Pero yo le (   ) mi amigo y ahora es único en el mundo.

– Capítulo 21, Parte 06 –

■독해 Lectura XX

Las rosas se (   ) molestas oyendo al principito, que (   ) diciéndoles

– Son muy bellas, pero están vacías y nadie (   ) la vida por ustedes. Cualquiera que las vea (   ) creer indudablemente que mi rosa es igual que cualquiera de ustedes. Pero ella se sabe más importante que todas, porque yo la he (   ), porque ha sido a ella a la que (   ) con el fanal, porque yo le (   ) los gusanos (salvo dos o tres que se hicieron mariposas) y es a ella a la que yo he oído (   ), (   ) y algunas veces hasta (   ). Porque es mi rosa, en fin.

Y volvió con el zorro.

– Adiós – le dijo.

– Adiós – dijo el zorro –. He aquí mi secreto, que no puede ser más simple Sólo con el corazón se puede ver bien. Lo esencial es invisible para los ojos.

– Lo (   ) es invisible para los ojos – (   ) el principito para acordarse.

– Lo que hace más importante a tu rosa, es el tiempo que tú has perdido con ella.

– Es el tiempo que yo he perdido con ella... – (   ) el principito para recordarlo.

– Los hombres han olvidado esta verdad – dijo el zorro –, pero tú no debes (   ). Eres (   ) para siempre de lo que has domesticado. Tú eres responsable de tu rosa...

– Yo soy responsable de mi rosa... – repitió el principito a fin de (   ).

– Capítulo 21, Parte 07 –

■독해 Lectura XXI

–¡Buenos días! –dijo el principito.

–¡Buenos días! –respondió el (   ).

–¿Qué haces aquí? –le preguntó el principito.

–Formo con los (   ) paquetes de mil y despacho los trenes que los llevan, ya a la derecha, ya a la izquierda.

Y un tren rápido (   ), rugiendo como el trueno, hizo temblar la caseta del guardavías.

–Tienen mucha prisa –dijo el principito–. ¿Qué buscan?

–Ni siquiera el conductor de la (   ) lo sabe –dijo el guardavías.

Un segundo rápido iluminado (   ) en sentido inverso.

–¿Ya vuelve? –preguntó el principito.

–No son los mismos –contestó el guardavías–. Es un cambio.

–¿No se sentían contentos donde estaban?

–Nunca se siente uno contento donde está –respondió el guardavías.

Y rugió el trueno de un tercer rápido iluminado.

–¿Van (   ) a los primeros viajeros? –preguntó el principito.

–No persiguen absolutamente nada –le dijo el guardavías– duermen o bostezan allí dentro. Únicamente los niños (   ) su nariz contra los vidrios.

–¿Sólamente los niños saben lo que buscan? –dijo el principito. Pierden el tiempo con una (   ) de (   ) que viene a ser lo más importante para ellos y si se la quitan, lloran...

–¡Qué suerte tienen! –dijo el guardavías.

–Capítulo 22–

독해 Lectura XXⅡ

–¡Buenos días! –dijo el principito.

–¡Buenos días! –(   ) el comerciante.

Era un comerciante de (   ) perfeccionadas que quitan la sed. Se toma una por semana y ya no se sienten ganas de beber.

–¿Por qué vendes (   )? –preguntó el principito.

–Porque con esto se (   ) mucho tiempo. Según el (   ) hecho por los expertos, se (   ) cincuenta y tres minutos por semana.

–¿Y qué se hace con esos (   ) y (   ) minutos?

–Lo que cada uno quiere...

"Si yo (   ) de cincuenta y tres minutos –pensó el principito- (   ) suavemente hacia una fuente..."

–Capítulo 23–

Ahora hace ya (   ) años de esto. Jamás he contado esta historia y los compañeros que me vuelven a ver se (   ) de encontrarme vivo. Estaba triste, pero yo les decía "Es el cansancio".

Al correr del tiempo me he (   ) un poco, pero no completamente. Sé que ha vuelto a su planeta, pues al (   ) no encontré su cuerpo, que no era en realidad tan pesado... Y me gusta por la noche escuchar a las estrellas, que suenan como (   ) millones de cascabeles...

Pero sucede algo extraordinario. Al (   ) que dibujé para el principito se me olvidó añadirle la correa de cuero no habrá podido (   ) al cordero. Entonces me preguntó:

"¿Qué habrá sucedido en su planeta? Quizás el cordero se ha comido la flor..."

A veces me digo: "¡Seguro que no! El principito (   ) la flor con su fanal todas las noches y (   ) a su cordero". Entonces me siento dichoso y todas las estrellas (   ) dulcemente.

Pero otras veces pienso: "Alguna que otra vez se (   ) uno y eso basta. Si una noche ha olvidado poner el fanal o el cordero ha salido sin hacer ruido, durante la noche...". Y entonces los cascabeles se (   ) en lágrimas...

Y ahí está el gran misterio. Para ustedes que quieren al principito, lo mismo que para mí, nada en el universo habrá cambiado si en cualquier parte, quien sabe dónde, un cordero (   ) (se) ha comido o no (se) ha comido una rosa...

Pero miren al cielo y pregúntense: el cordero ¿se ha comido la flor? Y (   ) cómo todo cambia...

¡Ninguna persona mayor (   ) jamás que esto sea verdaderamente importante!

Este es para mí el paisaje más hermoso y el más triste del mundo. Es el mismo paisaje de la página anterior que he (   ) una vez más para que lo vean bien. Fue aquí donde el principito (   ) sobre la Tierra, desapareciendo luego.

Mírenlo atentamente para que sepan reconocerlo, si algún día, viajando por África cruzan el desierto. Si por casualidad pasan por allí, no se (   ), se los ruego, y (   ) un poco, precisamente bajo la estrella. Si un niño llega hasta ustedes, si este niño ríe y tiene cabellos de oro y nunca responde a sus preguntas, (   ) en seguida quién es. ¡Sean amables con él! Y (   ) rápidamente que ha regresado. ¡No me (   ) tan triste!

–Capítulo 27–

memo